복잡한 **민사소송** 손쉽게 **해결하기!**

편저 이원복

법문북스

머리말

민사소송은 민사사건에 관한 소송을 말합니다. 민사사건이란 민법·상법 등 사법(私法)에 의하여 규율되는 대등한 주체 사이의 신분상 또는 경제상 생활관계에 관한 사건을 말합니다. 그러나 사법상의 생활관계가 모두 민사소송의 대상이 되는 것은 아니고 대등한 주체 사이의 법률관계에 관한 것이어야 합니다. 예를 들어 국가와 개인 간의 분쟁이라고 하더라도 그것이 서로 대등한 관계에서 발생한 경우에는 민사소송의 대상이 됩니다. 하지만, 국가가 공권력의 주체로 우월적 지위에서 국민과의 관계에서 맺은 법률관계에 관한 분쟁은 행정소송의 대상은 될 수 있어도 민사소송의 대상은 되지 않습니다.

민사소송은 기본적으로 처분권주의, 변론주의 원칙이 전제되어 있습니다. 원고가 소장에 적어내지 않은 것을 법원이 자의적으로 판단할 수는 없으며, 주장 및 그에 따른 증명도 당사자가 직접해야 합니다. 따라서 소장 작성 단계부터 청구 취지나 사유 등도 명시적으로 분명하고 정확하게 적어줘야 합니다. 기본적으로 당사자는 사실의 주장 및 증거의 제출 책임만 있고, 법률적인 면은 법원의 전권사항입니다. 다만, 법률관계의 파악 내지 이론구성에 따라 무슨 사실을 어떻게 주장할 것이냐가 달라지기 때문에, 법률적인 면에 신경을 전혀 쓰지 않으면 곤란합니다.

민사소송에서는 원고(소를 제기하는 자)가 소송에 청구하는 내용(청구취지)에 따라 대여금청구의 소, 양수금청구의 소, 매매대금청구의 소, 임대차보증금청구의 소 등 무수히 많은 유형으로 분류됩니다. 이러한 민사소송은 전문적인 법률지식이 필요한 어렵고 복잡한 절차입니다. 그래서 일반인인 비법률가로서는 좀처럼 손대기가 쉽지 않은 어려운 점이 있습니다.

이 책에서는 이렇게 복잡한 민사소송을 누구나 알기 쉽게 모든 절차를 단계별로 설명하였으며, 간이구제절차와 소송종류별 소장작성방법, 소송비용계산방법, 상소 및 재심신청방법 등에 대한 자세한 정보를 제공합니다. 또한 소송진행 상 피고의 답변서 제출방법, 반소제기방법, 준비서면 등의 작성방법, 증거 등의 신청방법도 기술하여 전반적인 민사소송절차에 관한 모든 사항을 사안별 소장작성례와 함께 수록하여 전문가가 아니더라도 민사소송절차를 이해할 수 있도록 엮었습니다.

이러한 자료들은 대법원의 판결례 자료와 법제처의 생활법령 및 대한법률구조공단의 법률서식들을 참고하여 이를 체계적으로 정리, 분석하여 이를 이해하기 쉽게 나열하였습니다,

이 책이 복잡한 민사분쟁을 해결하고자 하는 모든 분들에게 큰 도움이 되리라 믿으며, 여기에서 얻은 지식들이 민사소송에서 반드시 승소할 수 있음을 자부하며, 열악한 출판시장임에도 불구하고 흔쾌히 출간에 응해 주신 법문북스 김현호 대표에게 감사를 드립니다.

2025. 7.

편저자

목차

PART. 2 민사소송은 어떻게 진행되는가요? 19

Chapter. 1 민사소송은 어떻게 진행되는가요? · 21

PART 4. 각종 소장은 어떻게 작성하나요? · 193

Chapter 1. 소송의 종류 및 소장 작성방법 195

Chapter 2. 소송의 제기 및 진행은 어떤 절차를 밟아야 하나요? ································ 229

Chapter 3. 피고의 답변서 제출 및 반소제기 245

Chapter 4. 변론은 어떤 절차로 진행하나요? 278

Chapter 5. 소송은 어떻게 종결되는가요? ·· 341

Section 1. 판결선고 ······························· 341

Chapter 6. 상소 및 재심은 어떻게 진행되는가요?

Section 3. 상고(제2심 판결 불복절차)는 어떻게 진행되나요?

PART. 1
민사소송(民事訴訟)이란?

[1] 민사소송의 개념

① 민사소송은 민사사건에 관한 소송을 말합니다. 민사사건이란 민법·상법 등 사법(私法)에 의하여 규율되는 대등한 주체 사이의 신분상 또는 경제상 생활관계에 관한 사건을 말합니다.

② 그러나 사법상의 생활관계가 모두 민사소송의 대상이 되는 것은 아니고 대등한 주체 사이의 법률관계에 관한 것이어야 합니다. 예를 들어 국가와 개인 간의 분쟁이라고 하더라도 그것이 서로 대등한 관계에서 발생한 경우에는 민사소송의 대상이 됩니다. 하지만, 국가가 공권력의 주체로 우월적 지위에서 국민과의 관계에서 맺은 법률관계에 관한 분쟁은 행정소송의 대상은 될 수 있어도 민사소송의 대상은 되지 않습니다.

③ 민사소송에서는 원고(소를 제기하는 자)가 소송에 청구하는 내용(청구취지)에 따라 대여금청구의 소, 양수금청구의 소, 매매대금청구의 소, 임대차보증금청구의 소 등 무수히 많은 유형으로 분류됩니다.

[2] 형사소송과의 구분

① '형사소송'이란 국가형벌권의 행사에 관한 일체의 절차를 말합니다.

② 민사소송은 민사사건을 대상으로 하고, 형사소송은 국가 형벌권의 행사에 관한 사건을 대상으로 한다는 점에서 차이가 납니다.

③ 형사소송과 민사소송의 구분

- 예컨대, A씨는 B씨를 사랑했으나, B씨가 다른 사람을 좋아한다는 사실을 알고는 격분해 인터넷에 B씨가 행실이 좋지 않고 B씨를 사랑한 자신을 이용해 허영심을 채우는 등 자신을 고통스럽게 했다는 내용의 험담을 올렸습니다. 이로 인해 결혼이 깨지는 등 고통받던 B씨가 A씨를 명예훼손죄로 고소한 경우, A씨는 명예를 훼손한 범죄에 대해 형사소송을 통해 처벌을 받게 됩니다.

- 이와는 별개로 B씨가 그동안 받은 정신적인 고통과 그 외 발생한 손해 등에 대해 금전적인 배상을 받고자 하는 경우에는 민사소송을 제기해 배상을 받을 수 있습니다.

[3] 민사분쟁의 간이구제절차

1. 민사조정

① '조정'이란 분쟁의 당사자 사이에서 제3자가 그 분쟁을 해결하려는 노력을 하는 것을 말합니다.

② 조정의 개시

민사조정절차는 민사에 관한 분쟁의 당사자가 법원에 조정을 신청하면 개시됩니다(민사조정법 제2조).

2. 화해

① '화해'란 당사자가 상호 양보하여 당사자 사이의 분쟁을 종지할 것을 약정함으로써 성립하는 계약을 말합니다(민법 제731조 및 제732조).

② 화해의 종류

1. 제소 전 화해: 민사상 다툼에 대해 당사자가 청구의 취지·원인과 다투는 사정을 밝혀 상대방의 보통재판적이 있는 곳의 지방법원에 신청하는 것을 제소전화해라고 합니다(민사소송법 제385조제1항).

2. 소송상 화해: 소송계속 중 화해가 이루어지는 것을 소송상 화해라고 합니다(민사소송법 제220조 참조).

3. 지급명령

'지급명령'이란 금전, 그 밖에 대체물(代替物)이나 유가증권의 일정한 수량의 지급을 목적으로 채권자가 법원에 신청을 하면 채무자를 신문하지 않고 채무자에게 그 지급을 명하는 간이·신속한 재판절차를 말합니다.

4. 공시최고(제권판결)

'공시최고'란 법률이 정한 경우 법원이 당사자의 신청에 의해 공고의 방법으로 미지의 불분명한 이해관계인에게 실권 기타 불이익의 경고를 첨부해 권리신고의 최고를 하고 누구한테서도 권리 신고가 없을 때에는 제권판결을 하는 절차를 말합니다.

5. 소액심판제도

① '소액심판제도'란 소송물가액이 3,000만원을 초과하지 않는 제1심 민사사건을 일반 민사사건에서 보다 훨씬 신속하고 간편한 절차에 따라 심판, 처리하는 제도를 말합니다(소액사건심판법 제1조 및 소액사건심판규칙 제1조의2).

② 이행권고결정

소액사건 소송절차의 회부에 앞서 법원이 직권으로 행하는 전치절차를 말합니다. 소액심판의 신청이 있는 경우 법원이 결정으로 소장부본이나 제소조서 등본을 첨부해 피고에게 청구취지대로 이행할 것을 권고하는 결정을 말합니다(소액사건심판법 제5조의3 제1항).

[4] 민사소송의 요건

1. 소송요건의 개념

'소송요건'이란 법원이 판결을 하기 위한 요건을 말하고, 소송요건의 주요사항은 다음과 같습니다.

1. 법원이 재판권과 관할권을 가질 것

2. 당사자가 현재하며 당사자능력과 당사자적격을 가질 것

3. 판결을 받을 법률상의 이익 내지 필요(권리보호의 이익)가 있을 것

2. 법원의 관할

2-1. 관할의 개념

'관할'이란 재판권을 현실적으로 행사함에 있어서 각 법원이 특정사건을 재판할 수 있는 권한을 말합니다.

2-2. 관할의 종류

① 사물관할

　㉮ '사물관할'이란 제1심 소송사건에서 지방법원 단독판사와 지방법원 합의부 사이에서 사건의 경중을 따져 재판권의 분담관계를 정해 놓은 것을 말합니다.

　㉯ 지방법원과 그 지원의 합의부는 다음의 사건을 제1심으로 심판합니다(법원조직법 제32조제1항).

　　1. 합의부에서 심판할 것으로 합의부가 결정한 사건(법원조직법 제32조 제1항 제1호)

　　2. 소송목적의 값이 2억원을 초과하는 민사사건(민사 및 가사소송의 사물관할에 관한 규칙 제2조 본문)

　　　※ "소송목적의 값"이란 원고가 소송으로 달성하려는 목적이 갖는 경제적 이익을 화폐단위로 평가한 금액으로 소송으로 얻

으려는 이익을 말합니다(민사소송법 제26조제1항).

3. 재산권에 관한 소송으로 그 소송목적의 값을 계산할 수 없는 소송(민사 및 가사소송의 사물관할에 관한 규칙 제2조 본문 및 민사소송 등 인지법 제2조제4항)

4. 비(非)재산권을 목적으로 하는 소송(민사 및 가사소송의 사물관할에 관한 규칙 제2조 본문 및 민사소송 등 인지법 제2조제4항). 다만, 위 "2", "3" 및 "4" 중 다음에 해당하는 사건은 제외됩니다(민사 및 가사소송의 사물관할에 관한 규칙 제2조 단서).

   가. 수표금·약속어음금 청구사건

   나. 은행·농업협동조합·수산업협동조합·축산업협동조합·산림조합·신용협동조합·신용보증기금·기술신용보증기금·지역신용보증재단·새마을금고·상호저축은행·종합금융회사·시설대여회사·보험회사·신탁회사·증권회사·신용카드회사·할부금융회사 또는 신기술사업금융회사가 원고인 대여금·구상금·보증금청구사건

   다. 「자동차손해배상보장법」에서 정한 자동차·원동기장치자전거·철도차량의 운행 및 근로자의 업무상재해로 인한 손해배상청구사건과 이에 관한 채무부존재확인사건

   라. 단독판사가 심판할 것으로 합의부가 결정한 사건

5. 지방법원판사에 대한 제척·기피사건

6. 다른 법률에 의해 지방법원합의부의 권한에 속하는 사건

② 토지관할

'토지관할'이란 소재지를 달리하는 같은 종류의 법원 사이에 재판권(특히 제1심 소송사건)의 분담관계를 정해 놓은 것을 말합니다. 즉 제1심 소송사건을 어느 곳의 지방법원이 담당하느냐는 토지관할에 의해 정해 집니다. 이 토지관할의 발생원인이 되는 곳을 재판적이라고 합니다.

[법원의 관할 관련 판례]

※ 사물관할(합의부에서 심판할 것으로 합의부가 결정한 사건)

[질문] 저는 지방법원 합의부가 제1심으로 심판할 사건에 해당하는 죄를 범하지 않았는데도, 그와 같은 사건에 해당하는 죄를 범한 다른 피고인들과 함께 공소가 제기되는 바람에 지방법원 합의부와 고등법원에서 심판을 받았으므로, 지방법원 본원합의부에서 항소심 심판을 다시 받고 싶습니다. 가능한가요?

[답변] 안 됩니다. 지방법원 합의부에서 심판할 것으로 합의부가 결정한 사건은 제1심으로 심판할 수 있으므로(「법원조직법」 제32조제1항제1호), 질문의 경우에는 지방법원 합의부가 피고인이 범한 각 죄를 합의부에서 심판할 것으로 결정해서 심판한 것으로 볼 수 있습니다.
〈대법원 1994. 2. 8. 선고, 93도3335 판결〉

※ 사물관할(소송목적의 값을 계산할 수 없는 소송)

[질문] 재무부에서 입찰형식으로 건설사를 선정하는 공사를 시행했습니다. 저희 회사가 입찰을 해 낙찰자로 선정되었으나, 담합 의혹을 받아 입찰은 무효가 되고, 재입찰을 한다고 합니다. 이에 낙찰자로 인정해달라는 소송을 제기하려고 합니다. 관할은 어떻게 되나요?

[답변] 낙찰자의 지위는 계약상대자로 결정되어 계약을 체결할 수 있는 지위일 뿐으로 승소하더라도 이는 단순히 원고가 유효한 낙찰자로서 계약체결을 청구할 수 있는 권리를 취득하는 것입니다.
따라서 이는 금전으로 가액을 산출하기 어려운 경제적 이익을 얻는 데 불과하므로 낙찰자지위의 확인을 구하는 소송은 재산권상의 소송으로서 그 소가를 산출할 수 없는 경우에 해당돼 지방법원과 그 지원의 합의부 관할이 됩니다.
〈대법원 1994. 12. 2. 선고, 94다41454 판결〉

2-3. 관할에 관련된 서식 작성례

□ 관할합의서

관 할 합 의 서

○○○ (주민등록번호)
○○시 ○○구 ○○길 ○○(우편번호 ○○○○○)

◇◇◇ (주민등록번호)
○○시 ○○구 ○○길 ○○(우편번호 ○○○○○)

위 당사자 사이에 20○○. ○. ○.자 체결한 임대차계약에 관한 소송행위는 ○○지방법원을 제1심의 관할법원으로 할 것을 합의합니다.

첨 부 : 임대차계약서   1 통.

20○○년   ○월   ○일

위 합의자 ○○○ (서명 또는 날인)
◇◇◇ (서명 또는 날인)

□ 소송이송신청서(관할위반에 의한 직권이송의 촉구신청)

소 송 이 송 신 청 서

사   건   20○○가합○○○ 물품대금
원   고   ○○○
피   고   ◇◇◇

위 사건에 관하여 피고는 다음과 같이 관할위반에 의한 소송이송을 신청합니다.

신 청 취 지

이 사건을 ◎◎지방법원으로 이송한다.
라는 결정을 구합니다.

신 청 이 유

1. 원고는 피고와 이 사건 물품대금청구사건과 관련된 물품공급계약을 체결하면서 공급된 물품의 대금은 원고가 직접 ◎◎지방법원 관내인 피고의 주소지에 와서 받아 가기로 특약을 한 사실이 있습니다.
2. 그럼에도 불구하고 원고는 이 사건 소를 원고의 주소지 관할법원인 귀원에 제기하였습니다.
3. 그러므로 이 사건에 있어서 민사소송법 제2조 및 제3조에 따른 보통재판적으로 보면 당연히 피고의 주소지를 관할하는 ◎◎지방법원에 관할권이 있을 뿐만 아니라, 민사소송법 제8조에 따른 특별재판적인 의무이행지의 관할법원도 역시 ◎◎지방법원이라고 하여야 할 것입니다. 따라서 이 사건을 ◎◎지방법원으로 이송하여 주시기 바랍니다.

소명방법 및 첨부서류

1. 물품공급계약서	1통
1. 주민등록표등본(피고)	1통
1. 송달료납부서	1통

2000. 0. 0.

위 피고 ◇◇◇ (서명 또는 날인)

○○지방법원 제○○민사부 귀중

3. 당사자

① 당사자능력

'당사자능력'은 당사자가 될 수 있는 소송법상의 능력으로 원고로 소송하고, 피고로 소송당하는 능력을 말합니다.

② 당사자적격

당사자적격은 당사자로서 소송을 수행하고 판결을 받기 위해 필요한 자격으로 청구를 할 수 있는 정당한 당사자가 누구냐는 문제입니다.

③ 소송능력

'소송능력'은 당사자로서 스스로 유효하게 소송행위를 하거나 상대방 또는 법원의 소송행위를 받는데 필요한 능력을 말하며, 행위능력자는 모두 소송능력을 가집니다. 다만, 제한능력자인 미성년자·피한정후견인·피성년후견인의 소송능력은 제한될 수 있습니다(민법 제5조, 제10조 및 제13조).

[당사자 관련 판례]

※ 당사자능력

[질문] A씨는 생사가 불명한 부재자인 B씨의 재산관리인인데 B씨의 재산 중 일부 명의가 변경된 것을 알고 원상으로 회복하는 소송을 제기하고자 합니다. 재산관리인인 A씨가 B씨의 대리인으로 소송을 제기하면 당사자능력이 없는 사망자가 제기한 소송으로 무효가 되나요?

[답변] 아닙니다. 부재자의 생사가 분명하지 않은 경우, 부재자는 법원의 실종선고가 없는 한 사망자로 간주되지 않으며, 부재자의 재산관리인이 부재자의 대리인으로 소송을 제기할 수 있습니다. 소송계속 중 부재자에 대한 실종선고가 확정되어 그 소 제기 이전에 부재자가 사망한 것으로 간주되는 경우에도, 실종선고의 효력이 발생하기 전에는 실종기간이 만료된 실종자라 해도 소송상 당사자능력을 상실하지 않습니다.
〈대법원 2008. 6. 26. 선고, 2007다11057 판결〉

※ 당사자적격

[질문] A씨는 B씨에게 돈을 빌려주었으나 기한이 지나도록 연락도 없이 갚지 않자, B씨에게 돈을 갚아야 하는 C씨의 통장에 '채권에 대한 압류 및 추심명령'을 했습니다. 이후에 B씨는 C씨에게 변제를 요구하는 소송을 제기할 수 있나요?

[답변] 안 됩니다. 채권에 대한 압류 및 추심명령이 있으면 제3채무자(C씨)에 대한 이행소송은 추심채권자(A씨)만이 제기할 수 있고 채무자(B씨)는 피압류채권에 대한 이행소송을 제기할 당사자적격을 상실하게 됩니다. 그리고 이와 같은 당사자적격에 관한 사항은 소송요건에 관한 것으로서 사실심의 변론종결시를 기준으로 법원이 직권으로 조사하고 판단합니다.

〈대법원 2010. 2. 25. 선고, 2009다85717 판결〉

※ 소송능력

[질문] 저는 대학등록금을 모으려고 6개월동안 열심히 아르바이트를 했습니다. 그런데 사장이 여러 이유를 대며 그동안 밀린 급여를 주지 않고 있습니다. 저는 아직 미성년자인데 사장을 상대로 임금청구소송을 제기할 수 있을까요?

[답변] 네, 할 수 있습니다. 미성년자는 소송능력이 없어 원칙적으로 법정대리인에 의해서만 소송행위를 할 수 있으나, 미성년자 자신의 노무제공에 따른 임금의 청구는 「근로기준법」에 따라 미성년자라도 독자적으로 가능합니다.

〈대법원 1981. 8. 25. 선고, 80다3149 판결〉

4. 당사자에 대한 서류 작성례

□ 당사자선정서(소를 제기하면서 선정하는 경우)

당 사 자 선 정 서

원 고   ◎◎◎ 외 3명
피 고   ◇◇◇

위 당사자 사이의 퇴직금 청구 사건에 관하여 원고들은 민사소송법

제53조 제1항에 의하여 원고들 모두를 위한 당사자로 아래의 자를 선정합니다.

아   래

원고(선정당사자)   ◎◎◎ (주민등록번호)

　　　　　　　　　○○시 ○○구 ○○길 ○○(우편번호 ○○○○○)

　　　　　　　　　전화휴대폰번호:

　　　　　　　　　팩스번호, 전자우편(e-mail)주소:

20○○.   ○.   ○.

선 정 자(원 고) 1. ◎◎◎ (주민등록번호) (서명 또는 날인)

　　　　　　　　　○○시 ○○구 ○○길 ○○

　　　　　　　　 2. ○○○ (주민등록번호) (서명 또는 날인)

　　　　　　　　　○○시 ○○구 ○○길 ○○

　　　　　　　　 3. ○○○ (주민등록번호) (서명 또는 날인)

　　　　　　　　　○○시 ○○구 ○○길 ○○

　　　　　　　　 4. ○○○ (주민등록번호) (서명 또는 날인)

　　　　　　　　　○○시 ○○구 ○○길 ○○

○○지방법원 제○민사부 귀중

□ 당사자선정서(소제기 후에 선정하는 경우)

당 사 자 선 정 서

사　　건　 20○○가합○○○　건물철거 등

원　　고　 ◎◎◎ 외 3명

피　　고　 ◇◇◇

위 사건에 관하여 원고들은 민사소송법 제53조 제1항에 의하여 원고들 모두를 위한 당사자로 아래의 자를 선정합니다.

아　　래

원고(선정당사자) ◎◎◎ (주민등록번호)

　　　　　　　　○○시 ○○구 ○○길 ○○(우편번호 ○○○○○)

　　　　　　　　전화·휴대폰번호:

　　　　　　　　팩스번호, 전자우편(e-mail)주소:

20○○.　○.　○.

선 정 자(원 고) 1. ◎◎◎ (주민등록번호) (서명 또는 날인)

　　　　　　　　　○○시 ○○구 ○○길 ○○

　　　　　　　　2. ○○○ (주민등록번호) (서명 또는 날인)

　　　　　　　　　○○시 ○○구 ○○길 ○○

　　　　　　　　3. ○○○ (주민등록번호) (서명 또는 날인)

　　　　　　　　　○○시 ○○구 ○○길 ○○

　　　　　　　　4. ○○○ (주민등록번호) (서명 또는 날인)

　　　　　　　　　○○시 ○○구 ○○길 ○○

○○지방법원 제○민사부　귀중

□ **당사자선정취소서**

당 사 자 선 정 취 소 서

사　　건　　20○○가합○○○　건물철거 등

원　　고　　(선정당사자) ◎◎◎

피　　고　　◇◇◇

위 사건에 관하여 선정자들은 민사소송법 제53조 제1항에 의하여 ◎◎◎에 대한 당사자선정을 취소합니다.

20○○.　○.　○.

선 정 자(원 고) 2. ○○○ (서명 또는 날인)

　　　　　　　　　○○시 ○○구 ○○길 ○○

　　　　　　　3. ○○○ (서명 또는 날인)

　　　　　　　　　○○시 ○○구 ○○길 ○○

　　　　　　　4. ○○○ (서명 또는 날인)

　　　　　　　　　○○시 ○○구 ○○길 ○○

○○지방법원 제○○민사부　귀중

□ 선정당사자변경서

선 정 당 사 자 변 경 서

사　　　건　　20○○가합○○○　건물철거 등

원　　　고　　(선정당사자) ◎◎◎

피　　　고　　◇◇◇

위 사건에 관하여 선정자들은 민사소송법 제53조 제1항에 따라 선정당사자 ◎◎◎에 대한 당사자선정을 취소하고, 아래의 사람을 선정자들 모두를 위한 당사자로 선정합니다.

아　　　래

원고(선정당사자)　◉◉◉ (주민등록번호)

　　　　　　　　○○시 ○○구 ○○길 ○○(우편번호 ○○○○○)

전화·휴대폰번호:

팩스번호, 전자우편(e-mail)주소:

20○○.　○.　○.

선　정　자(원고) 1. ◎◎◎ (서명 또는 날인)

○○시 ○○구 ○○길 ○○

2. ◉●◉ (서명 또는 날인)

○○시 ○○구 ○○길 ○○

3. ○○○ (서명 또는 날인)

○○시 ○○구 ○○길 ○○

4. ○○○ (서명 또는 날인)

○○시 ○○구 ○○길 ○○

○○지방법원 제○○민사부　귀중

5. 소송물

'소송물'이란 심판의 대상이 되는 기본단위로 소송의 객체를 말하며, 「민사소송법」은 소송목적이 되는 권리나 의무라는 용어를 사용하고 있습니다(민사소송법 제25조제2항).

[소송물 관련 판례]

※ 소송물

[질문] 부친이 교통사고로 돌아가셨습니다. 이에 손해배상청구를 하고 싶은데 아버지와 가족 전부에 대한 위자료 청구가 가능한가요?

[답변] 가능합니다. 다만, 불법행위로 사람의 생명을 침해한 경우 그 생명을 침해당한 피해자 본인의 정신적 고통에 대한 위자료청구와 그 피해자의 직계비속 등의 정신적 고통에 대한 위자료청구는 각각 별개의 소송물이라고 할 것입니다. 따라서 신청 시 청구취지에 각각의 청구를 명확히 기재하도록 합니다.

〈대법원 2008. 3. 27. 선고, 2008다1576 판결〉

PART. 2
민사소송은 어떻게 진행되는가요?

Chapter. 1 민사소송은 어떻게 진행되는가요?

우리나라는 원칙적으로 3심제를 채택하고 있고, 1심·2심은 사실심이고, 3심은 법률심입니다.

[1] 민사소송절차

일반적인 민사소송은 다음과 같이 진행됩니다.

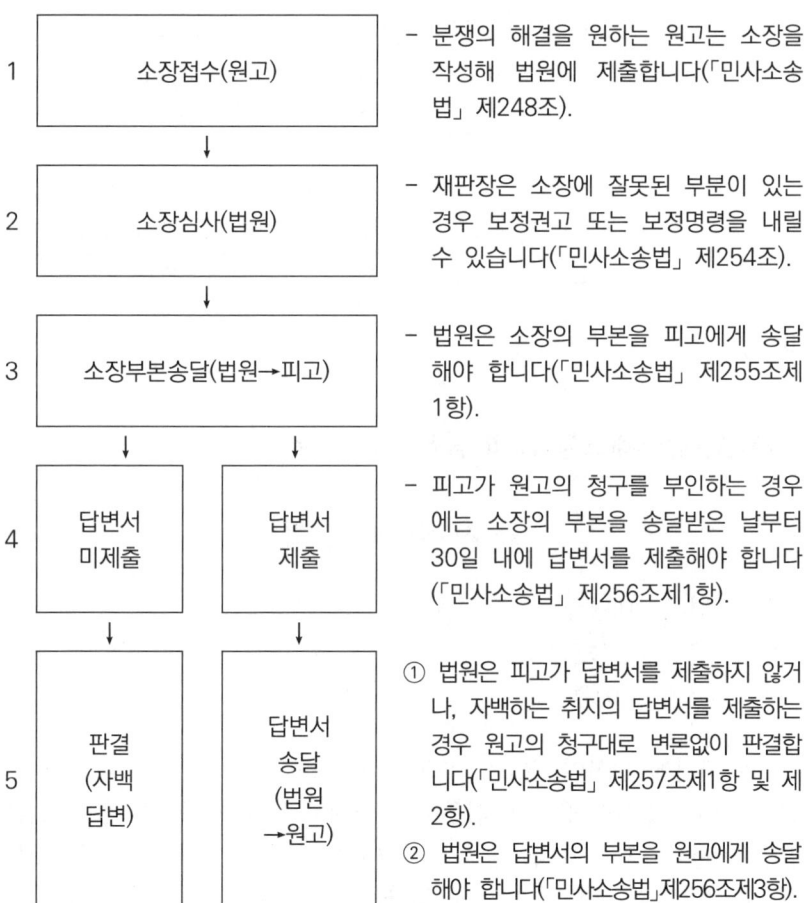

1 **소장접수(원고)**	– 분쟁의 해결을 원하는 원고는 소장을 작성해 법원에 제출합니다(「민사소송법」 제248조).
2 **소장심사(법원)**	– 재판장은 소장에 잘못된 부분이 있는 경우 보정권고 또는 보정명령을 내릴 수 있습니다(「민사소송법」 제254조).
3 **소장부본송달(법원→피고)**	– 법원은 소장의 부본을 피고에게 송달해야 합니다(「민사소송법」 제255조제1항).
4 **답변서 미제출** / **답변서 제출**	– 피고가 원고의 청구를 부인하는 경우에는 소장의 부본을 송달받은 날부터 30일 내에 답변서를 제출해야 합니다(「민사소송법」 제256조제1항).
5 **판결 (자백 답변)** / **답변서 송달 (법원 →원고)**	① 법원은 피고가 답변서를 제출하지 않거나, 자백하는 취지의 답변서를 제출하는 경우 원고의 청구대로 변론없이 판결합니다(「민사소송법」 제257조제1항 및 제2항). ② 법원은 답변서의 부본을 원고에게 송달해야 합니다(「민사소송법」제256조제3항).

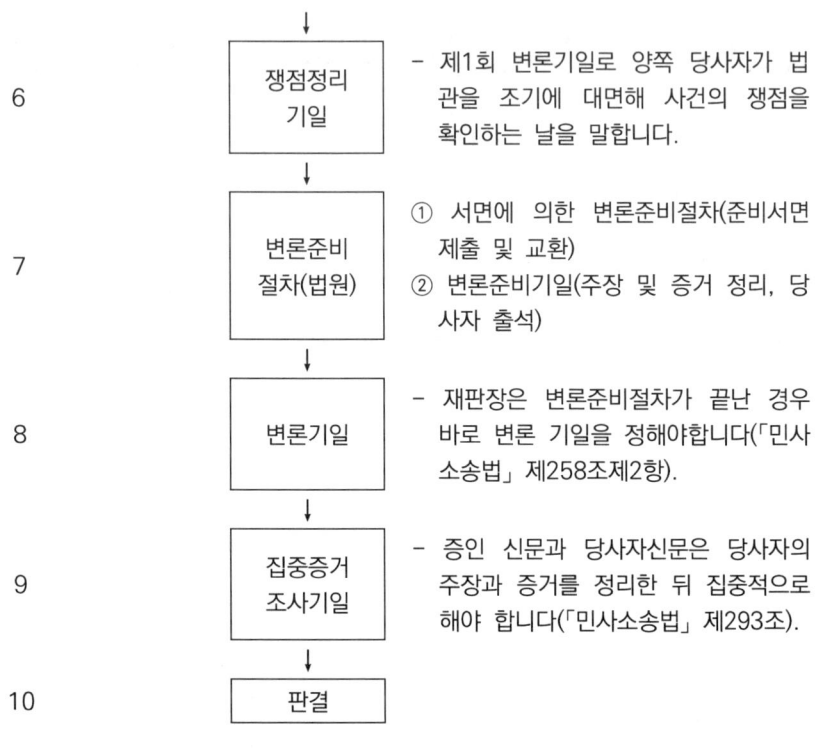

6	쟁점정리 기일	– 제1회 변론기일로 양쪽 당사자가 법관을 조기에 대면해 사건의 쟁점을 확인하는 날을 말합니다.
7	변론준비 절차(법원)	① 서면에 의한 변론준비절차(준비서면 제출 및 교환) ② 변론준비기일(주장 및 증거 정리, 당사자 출석)
8	변론기일	– 재판장은 변론준비절차가 끝난 경우 바로 변론 기일을 정해야합니다(「민사소송법」 제258조제2항).
9	집중증거 조사기일	– 증인 신문과 당사자신문은 당사자의 주장과 증거를 정리한 뒤 집중적으로 해야 합니다(「민사소송법」 제293조).
10	판결	

□ 공시송달신청서(소장제출과 함께 하는 경우)

공 시 송 달 신 청

사   건   대여금
원   고   ○○○
피   고   ◇◇◇

    위 사건에 관하여 원고는 피고가 주소를 ○○시 ○○구 ○○길 ○○에 두고 있으나 장기간 거주하지 아니하고 주민등록이 말소되었을 뿐만 아니라, 현재 소재불명으로 더 이상 피고의 거주지나 송달장소를 알 수 없어 공시송달의 방법에 의하지 않고서는 송달이 불가능하므로 소장제출과 함께 공시송달을 신청하오니 허가하여 주시기 바랍니다.

첨부 : 직권 말소된 주민등록표등본(피고)   1부

20○○.   ○.   ○.

위 원고   ○○○   (서명 또는 날인)

○○지방법원 귀중

□ **공시송달신청서**

공 시 송 달 신 청 서

사   건   20○○가합○○○   손해배상(기)

원   고   ○○○

피   고   ◇◇◇

　위 사건에 관하여, 원고는 피고에 대하여 공시송달을 신청합니다.

1. 피   고   ◇◇◇

　　　　　○○시 ○○구 ○○길 ○○(우편번호 ○○○○○)

2. 피고는 위 주소지에 주민등록은 되어 있으나 실제로 거주하지 아니하며, 행방불명된 상태이고, 달리 주소·거소를 알 수 없으므로 공시송달을 신청합니다.

첨 부 서 류

1. 주민등록표등본　　　　　　　　　　　　　1통
1. 불거주확인서　　　　　　　　　　　　　　1통(통장·이장)
1. 재직증명서 또는 위촉장사본　　　　　　　1통(통장·이장)

20○○.   ○.   ○.

위 원고   ○○○   (서명 또는 날인)

○○지방법원 제○민사부 귀중

의사표시의 공시송달신청서

신　청　인　○○○ (주민등록번호)
　　　　　　○○시 ○○구 ○○길 ○○(우편번호 ○○○○○)
　　　　　　전화·휴대폰번호:
　　　　　　팩스번호, 전자우편(e-mail)주소:
상　대　방　◇◇◇ (주민등록번호)
　　　　　　○○시 ○○구 ○○길 ○○(우편번호 ○○○○○)
　　　　　　전화·휴대폰번호:
　　　　　　팩스번호, 전자우편(e-mail)주소:

신　청　취　지

　신청인의 소유인 ○○시 ○○구 ○○동 ○○○ 임야 0,000㎡에 대하여 신청인과 상대방 사이에 매매대금 ○억 ○천만 원으로 정하여 체결한 20○○. ○. ○.자 매매계약에 관하여, 신청인이 상대방에게 할 계약해제의 의사표시를 기재한 별지 계약해제통고서를 공시송달 할 것을 명한다.
　라는 재판을 구합니다.

신　청　원　인

1. 신청인은 상대방과 20○○. ○. ○. 신청인 소유의 ○○시 ○○구 ○○동 ○○○ 임야 0,000㎡에 대하여 매매대금 ○억 ○천만 원으로 정하여 매매계약을 체결하면서 계약금 ○천만 원은 지급받고 중도금 ○○천만 원은 같은 해 ○. ○, 잔금 ○○천만 원은 같은 해 ○. ○.에 지급받기로 약정하고 상대방의 잔금지급과 동시에 소유권이전등기에 필요한 서류를 교부해주기로 약정하였습니다.
2. 그런데 상대방은 신청인에게 계약금만 계약 당일 지급하고, 잔금지

급기일이 수개월 경과하도록 아무런 연락도 없이 약정한 중도금 및 잔금을 지급하지 아니하여 신청인은 상대방에게 이 건 매매계약을 해제한다는 의사표시를 하기 위해 계약해제통지서를 작성하여 계약서상의 주소지로 내용증명우편으로 우송하였으나, 피고는 위 주소지에 살지 아니하고 실제 거주하는 거주지를 알 방법이 없어 계약해제통고를 할 방법이 없습니다.

3. 따라서 별지의 계약해제통고서를 민사소송법 제194조에 따른 공시송달로서 송달하여 주시기를 민법 제113조에 따라 신청합니다.

첨 부 서 류

1. 매매계약서	1통
1. 계약해제통고서	1통
1. 반송봉투	1통
1. 불거주확인서	1통
1. 말소된 주민등록표등본	1통

20○○. ○. ○.

위 신청인 ○○○ (서명 또는 날인)

○○지방법원 귀중

[별 지]

통 고 서

발신인 : ○○○ (한자)

　　　　○○시 ○○구 ○○길 ○○(우편번호 ○○○○○)

수신인 : ◇◇◇ (한자)

　　　　○○시 ○○구 ○○길 ○○(우편번호 ○○○○○)

통 고 내 용

1. 본인은 귀하와 20○○. ○. ○. 본인 소유의 ○○시 ○○구 ○○동 ○○○ 임야 ○,○○○㎡를 매매대금 ○억 ○천만 원으로 정하여 귀하에게 매도하기로 하는 부동산매매계약을 체결하면서, 계약금 ○천만 원은 계약당일, 중도금 ○○천만 원은 20○○. ○○. ○, 잔금 ○○천만 원은 20○○. ○○. ○○.에 지급 받기로 약정하고 귀하의 잔금지급과 동시에 본인은 위 임야의 소유권이전등기에 필요한 서류를 교부해주기로 약정하였습니다.

2. 그런데 귀하는 본인에게 계약 당일 계약금만 지급하고서 중도금 및 잔금을 잔금지급일이 지난 지금까지 아무런 연락도 없이 약정한 중도금 및 잔금을 지급하지 아니하고 있으므로 본인은 귀하에게 위 임야의 매매대금 중 계약금 ○천만 원을 제외한 중도금 및 잔금의 합계금 ○억 원을 20○○. ○○. ○○.까지 지급할 것을 통고하며, 귀하가 그 기일을 어길 때에는 위 매매계약은 당연히 해제되는 것임을 양지하시기 바랍니다.

20○○. ○○. ○○.

통고인 : ○○○   (인)

◇◇◇   귀하

[2] 민사전자소송제도

① 우리나라 법원은 2011년 5월 2일부터 민사전자소송을 실시하고 있습니다(민사소송 등에서의 전자문서 이용 등에 관한 법률 제2조, 민사소송 등에서의 전자문서 이용 등에 관한 규칙 제2조).

② 가정과 사무실에서 인터넷을 이용하여 직접 소장과 증거 등 소송서류를 제출할 수 있고, 상대방이 소송서류를 제출한 경우 전자우편과 문자메시지를 통해 서류가 제출된 사실을 통지받고 즉시 대한민국 법원 전자소송포털에 접속하여 확인할 수 있습니다.

③ 내 사건이 어떻게 진행되고 있는지 실시간으로 확인하고 자신의 컴퓨터로 기록 열람/발급도 가능합니다.

④ 전자민사소송은 다음과 같은 절차로 진행됩니다.

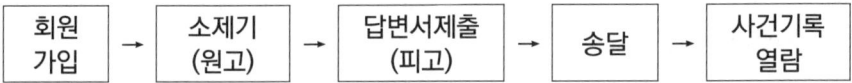

| 회원
가입 | → | 소제기
(원고) | → | 답변서제출
(피고) | → | 송달 | → | 사건기록
열람 |

1. 사용자 등록

① 전자소송시스템을 이용하려는 사람은 전자소송시스템에 접속하여 본인이 해당하는 회원유형에 맞게 일반 회원가입(개인, 법인) 또는 자격자 회원가입(변호사, 법무사, 회생·파산 사건의 절차관계인회원, 집행관 등)을 합니다(민사소송 등에서의 전자문서 이용 등에 관한 법률 제6조제1항, 민사소송 등에서의 전자문서 이용 등에 관한 규칙 제4조).

② 법원행정처장은 다음의 어느 하나에 해당하는 경우 등록사용자의 사용을 정지하거나 사용자등록을 말소할 수 있습니다(민사소송 등에서의 전자문서 이용 등에 관한 법률 제6조제4항, 민사소송 등에서의 전자문서 이용 등에 관한 규칙 제6조제1항).

1. 등록사용자의 동일성이 인정되지 않는 경우

2. 사용자등록을 신청하거나 사용자정보를 변경할 때 거짓의 내용을 입력한 경우

3. 다른 등록사용자의 사용을 방해하거나 그 정보를 도용하는 등 전산정보처리시스템을 이용한 민사소송 등의 진행에 지장을 준 경우

4. 고의 또는 중대한 과실로 전산정보처리시스템에 장애를 일으킨 경우

5. 사용자등록이 소송 지연 등 본래의 용도와 다른 목적으로 이용되는 경우

6. 등록사용자에게 소송능력이 없는 경우

7. 그 밖에 위의 사유에 준하는 경우

③ 등록사용자가 전자소송시스템을 마지막으로 이용한 날부터 5년이 지나면 사용자등록은 효력을 상실합니다(민사소송 등에서의 전자문서 이용 등에 관한 규칙 제6조제4항).

2. 소제기

① 대한민국 법원 전자소송 홈페이지에서 전자소송절차 진행에 동의한 후 소장을 작성하고 전자서명을 하여 제출합니다.

② 전자서명은 보통 행정전자서명 또는 공인전자서명을 말합니다(민사소송 등에서의 전자문서 이용 등에 관한 규칙 제7조제1항).

3. 답변서 제출

소장부본을 우편으로 송달받은 피고는 소송절차안내서에 표시된 전자소송인증번호와 사건번호로 전자소송 동의를 한 후 온라인으로 답변서를 제출할 수 있습니다.

4. 송달

① 전자소송에 동의한 당사자 및 대리인은 대법원 전자소송 홈페이지를 통해 전자문서를 송달받고, 내용을 확인할 수 있습니다.

② 전자문서 등재사실의 통지는 등록사용자가 전자소송시스템에 입력한 전자우편주소로 전자우편을 보내고, 휴대전화번호로 문자메시지를 보내는 방법으로 합니다. 다만, 문자메시지는 등록사용자의 요청에 따라 보내지 않을 수 있습니다(민사소송 등에서의 전자문서 이용 등에 관한 법률 제11조 제3항 및 민사소송 등에서의 전자문서 이용 등에 관한 규칙 제26조 제1항).

③ 전자문서는 송달받을 자가 등재된 전자문서를 확인한 때에 송달된 것으로 봅니다. 다만, 그 등재사실을 통지한 날부터 1주 이내에 확인하지 않은 때에는 등재사실을 통지한 날부터 1주가 지난 날에 송달된 것으로 봅니다(민사소송 등에서의 전자문서 이용 등에 관한 법률 제11조제4항).

5. 사건기록열람

① 전자소송에 동의한 당사자 및 대리인은 해당 사건의 소송기록을 언제든지 온라인상에서 열람 및 출력할 수 있습니다. 진행 중 사건에 대해 대법원 전자소송홈페이지에서 열람하는 경우는 수수료가 부과되지 않습니다.

② 등록사용자로서 전자소송 동의를 한 당사자, 사건 본인, 소송대리인 또는 법정대리인, 특별대리인, 보조참가자, 공동소송적 보조참가인, 경매사건의 이해관계인, 과태료 사건의 검사가 전자기록을 열람, 출력 또는 복제하는 방법은 전자소송시스템에 접속한 후 전자소송홈페이지에서 그 내용을 확인하고 이를 서면으로 출력하거나 해당사항을 자신의 자기디스크 등에 내려받는 방식으로 합니다(민사소송 등에서의 전자문서 이용 등에 관한 규칙 제38조제1항).

③ 가사사건이나 회생·파산사건의 전자기록도 위와 같은 방법으로 열람, 출력 등을 할 수 있습니다(민사소송 등에서의 전자문서 이용 등에 관한 규칙 제38조의2).

[질문] 어머니가 연세가 많으셔서 자녀인 제가 대신 소장을 제출하려고 합니다. 자녀가 대리하여 전자로 소장 제출이 가능한가요?

[답변] 원칙적으로 소송위임에 의한 소송대리인은 변호사대리가 원칙이나 소액사건(소가 3,000만원 이하)으로 당사자의 배우자·직계혈족·형제자매는 법원의 허가 없이도 소송대리인이 될 수 있습니다(소액사건심판법 제8조 1항). 다만, 단독판사가 심리·재판하는 사건으로 당사자의 배우자 또는 4촌 안의 친족으로서 당사자와 밀접한 생활관계를 맺고 있거나, 당사자와 고용, 그밖에 이에 준하는 계약관계를 맺고 그 사건에 관한 통상사무를 처리·보조하는 사람의 경우 법원의 허가를 받은 때에는 소송대리인이 될 수 있습니다(민사소송법 제88조 1항, 민사소송규칙 제15조).

그러나 전자소송의 경우 '민사소송 등에서의 전자문서 이용 등에 관한 규칙 제3조'에 의하면 전자문서를 제출할 수 있는 자를 당사자, 소송대리인, 법정대리인, 특별대리인 등으로 제한하고 있으므로 아직 법원의 허가를 받지 아니한 개인은 다른 사람을 대신하여 대리인 자격으로 전자문서를 제출할 수 없습니다.

따라서 전자소송포털을 통하여 자녀가 전자적으로 소장을 제출할 수 있는 경우는 법원의 허가없이도 소송대리가 가능한 소액사건에 한하여 소송대리인으로서 소장제출이 가능합니다. 그외 사건에 대하여는 소송을 진행할 당사자인 어머니가 직접 전자소송포털 사용자로 등록하여 제출하여야 합니다.

[질문] 전자송달된 송달문서를 열람하지 않으면 계속 송달이 되지 않은 것으로 처리되나요?

[답변] 전자소송에서는 법원에서 문서를 송달하고 그 송달사실을 통지 받은지 7일이 지나면 자동으로 송달문서를 확인한 것으로 간주합니다.

송달 통지를 받고도 3일 동안 송달문서를 확인하지 않은 경우에는 송달문서의 확인을 안내하는 이메일과 알림톡/메시지가 한번 더 전송되므로 참고하시기 바랍니다(알림서비스 제공은 신청인에 한하여 제공됩니다).

[질문] 종이소송으로 진행하던 사건을 전자소송으로 변경하고 싶습니다. 어떻게 해야 하나요?

[답변] 종이소송으로 진행하다 전자소송으로 진행하기 위하여는 먼저 전자소송포털에서 사용자 등록을 하신 후 전자소송포털 메인화면 상단 '나의 전자소송 〉 전자소송사건등록' 메뉴에서 전자소송 절차 진행에 대한 동의와 사건 등록을 하여야 합니다.

그러나 전자소송으로의 진행은 제1심 사건중 제1회 변론(준비)기일 다음 날까지 어느 일방이라도 전자소송 동의를 한 경우에 가능하고, 그 이후에 전자소송동의를 한 경우에는 재판장의 전자소송전환명령이 있어야만 전자소송 사건으로 전환될 수 있습니다.

전자소송전환명령은 당사자가 전자소송 동의를 하거나 동의할 의사를 표시한 경우에 종이소송기록을 소급적으로 전자기록화하는데 소요되는 노력과 향후 제출할 전자문서의 예상 분량이나 전자기록사건으로 전환됨에 따라 생기는 편의를 비교 형량하여 재판장이 내리게 되며, 이를 위하여는 '전자기록화신청서'를 제출하셔야 합니다.

'전자기록화신청서'는 종이서면으로 제출하거나, 전자소송포털 메인화면 상단 '서류제출 〉 서류검색' 메뉴를 통해 '전자기록화신청서'를 검색, 작성하여 전자적으로 제출하실 수도 있습니다.

'전자기록화신청서'가 제출되면 재판장은 전환명령 여부에 대해 판단을 하게 되며, 이후 전자기록화신청에 대한 재판장의 허가가 이루어지는 경우에만 종이기록전자화를 진행하게 되고, 불허가 되는 경우에는 계속하여 종이사건으로 진행하게 됩니다.

[질문] 사건접수 이후에 대리인으로 위임 받아 전자소송을 진행하고 싶습니다. 어떤 절차가 필요하나요?

[답변] 1. 사용자 등록

먼저 전자소송포털에서 사용자 등록을 해야 합니다.

사용자유형은 변호사, 변리사, 소송수행자 등은 대리인사용자를 선택하시고, 일반 개인이 대리인이 되는 경우에는 개인사용자로 등록하시기 바랍니다.

2. 전자소송사건등록

사용자 등록을 완료한 대리인의 경우에는 '나의전자소송 〉 전자소송사건등록' 메뉴에서 먼저 전자소송에 대한 진행동의를 한 후에 사건번호를 등록해야 합니다. 사건접수 후에 위임받은 대리인의 경우에는 전자소송 인증번호가 없으므로, 화면에서 '전자소송 인증번호가 없는 경우'를 선택합니다.

사건등록을 완료하면 서류제출이 가능하지만, 소송위임장(담당변호사/변리사지정서 또는 소송수행자지정서 포함)을 제출하여 재판부 확인을 받기 전에는 전자송달과 기록열람 서비스는 받을 수 없습니다.

[질문] 1심을 종이소송으로 진행하였습니다. 항소심은 전자소송으로 하고 싶은데 가능한가요?

[답변] 1심을 종이소송으로 진행하다 항소심을 전자소송으로 진행하기 위하여는 1심 판결 선고 후 항소기간 안에 '항소장'을 제출하면서 '전자기록화신청서'를 함께 제출하셔야 합니다.

항소장과 전자기록화신청서는 종이서면으로 제출 가능하나 '대한민국법원 전자소송포털'에서 전자적으로 제출하실 수도 있습니다. 먼저 '대한민국법원 전자소송포털'에서 사용자 등록을 하고 '나의전자소송 〉 전자소송사건등록' 메뉴에서 전자소송 절차 진행에 대한 동의를 한 후 1심 사건을 등록합니다. 그리고 '서류제출 〉 서류검색' 메뉴를 통해 '항소장'과 '전자기록화신청서'를 검색하여 작성 후 제출하시면 됩니다.

항소장과 전자기록화신청서가 전자적으로 제출되면 1심 재판부에서는 이를 출력하여 종이기록에 첨부하여 항소심 재판부로 송부하게 됩니다. 다만, 전자소송으로의 전환 여부는 항소심 재판부에서 전자기록화신청에 대한 허가가 이루어지는 경우에만 종이기록전자화를 진행하게 되고, 불허가 되는 경우에는 계속하여 종이사건으로 진행하게 됩니다.

[질문] 전자제출안내서를 받은 증인, 감정인, 촉탁을 받은기관 등의 경우 어떻게 전자문서를 제출하나요?

[답변] 다음의 절차에 따라 서류를 제출하시기 바랍니다.

□ 등록된 사용자

1. 전자소송포털 등록 사용자는 인증서로 로그인하신 후, '서류제출 〉 서류 검색' 메뉴에 접속합니다.
2. 본인이 제출할 서류명을 검색하신 후 소송유형에 맞는 서류를 선택합니다. 제출할 서류명이 없는 경우에는 제출하고자하는 소송유형의 '기타'를 서류명으로 검색하여 선택합니다.
3. 법원, 사건번호, 문서제출번호(전자제출안내서 참고)를 입력하고 확인 버튼을 클릭합니다.
4. 사건기본정보를 확인한 후 미리 준비한 전자문서 파일을 첨부합니다. 서류제출을 누구의 명의로 할지 '서류명의인'을 선택하여 등록합니다.
5. 다음 항목으로 이동하여 작성완료 버튼을 누르면, '최종문서확인'단계로 이동하게 되고 본인이 첨부한 모든 문서 내용에 이상 없음을 체크한 후 확인완료합니다.
6. 확인이 완료된 문서는 '문서제출' 버튼을 클릭하고 인증서로 전자서명을 하여 제출할 수 있습니다.

□ 미등록 사용자
1. 전자소송포털 '서류제출〉회신서등제출' 메뉴에 접속합니다.
2. 제출할 서류명을 검색 또는 선택합니다.
3. 법원, 사건번호, 문서제출번호(전자제출안내서 참고)를 입력하고 확인 버튼을 클릭합니다.
4. 사건기본정보를 확인한 후 미리 준비한 전자문서 파일을 첨부합니다. 전자서명할 서류제출자의 정보를 입력하고 등록 버튼을 누릅니다.
5. 다음 항목으로 이동하여 작성완료 버튼을 누른 후 최종문서확인 화면에서 본인이 첨부한 문서를 확인합니다.
6. 문서확인을 완료하면 다음 단계로 이동하여 제출 버튼을 클릭하고 인증 서로 전자서명을 하여 제출할 수 있습니다.

[질문] 대법원 전자소송용 실지명의 확인 가능한 전자서명 인증서는 어디에서 발급받나요?

[답변] 대법원 전자소송용 실지명의 확인 가능한 전자서명 인증서(이하 '인증서'라 함)는 한국정보인증(주)의 전자소송용 인증서 발급 사이트 (https://scourt.signra.com/)에서 인증서 신청서 작성과 수수료 결제 후 신청서를 출력하여 가까운 서류제출기관(전국 우체국)을 직접 방문하여 신청서와 제출서류를 접수하고, 발급안내 이메일의 첨부파일을 통한 전자소송용 인증서를 발급 받을 수 있습니다.

전자소송 전용 인증서는 개인이 사용하는 "전자소송 개인용"과 사업자 (법인)가 사용하는 "전자소송 사업자용" 두 가지가 있으며, 법원의 전자소송 서비스를 이용하는 용도로만 사용할 수 있습니다.

□ 전자소송용 인증서 발급기관(전국 우체국)

한국정보인증(주)의 전자소송용 인증서 발급사이트 (https://scourt.signra.com/)

[3] 민사소송절차의 심급제도

1. 심급제도

① '심급제도'란 법원에 상하의 계급을 두고 하급법원의 재판에 대해 상급법원에 불복신청이 가능하도록 법원간의 심판순서 또는 상하관계를 정해놓은 제도를 말합니다.

② 3심제도

우리나라는 원칙적으로 3심제를 채택하고 있고, 1심과 2심은 사실심이고, 3심은 법률심입니다.

1. 항소(제1심판결 불복)
   - '항소'란 제1심 종국판결에 대해 상급법원에 하는 불복신청을 말합니다(민사소송법 제390조 제1항).

2. 상고(제2심판결 불복)
   - '상고'란 고등법원이 선고한 종국판결과 지방법원 합의부가 제2심으로 선고한 종국판결에 대한 불복신청을 말합니다(민사소송법 제422조제1항).
   - 상고심은 법률심으로 판결에 영향을 미친 헌법·법률·명령 또는 규칙의 위반이 있는 경우에만 제기할 수 있습니다(민사소송법 제423조).

3. 항고 및 재항고(결정·명령 불복)
   - '항고'란 소송절차에 관한 신청을 기각한 결정이나 명령에 대한 불복신청을 말합니다(「민사소송법」 제439조).
   - '재항고'란 항고법원·고등법원 또는 항소법원의 결정 및 명령에 대한 불복신청을 말합니다(민사소송법 제442조).
   - 재항고는 상고심과 같은 법률심으로 재판에 영향을 미친 헌법·법률·명령 또는 규칙의 위반이 있는 경우에만 제기할 수 있습니다(민사소송법 제442조).

※ 판결, 결정, 명령의 구분
① '판결'이란, 법원이 변론주의에 근거해 「민사소송법」에서 정한 일정한 방식에 따라 판결원본을 작성하고 선고라는 엄격한 방법으로 당사자에게 고지하는 재판을 말합니다.
② 결정의 개념
- '결정'이란, 임의적 변론(판결에는 반드시 변론이 필요하나 결정에서는 법관의 재량으로 정할 수 있는데 이를 임의적 변론이라 한다) 또는 서면 심리에 의해 법원이 행하는 재판을 말합니다)].
- 결정은 소송절차상의 사항(제척·기피의 재판, 참가허가 여부에 대한 재판, 청구변경의 불허가 재판 등)이나 집행절차에서의 법원의 처분(지급명령, 추심명령, 전부명령 등)에 대한 판결입니다.
③ 명령의 개념'명령'이란, 재판장·수명법관(법원합의부의 재판장으로부터 법률에 정해진 일정한 사항의 처리를 위임받은 합의부원인 법관)·수탁판사(소송이 계속되고 있는 법원의 촉탁을 받아 일정한 사항의 처리를 하는 판사)가 행하는 재판을 말합니다. 명령은 법관이 행하는 재판이지 법원이 행하는 재판이 아닙니다. 이 점이 법원이 행하는 판결이나 결정과 구별됩니다.

2. 재심절차

① 재심절차는 확정판결에 중대한 오류가 있을 경우 당사자의 청구에 의해 그 판결의 당부를 다시 재심하는 절차를 말합니다.

② 재심절차는 확정된 종국판결에 대한 불복신청이므로 법률에 기재된 재심사유에 해당하는 경우에만 제기할 수 있습니다(민사소송법 제451조 제1항).

PART 3.
민사소송을 하기 위해 어떤 점을 검토해야 하는지요?

Chapter 1. 소송제기의 가능 여부 판단 및 증거자료의 준비

[1] 소 제기의 가능 여부 판단

소송을 제기하기 위해서는 ① 구체적인 권리 또는 법률관계에 관한 쟁송일 것, ② 사법심사의 대상일 것, ③ 부제소(不提訴) 합의가 없을 것, ④ 다른 구제절차가 없을 것, ⑤ 중복소송의 금지, ⑥ 재소(再訴)금지의 요건을 갖추어야 합니다.

1. 구체적인 권리 또는 법률관계에 관한 쟁송일 것

① 민사소송은 청구취지가 특정되어야 하고, 구체적인 권리 또는 법률관계에 관한 쟁송이어야 합니다(대법원 1994. 6. 14. 선고 93다36967 판결).

② 예를 들어 단순히 종중의 대동보나 세보에 기재된 사항의 변경이나 삭제를 구하는 청구와 같이 구체적인 권리관계 또는 법률관계에 대한 쟁송이 아닐 경우에는 소송이 성립되지 않습니다.

2. 사법심사의 대상일 것

① 법원에서 심사할 수 없는 종교 교리의 해석문제나 통치행위 같은 부분은 소송의 대상이 되지 않습니다.

② 예를 들어 교회의 내부 문제로 인해 발생한 목사, 장로의 자격에 관한 시비는 구체적인 권리 또는 법률관계와 무관하므로 원칙적으로 사법심사의 대상이 아닙니다.

[대법원판례] 대법원 2007. 6. 29. 자 2007마224 결정)
[판시사항] 교회의 권징재판으로 말미암은 목사, 장로의 자격에 관한 시비가 사법심사의 대상이 되는지 여부(원칙적 소극)
[판결요지] 교회의 권징재판은 종교단체가 교리를 확립하고 단체 및 신앙상의

질서를 유지하기 위하여 목사 등 교역자나 교인에게 종교상의 방법에 따라 징계제재하는 종교단체의 내부적인 제재에 지나지 아니하므로 원칙적으로 사법심사의 대상이 되지 아니하고, 그 효력과 집행은 교회 내부의 자율에 맡겨져 있는 것이므로 그 권징재판으로 말미암은 목사, 장로의 자격에 관한 시비는 직접적으로 법원의 심판의 대상이 된다고 할 수 없고, 다만 그 효력의 유무와 관련하여 구체적인 권리 또는 법률관계를 둘러싼 분쟁이 존재하고 또한 그 청구의 당부를 판단하기에 앞서 그 징계의 당부를 판단할 필요가 있는 경우에는 그 판단의 내용이 종교 교리의 해석에 미치지 아니하는 한 법원으로서는 위 징계의 당부를 판단하여야 한다.

3. 부제소(不提訴) 합의가 없을 것

① 부제소 합의(소송제기를 금지하는 합의)는 다음과 같은 요건을 충족하는 경우에 한해 인정됩니다.

    1. 합의 당사자가 처분할 수 있는 권리 범위 내의 것일 것

    2. 그 합의 시에 예상할 수 있는 상황에 관한 것일 것

② 예를 들어, 퇴직을 전제로 퇴직금 또는 퇴직위로금 등을 수령하면서 향후 퇴직 또는 퇴직금과 관해 회사에 어떠한 소송청구나 이의도 하지 않겠다는 내용의 합의를 하는 것은 부제소 합의가 허용되는 경우입니다.

[대법원판례] (대법원 1999. 3. 26. 선고 98다63988 판결)

[판시사항] 부제소 합의의 유효 요건

[판결요지] 소극적 소송요건의 하나인 부제소 합의는 합의 당사자가 처분할 권리 있는 범위 내의 것으로서 특정한 법률관계에 한정될 때 허용되며, 그 합의시에 예상할 수 있는 상황에 관한 것이어야 유효하다.

[이유] 상고이유를 판단한다.

이 사건 원고와 소외인 간의 1994. 1. 24.의 합의를 인정한 자료인 을 제6호증에는 '원고, 소외인은 본인을 포함한 상호간의 직계존비속에 관하여 1994. 1. 24. 이전에 관계된 어떠한 것에 관하여도 일체의 권리 주장을 하지 않기로 합의한다.'라고 기재되어 있다.

그런데, 원심은 그 권리포기 합의가 부제소 합의로서 합의 당사자가 아닌 피고에 대한 관계에 있어서 소외인이 피고의 대리인으로서 그와 같은 합의를 한 것이거나 제3자인 피고를 위한 계약으로서의 성격을 가진다고 하여 이 사건 원고의 청구는 그 부제소 합의에 반하는 것이 되어 부적법하다고 소를 각하한 제1심판결을 유지하였다.

그러나, 소극적 소송요건의 하나인 부제소 합의는 합의 당사자가 처분할 권리 있는 범위 내의 것으로서 특정한 법률관계에 한정될 때 허용되며(대법원 1977. 4. 12. 선고 76다2920 판결 참조), 그 합의시에 예상할 수 있는 상황에 관한 것이어야 유효하다(대법원 1970. 8. 31. 선고 70다1284 판결 참조).

이 사건에서, 그 권리포기 합의를 부제소 합의로 본다고 하더라도 그 합의가 법률관계를 특정하여 한 것이 아니어서 부제소 합의로서의 유효성이 의문스러울 뿐만 아니라 그 합의에서 그 합의 당사자인 원고와 소외인이 스스로 처분할 수 없는 타인이 개재된 법률관계에 관한 부제소 합의를 포함시킨 것이라면 그 부제소 약정의 효력이 합의 당사자 아닌 사람에게까지는 미치지 않는다고 할 것이며, 더구나 그 합의서의 문언에 따르더라도 직계존비속에 관한 것으로 한정하고 있어 직계존비속이 아닌 소외인과 남매 간인 피고에게 그 효력이 미친다고 볼 수도 없다.

나아가, 그 합의가 피고를 위한 대리행위라거나 제3자를 위한 계약의 형태로 이루어졌다고 볼 자료도 부족하거니와 가사 그러한 사정이 인정된다 하여도 그 합의의 일방 당사자인 1심 증인 소외인의 증언에서 그 합의 당시인 1994. 1. 24.에는 이 사건의 분쟁은 전혀 예상할 수 있는 시기가 아니어서 거론조차 되지 않았음이 인정되는 이 사안에서는, 원고와 피고와의 사이의 유효한 부제소 합의로서 원용될 수 없다 할 것이다.

결국, 그 합의는 위에서 본 법리에 비추어서 어느 모로 보아도 이 사건 원고와 피고 사이의 부제소 합의로서의 유효요건을 갖추었다고 할 수 없어 그 합의를 들어 원고의 이 사건 제소를 부적법하다고 단정할 것은 아니라 하겠다.

그럼에도 원심이 원고의 이 사건 소를 각하하여 본안 심리에 나아가지 아니한 제1심의 처리를 유지한 것은 그 합의가 이 사건 피고에게도 유효하다고 볼 사정에 관하여 심리를 다하지 않았거나 부제소 합의에 관련한 법리를 오해한 결과라 하겠고, 이 점을 다투는 상고이유 주장은 정당하다.

그러므로 원심판결을 파기하고, 사건을 다시 심판하게 하기 위하여 원심법원에 환송하기로 관여 법관의 의견이 일치되어 주문에 쓴 바와 같이 판결한다.

4. 다른 구제절차가 없을 것

① 소송이 아닌 더 간편한 절차를 이용해 권리를 구제받을 수 있다면 소송은 성립하지 않습니다.

② 예를 들어, 피해자가 법원의 감정명령에 따라 신체감정을 받으면서 지출한 검사비용은 소송비용으로 소송비용확정 절차를 거쳐 상환받을 수 있으므로, 이를 이유로 소송을 제기할 수는 없습니다.

> [대법원판례] (대법원 2000. 5. 12. 선고 99다68577 판결)
> [판시사항] 피해자가 법원의 감정명령에 따라 신체감정을 받으면서 지출한 감정비용을 별도로 소구할 이익이 있는지 여부(소극)
> [판결요지] 피해자가 법원의 감정명령에 따라 신체감정을 받으면서 그 감정을 위한 제반 검사비용으로 지출하였다는 금액은 예납의 절차에 의하지 않고 직접 지출하였다 하더라도 감정비용에 포함되는 것으로서 소송비용에 해당하는 것이고, 소송비용으로 지출한 금액은 소송비용확정의 절차를 거쳐 상환받을 수 있는 것이어서 이를 별도로 소구할 이익이 없다.

5. 중복소송의 금지

① 법원에 계속되어 있는 사건에 대해 당사자는 다시 소송을 제기하지 못합니다(민사소송법 제259조).

② 예를 들어, 재판부에 대한 불만으로 또는 더 나은 결과를 위해 다른 법원에 소송을 제기하지 못합니다.

6. 재소(再訴)금지

① 본안에 대한 종국판결이 있은 뒤에 소송을 취하한 사람은 같은 소송을 제기하지 못합니다(민사소송법 제267조 제2항).

② 재소금지원칙은 소송물, 권리보호의 이익이 동일한 경우에만 인정됩니다.

③ 예를 들어 A(토지 소유주)가 B(무단 점유자)에게 소유권 침해를 중

지할 것을 요구하는 소송을 제기했다가 합의가 이루어져 취하한 후 토지를 C에게 매각했으나 여전히 B가 무단 점유를 하고 있어 C가 다시 B를 상대로 소송제기를 한 것은 별개의 권리보호 이익이 있어 재소금지원칙이 적용되지 않습니다.

[대법원판례] (대법원 1981. 7. 14. 선고 81다64 판결).

[판결요지] 민사소송법 제240조 제2항 소정의 "소를 취하한 자"에는 변론종결 후의 특정승계인을 포함하나 "동일한 소"라 함은 권리보호의 이익도 같아야 하므로 이 건 토지의 전소유자가 피고를 상대로 한 전소와 본건 소는 소송물인 권리관계는 동일하다 할지라도 위 전소의 취하 후에 이 건 토지를 양수한 원고는 그 소유권을 침해하고 있는 피고에 대하여 그 배제를 구할 새로운 권리보호의 이익이 있다고 할 것이니 위 전소와 본건 소는 동일한 소라고 할 수 없다.

[이유] 상고이유를 판단한다.

1. 민사소송법 제240조 제2항에 본안에 대한 종국판결이 있은 후 소를 취하한 자는 동일한 소를 제기못한다고 재소금지의 규정을 두고 있는바, 여기 소를 취하한 자에는 변론종결 후의 특정 승계인도 포함되는 것이나(당원 1969.7.22. 선고 67다760 판결 참조), 동일한 소라 함은 당사자와 소송물인 권리관계가 동일할 뿐 아니라 소 제기를 필요로 하는 사정 즉 권리보호의 이익도 같아야 하는 것으로 해석되는바, 원고의 전소유자인 소외 도 윤태가 피고를 상대한 소론 전소와 본건 소는 소송물인 권리관계는 동일하다 할지라도 위 전소의 취하 후에 본건 토지에 대한 소유권을 양수한 원고는 그 소유권을 침해하고 있는 피고에 대하여 그 배제를 구할 새로운 권리보호의 이익이 있다고 할 것이니 위 전소와 후소인 본건 소는 동일한 소라고 할 수 없으니 피고의 재소금지의 본안전 항변을 배척한 원심의 판단은 정당하고 거기에 소론과 같은 법리오해가 있다고 할 수 있다.

2. 원심판결은 피고의 취득시효 주장에 대하여 본건 토지를 1958.2.7 전소유자인 소외 정 도원으로부터 소외 손 차득이 매수하여 점유하였으며 피고는 동 손차득으로부터 매수하여 점유를 승계하여 계속 점유하여 왔다는 피고 주장사실을 배척하고 소외 정 도원은 1931.께 소유이던 위 대지상에 건물을 신축하여 1937.께 위 대지를 제외한 위 건물만을 위 손 차득에게 매도하고 피고는 1975.11.4 위 건물만을 매수하였다는 사실을 단정하였다.

그러나 기록에 의하여 위 건물만의 매수사실 인정의 증거자료를 살피건대 갑 제 6 호증의 1, 2 갑 제8, 9호증의 각 기재는 위 도 윤태와 피고 간의 전소에서 피고는 철거대상 건물에 대한 법정지상권이 있다는 주장 및 이에 대한 판단이며 증인 이 연희의 증언은 위 전소의 제기 후의 사정에 관한 것으로 이들로서는 위 정 도원과 손 차득간에 본건 토지의 매매가 없었다고 단정할 자료는 되지 아니하며 그리고 을 제1, 2호증은 피고 주장과 같은 매매사실을 수긍할 수 있는 처분문서라 할 것이므로 특별한 사정이 없는 한 이를 취신함이 우리의 경험칙에 합당할 것임에도 불구하고 원심은 그럴사한 설명도 없이 그저 믿을 수 없다고 판시하고 있으니 이러한 처사는 채증법칙을 어긴 위법이 있다고 아니할 수 없다.

3. 원심은 나아가 피고는 도 윤태의 소유를 인정하고 토지를 매수하겠다 하여 위 도 윤태가 위 전소를 취하하였다는 사실을 단정하여 시효진행은 이 승인에 의하여 중단되었다고 판시하고 있다. 원심의용의 증거에 의하여도 피고가 명시적으로 위 도윤태의 소유권을 인정하였다고 볼 자료는 찾아볼 수 없고 피고가 본건 대지를 매수하겠다는 교섭이 있었음을 짐작할 수 있으니 소송계속중 분쟁해결의 하나의 방편으로 매수를 제안 시도하는 수도 흔히 있는 바이니 위 매수교섭만으로 곧 위 도 윤태의 소유권을 확정적으로 인정하였다고는 단정할 수도 없다 할 것이니 여기에는 채증법칙을 위배하여 사실을 인정하였거나 시효중단사유인 승인에 관한 법리오해하였다고 아니할 수 없다.

그러므로 이런 점을 논난하는 논지 이유있어 원심판결을 파기 환송하기로 관여 법관의 의견이 일치되어 주문과 같이 판결한다.

[2] 증거자료의 준비

1. 증거의 개념

법원은 법률의 적용에 앞서 당사자가 주장한 사실을 조사하고 그 사실의 진위를 판단해야 하는데, 이 사실의 진위를 판단하기 위한 자료를 증거라 합니다.

2. 증거의 확보

① 법원은 증거조사의 결과를 참작해 원고와 피고가 주장하는 사실이 진실인지의 여부를 판단하므로(민사소송법 제202조), 증거를 확보하는 것은 중요합니다.

② 증거자료가 될 수 있는 것은 다음과 같은 것이 있습니다.
1. 증인: 법원 또는 법관에게 자기가 과거에 실험(견문)한 사실을 진술하는 제3자(민사소송법 제303조)
2. 감정: 법관의 지식·경험을 보충하기 위해 학식·경험 있는 제3자의 의견을 청취함을 목적으로 하는 증거조사(민사소송법 제334조)
4. 서증: 서면에 기재된 내용이 증거로 되는 것(민사소송법 제343조)
5. 검증: 법관이 다툼있는 사실의 판단 기초로 하기 위해 그 사실에 관계되는 물체를 자기의 감각으로 스스로 실험하는 증거조사(민사소송법 제366조 제1항)
6. 당사자신문: 당사자 본인이나 그를 대신해 소송을 수행하는 법정대리인을 증거방법의 하나로 하여 그가 경험한 사실에 대해 신문하는 증거조사(민사소송법 제367조)
7. 도면·사진·녹음테이프·비디오테이프·컴퓨터용 자기디스크, 그 밖에 정보를 담기 위해 만들어진 물건으로서 문서가 아닌 증거(민사소송법 제374조)

3. 증거화 하기

① 내용증명 보내기

'내용증명'이란 등기취급을 전제로 우체국창구 또는 정보통신망을 통해 발송인이 수취인에게 어떤 내용의 문서를 언제 발송하였다는 사실을 우체국이 증명하는 특수취급제도를 말합니다('우편법 시행규칙' 제25조 제1항 제4호).

② 내용증명제도는 기재된 내용의 진실을 추정해주지는 않지만 내용의 발송사실, 발송일자 및 전달사실까지 증명될 수 있습니다. 따라서 계약의 해지를 통보했다거나 변제의 독촉을 했다거나 하는 등의 주장을 증명할 수 있는 방법으로 사용됩니다.

[서식 예] 내용증명(대여금)

내 용 증 명

발 신 인   ○ ○ ○
       주 소
수 신 인   ○ ○ ○
       주 소

대여금 변제 최고

1. 귀하의 무궁한 발전을 기원합니다.
2. 귀하는 20○○. ○. ○. ○○:○○경 본인을 방문하여 "신용카드대금이 연체되어 신용카드회사에서 사기로 고소한다고 하니 금 ○○○원을 대여해주면, 이자는 연 18%로 20○○. ○. ○.까지는 틀림없이 변제해준다"고 하여 당일 본인은 귀하에게 위 금원을 대여해 준 적이 있습니다.
3. 본인은 변제기한인 20○○. ○. ○. 도과 후 귀하에게 수차에 걸쳐

대여금의 반환을 요구하였으나 귀하는 현재까지 이런저런 이유로 대여금의 반환을 미루고 있습니다.

4. 이에 귀하에게 대여 원리금 금 ○○○원을 20○○. ○. ○.까지 반환하여 줄 것을 최고하며, 만약 귀하께서 이행치 아니할시 부득이 법적인 조치를 취할 수밖에 없음을 통지하니 양지하시기 바랍니다.

20○○.　　○.　　○.

위 발신인　　○○○(인)

4. 증거에 대한 서류 작성례

□ 증인신문신청(피고)

증 인 신 문 신 청

사　　건　　20○○가단○○○○ 대여금

원　　고　　○○○

피　　고　　◇◇◇

　위 사건에 관하여 피고는 그 주장사실을 입증하기 위해 별지 신문사항을 첨부하여 다음과 같이 증인신문을 신청합니다.

다　　음

1. 증인의 표시

성 명 : ■■■

주 소 : ○○시 ○○구 ○○로 ○○ (우편번호 ○○○-○○○)

주민등록번호 : ○○○○○○-○○○○○○○

전화휴대폰번호 :

직 업 : 농업

2. 증인이 이 사건에 관여하거나 그 내용을 알게 된 경위

   증인은 원고 및 피고와 이웃에 거주하고 있으며, 평소에 원고 및 피고의 집에 자주 드나들면서 가까이 지나는 사이였음. 그러던 중 20○○. ○.경 원고의 집에서 피고가 금 ○○○원을 차용할 때 함께 있었으며, 또한 20○○. ○○.경 피고의 집에서 피고가 원고에게 위 차용금을 갚을 때도 함께 있었음.

3. 증인신문사항(별첨)

20○○.　　○.　　○.

위 피고　　◇◇◇ (서명 또는 날인)

○○지방법원 제○○민사단독　귀중

□ **필적감정신청서**

필 적 감 정 신 청

사　건　　20○○가단○○○　소유권이전등기
원　고　　○○○
피　고　　◇◇◇

　　위 사건에 관하여 원고는 원고의 주장사실을 입증하기 위하여 필적감정을 신청하니 감정인에게 감정을 명하여 주시기 바랍니다.

1. 감정대상

피고의 시필(試筆)과 부동산매매계약서 상의 "○○시 ○○면 ○○리 ○○○ 임야 소유주 ◇◇◇, 476㎡"이라는 필적이 동일인의 필적인지 여부

2. 감정인 및 감정기일
   귀원에서 적의 지정해 주시기 바랍니다.

3. 피고의 시필 채취
   피 고 ◇◇◇의 시필을 채취하여 주시기 바랍니다.

20○○. ○. ○.

위 원고   ○○○ (서명 또는 날인)

○○지방법원 제○민사단독 귀중

□ **서증조사신청서**

서 증 조 사 신 청

사 건   20○○가단○○○ 손해배상(자)
원 고   ○○○
피 고   ◇◇◇

위 사건에 관하여 원고는 다음과 같이 형사사건기록의 서증조사를 신청합니다.

다   음

1. 문서보관 장소
   ○○지방법원 제○형사단독
2. 서증조사할 목적물

20○○고합○○○ 피고인 ○○○에 대한 교통사고처리특례법위반 피고사건의 수사기록 및 공판기록 일체

3. 서증조사의 목적
   피고인에게 교통사고의 과실이 있음을 입증

20○○.　○.　○.

위 원고　○○○ (서명 또는 날인)

○○지방법원 제○민사단독　귀중

□ **현장검증신청서**

현 장 검 증 신 청

사　건　　20○○가단○○○ 손해배상(기)
원　고　　○○○
피　고　　◇◇◇

위 사건에 관하여 원고는 그 주장사실을 입증하기 위하여 다음과 같이 현장검증을 신청합니다.

다　　음

1. **검증할 사실**
   원고들 경작농지의 상태 및 경작보리의 피해현황

2. **검증할 목적물**
   ○○시 ○○구 ○○동 ○○ 외 4필지 및
   ○○시 ○○구 ○○동 ○○ 외 17필지

3. **검증으로 명백히 하려는 사항**

제초제의 사용으로 인한 보리피해의 현황

　　　　　　　20○○.　○.　○.
　　　　　　　위 원고　○○○ (서명 또는 날인)

○○지방법원 ○○지원 제○민사단독　귀중

□ **문서제출명령신청서**

문 서 제 출 명 령 신 청

사　건　20○○가합○○○ 손해배상(기) 등
원　고　○○○
피　고　◇◇◇

　위 사건에 관하여 원고의 주장사실을 입증하기 위하여 아래의 문서에 대하여 제출명령을 하여 줄 것을 신청합니다.

1. 문서의 표시 및 소지자

피고가 소지하고 있는 원고와 피고간에 20○○. ○. ○. 체결한 물품매매계약서 1통

2. 문서의 취지

20○○. ○. ○. 원고가 피고로부터 방망이 등 물품을 금 500만원을 주고 매수하였을 때 피고는 방망이 등을 매매대금과 동시이행으로 제공하기로 하는 내용의 계약문서입니다.

3. 입증취지

이 사건 매매계약에 의하여 원고는 매수인으로서 매매대금을 지급하였으므로　매도인인 피고의 의무불이행으로 인하여 원고에게 손해가 발생하였음을 입증하고자 합니다.

```
                           20○○.   ○.   ○.
                           위 원고   ○○○ (서명 또는 날인)

  ○○지방법원  ○○지원 제○민사부  귀중
```

[관련판례 1]

문서제출명령신청에 대해서, 별다른 판단을 하지 아니한 채 변론을 종결하고 판결을 선고한 것은 문서제출명령신청을 묵시적으로 기각한 취지라고 할 것이니 이를 가리켜 판단유탈에 해당한다고는 볼 수 없다(대법원 2001. 5. 8. 선고 2000다35955 판결).

[관련판례 2]

피고가 문서제출명령에 불구하고 제출명령받은 문서를 제출하지 아니하였다고 하더라도, 그렇다고 하여 문서제출의 신청에 문서의 표시와 문서의 취지로 명시된 위 문서들의 성질·내용·성립의 진정에 관한 원고의 주장을 진실한 것으로 인정할 수 있음은 별론으로 하고, 그 문서들에 의하여 입증하려고 하는 원고의 주장사실이 바로 증명되었다고 볼 수는 없다(대법원 1993. 11. 23. 선고 93다41938 판결).

□ **검증신청서**

```
                  검  증  신  청  서

  사   건 20○○가단○○○○(본소), 20○○가단○○○○(반소)
  원   고(반소피고) ○○○
  피   고(반소원고) (주)◇◇◇

    위 사건에 관하여 원고(반소피고)는 주장사실을 입증하기 위하여
  아래와 같이  검증신청을 합니다.

                    - 아    래 -
```

1. 검증장소
   ○○시 ○○구 ○○길 ○○(피고회사 본사 사무실)

2. 검증의 목적물
   ◦ 피고가 원고에게 20○○. ○. ○. 우편으로 송부한 이 사건
     웹사이트 및 관리프로그램의 검수용 컴팩트디스크(CD)
   ◦ 원고 보관중이며 검증기일에 현장에서 제출할 예정임

3. 검증에 의하여 명확하게 하려는 사항
   원고가 이 사건 용역계약의 해제통보 후 피고가 우편으로 송부한 위
   검증 목적물도 이 사건 용역계약에 따른 완성품이 아니라는 사실

4. 첨부 : 검증장소약도

20○○.　 ○.　 ○.

위 원고(반소피고)　 ○○○ (서명 또는 날인)

○○지방법원 제○○민사단독　 귀중

Chapter 2. 소송비용의 산정방법

[1] 소송비용의 개념

1. 소송비용이란?

'소송비용'이란 소송을 하면서 사용하게 되는 비용을 말합니다. 소송에는 적지 않은 비용이 소요되므로, 소송 제기 전 소송비용과 소송시간을 판단해 실익이 있을 경우 진행하는 것이 좋습니다.

※ 소가 산정방법

[질문] 얼마 전 구입한 부동산에 문제가 생겨 소송을 하려고 합니다. 소송비용이 걱정이 되어 여기저기 문의를 해 보니 소가를 먼저 계산해야 인지액, 송달료 등의 소송비용이 나온다고 하는데 소가는 어떻게 계산해야 하나요?

[답변] "소가"(소송목적의 값)란 소송물, 즉 원고가 소송으로 달성하려는 목적이 갖는 경제적 이익을 화폐단위로 평가한 금액을 말합니다.

소가는 물건, 권리, 제기하려는 소송의 종류에 따라 산정방법이 달라집니다. 먼저 어떤 취지로 소송을 제기하려는 것인지 결정한 후 해당하는 산정방법을 확인하시면 됩니다.

즉, 토지반환을 목적으로 하는 소송이면 물건인 '토지'의 소가 산정방법에 따르고, 소유권이 자신에게 있음을 확인하려는 소송이라면 권리인 '소유권'의 소가 산정방법을 확인하면 됩니다.

---

2. 소송비용의 종류

소송비용에는 다음과 같은 것들이 있습니다.

① 인지액: 법원서비스에 대한 수수료를 말하며, 소송목적의 값(소가)을 기준으로 산출되며 재산권상의 청구인 경우에는 청구금액을 기준으로, 소가를 산정할 수 없는 경우에는 일정금액으로 산출됩니다.

② 송달료: 소송상의 서류를 당사자 또는 상대방에게 송달하기 위하여

소요되는 비용을 말하며, 소장 등을 제출할 때에는 당사자 수에 따른 계산방식에 의한 송달료(우편비용)를 송달료수납은행(대부분 법원구내 은행)에 납부한 뒤 은행으로부터 교부받은 송달료 납부서를 소장에 첨부해야 합니다.

③ 증인여비(증인을 세운 경우): 법원이 증인채택결정을 한 경우에 증인의 일당, 여비, 숙박료와 같은 비용을 말하며, 신청인은 증인여비를 보관금 취급 담당자에게 예납해야 합니다.

④ 검증·감정비용(검증·감정을 했을 경우): 검증·감정은 증거확보의 절차로 많이 사용되고 있는 제도를 말하며, 이때 수반되는 제반비용을 검증 ·감정비용이라 합니다.

- "검증"이란 재판장이 직접 사물의 성상, 현상을 보거나 듣고, 느낀 내용을 증거자료로 하는 증거조사방법이며, 감정은 법원이 특별한 학식이나 지식을 가진 자에게 그 전문적 지식 또는 그 지식을 이용한 판단을 소송상 보고 시켜 재판장의 판단능력을 보충하기 위한 증거조사방법입니다.

⑤ 변호사 선임비용

⑥ 부수절차에서 소요되는 각종 비용들

[2] 소가 산정방법

1. 소가의 개념

① '소가(소송목적의 값)'란 소송물, 즉 원고가 소로써 달성하려는 목적이 갖는 경제적 이익을 화폐단위로 평가한 금액을 말합니다.

② 소가는 소송을 제기한 때(법률의 규정에 따라 소송의 제기가 의제되는 경우에는 그 소송을 제기한 것으로 되는 때)를 기준으로 산정합니다(민사소송 등 인지규칙 제7조).

2. 소가의 산정표준

① 물건등의 가액

물건 등 가액의 산정방법은 다음과 같습니다(민사소송 등 인지규칙 제9조).

물건의 종류	소　　가
토　지	개별공시지가에 100분의 50을 곱한 금액
건　물	시가표준액에 100분의 50을 곱한 금액
선박·차량·기계장비·입목·항공기·광업권·어업권·골프회원권·승마회원권·콘도미니엄회원권·종합체육시설이용회원권 등	시가표준액
유가증권	액면금액 또는 표창하는 권리의 가액 ※ 증권거래소에 상장된 증권의 가액: 　소 제기 전날의 최종거래가격
유가증권 이외 증서의 가액	200,000원

※ 부동산의 개별공시지가 조회는 〈 부동산공시가격 알리미(www.realtyprice.kr) 〉 또는 해당 부동산이 소재한 시·군·구에서 확인할 수 있습니다.

※ 건물 및 회원권의 시가표준액은 〈 국세청 위택스 홈페이지-지방세정보-시가표준액조회 〉에서 확인할 수 있습니다.

※ 골프회원권의 기준시가 조회는 〈 국세청홈택스 홈페이지-상담·불복·고충·제보·기타-기준시가 조회-골프회원권 〉에서 확인하실 수 있습니다.

② 물건에 대한 권리의 가액 산정방법은 다음과 같습니다(민사소송 등 인지규칙 제10조).

권리의 종류	소　　가
소유권	물건가액
점유권	물건가액의 3분의 1
지상권 또는 임차권	물건가액의 2분의 1
지역권	승역지(편익을 제공하는 토지) 가액의 3분의 1
담보물권	피담보채권의 원본액(물건가액이 한도) ※ 근저당권의 경우:채권최고액
전세권	전세금액(물건가액의 한도 내)

③ 위에 규정되지 않은 물건 또는 권리의 가액은 소송을 제기할 당시의 시가(시가를 알기 어려운 경우 그 물건 또는 권리의 취득가격 또는 유사한 물건 또는 권리의 시가)로 합니다(민사소송 등 인지규칙 제11조).

[3] 소송의 종류에 따른 소가 산정방법

1. 소송의 종류

① 확인의 소

'확인의 소'란 권리, 법률관계의 존재·부존재의 확정을 요구하는 소송을 말합니다.

② 이행의 소

'이행의 소'란 원고가 피고에게 '…할 것(급부)을 요구한다'고 하는 소송을 말합니다.

③ 형성의 소

'형성의 소'란 법률관계의 변동을 요구하는 소송을 말합니다.

2. 이행의 소 소장 작성방법

소   장 ①

원   고   ○○○ (주민등록번호) ②

　　　　○○시 ○○구 ○○로 ○○(우편번호 ○○○-○○○)③

　　　　위 소송대리인 변호사   ◎◎◎ ④

　　　　○○시 ○○구 ○○로 ○○(우편번호 ○○○-○○○)③

　　　　　전화번호·휴대폰번호:　　　　　팩시밀리번호:

　　　　　전자우편주소:

피   고   ◇◇◇ (주민등록번호) ②

　　　　○○시 ○○구 ○○로 ○○(우편번호 ○○○-○○○) ③

　　　　　전화번호·휴대폰번호:　　　　　팩시밀리번호:

　　　　　전자우편주소:

대여금청구의 소 ⑤

청 구 취 지 ⑥

---

1. 피고는 원고에게 금○○○원 및 이에 대하여 이 사건 소장부본 송달 다음날부터 다 갚는 날까지 연 15%의⑦ 비율로 계산한 돈을 지급하라.
2. 소송비용은 피고가 부담한다. ⑧
3. 위 제1항은 가집행 할 수 있다. ⑨
   라는 판결을 구합니다.

청 구 원 인 ⑩

1. 원고는 피고에게 20○○. ○. ○. 금○○○원을 대여하면서 20○○. ○. ○○.에 변제 받기로 하였습니다.
2. 그런데 피고는 위 대여금 중 20○○. ○.경 금○○○원, 20○○. ○. 경 금○○만원, 합계금 ○○○원을 변제하였으나, 나머지 금○○○원을 변제기가 지난 현재에 이르기까지 지불하지 아니하고 있습니다.
3. 따라서 원고는 피고로부터 청구취지와 같은 돈을 지급받기 위하여 이 사건 청구에 이르게 되었습니다.

입 증 방 법 ⑪

1. 갑 제1호증	무통장입금증
1. 갑 제2호증	차용증서

첨 부 서 류 ⑫

1. 위 입증방법	각 1통
1. 소장부본	1통
1. 송달료납부서	1통

20○○. ○. ○.⑬

위 원고 소송대리인

변호사 ◎◎◎ (서명 또는 날인) ⑭

○○지방법원 귀중 ⑮

※ [소장작성요령]

① 표제

소장이라고 표제를 기재한다.

② 당사자의 표시

- 원고와 피고의 성명을 기재하고, 당사자의 성명으로부터 한 칸 띄어 괄호하고 그 안에 주민등록번호를 기재하며, 주민등록번호를 알 수 없는 경우에는 괄호 안에 한자성명을 기재한다.

- 법인이나 단체의 경우에는 통칭이나 약칭은 피하고 정식명칭을 기재한다. 예를 들면, (주)A상사라든가 (재)B회 등으로 기재할 것이 아니라 주식회사 A상사, 재단법인 B회 등과 같이 등기된 명칭을 정확히 기재한다.

- 법인인 단체 등의 대표자 기재는 그 자격을 표시하여 정확히 기재한다. 예를 들면「위 대표자 ○○○」라고 표시할 것이 아니라 「대표이사 ○○○」, 또는 「대표자 이사장 ○○○」라고 기재한다.

- 또한, 미성년자로서 단독으로 소송행위를 할 수 없는 자는

"원 고 ○○○

법정대리인 친권자 부 ○○○

모 ○○○"라고 기재한다.

③ 주소

- 주소의 기재는 '서울 서초구 서초대로 300-1'과 같이 번지까지 기재하고, 우편번호를 괄호 안에 기재하며, 연락처(전화번호, 팩시밀리번호 또는 전자우편주소)를 기재한다.

- 피고의 주소도 위와 같이 기재하며, 연락처(전화번호, 팩시밀리번호 또는 전자우편주소)를 알고 있으면 기재한다.

④ 소송대리인

소송대리인이 있는 때에는 소송대리인의 이름과 주소, 연락처를 기재한다.

⑤ 사건명
대여금청구의 소, 손해배상(자)청구의 소, 소유권이전등기청구의 소 등으로 기재한다.

⑥ 청구의 취지
- 청구의 취지란 원고가 당해 소송제기로써 청구하는 판결의 내용을 말하는 것으로서 청구의 결론부분이고, 청구원인의 결론부분이다.
- 청구의 취지는 원고가 어떠한 내용의 판결을 청구하는가를 명확하게 하는 것이므로 그 내용, 범위 등이 명확하여야 하고, 단순 특정되어야 한다. 다만, 제1의 청구가 인용될 것을 해제조건으로 하는 차순위의 청구로 생각되는 예비적 청구는 허용된다.
- 청구의 취지는 이행의 소, 확인의 소, 형성의 소 등 그 성질에 의하여 약간의 차이는 있지만 이른바 이행의 소에서는 누가 누구에 대하여 무엇을 얼마나 어떻게 하라는 것을 알 수 있도록 구성한다.

⑦ 법정이율
금전채무의 전부 또는 일부의 이행을 명하는 판결(심판을 포함)을 선고할 경우에 금전채무불이행으로 인한 손해배상액산정의 기준이 되는 법정이율은 그 금전채무의 이행을 구하는 소장 또는 이에 준하는 서면이 채무자에게 송달된 날의 다음날부터는 대통령령으로 정하는 이율(연 15%)에 의한다(예외: 민사소송법 제251조 장래의 이행을 청구하는 소). 그리고 채무자가 그 이행의무의 존재를 선언하는 사실심판결이 선고되기까지 그 존부나 범위에 관하여 항쟁함이 상당하다고 인정되는 때에는 그 상당한 범위 안에서 위와 같은 규정을 적용하지 아니한다(소송촉진등에관한특례법 제3조).

⑧ 소송비용부담의 신청

소송비용은 패소한 당사자가 부담한다(민사소송법 제98조).

⑨ 가집행 선고의 신청

사건의 성질이 가집행을 허용할 수 있는 것에 한한다.

⑩ 청구원인

- 청구원인이란 소송상의 청구로써 원고가 주장하는 소송물인 권리 내지 법률관계를 일정한 법률적 주장으로서 구성하는데 필요한 사항을 말한다.
- 청구의 원인 기재에 있어, 물권과 같이 동일인이 동일물에 대하여 같은 내용의 권리를 중복해서 가질 가능성이 희박할 경우에는 권리자와 대상물 및 권리의 내용을 기재하면 충분하나, 채권 그 밖의 청구권이 소송의 목적으로 되어 있는 경우에는 동일 당사자간에 동일내용의 권리의무가 여러 개 병존할 가능성이 있으므로 당해 청구권의 발생원인에 의하여 이를 특정하여야 한다.

⑪ 증거방법

청구하는 이유에 대응하는 증거방법을 적으면 된다. 증거부호의 표시는 원고가 제출하는 것은 갑 제○호증, 피고가 제출하는 것은 을 제○호증, 독립당사자참가인이 제출하는 것은 병 제○호증과 같이 적고, 서증을 제출하는 때에는 상대방의 수에 1을 더한 수의 사본을 함께 제출하여야 하며, 서증 사본에 원본과 틀림이 없다는 취지를 적고 기명날인 또는 서명하여야 한다.

⑫ 첨부서류

대리권을 증명하는 서면(가족관계증명서 등, 법인등기사항증명서 등), 증거방법 등을 열거해 두면 제출누락을 방지하고 법원에서도 확인하기 쉬우며 후일 문제를 일으킬 염려가 없다.

⑬ 제출년월일

⑭ 날인 또는 서명

당사자 또는 대리인이 기명날인 또는 서명하여야 한다(민사소송법 제249조제2항, 제274조 제1항, 민사소송규칙 제2조).

⑮ 제출법원의 기재

정확하게 기재하여야 불변기간의 도과 등 소송상 불의의 손해를 방지할 수 있다.

3. 소송의 종류에 따른 소가 산정방법

통상의 소의 소가는 다음의 가액 또는 기준에 따라 산정합니다(민사소송 등 인지규칙 제12조, 제14조, 제18조, 제18조의2 및 제18조의3).

소송의 종류	소 가
확인의 소	권리의 종류에 따라「민사소송 등 인지규칙」 제10조 및 제11조에 따른 가액
증서진부확인의 소	유가증권:「민사소송 등 인지규칙」 제9조제4항에 따른 가액의 2분의 1
	기타 증권: 200,000원(「민사소송 등 인지규칙」 제9조제5항)
금전지급청구의 소	청구금액(이자는 불산입)
정기금청구의 소 (기간 미확정)	기발생분 및 1년분의 정기금 합산액
물건의 인도·명도 또는 방해배제를 구하는 소	소유권: 목적물건 가액의 2분의 1
	지상권·전세권·임차권·담보물권 : 목적물건 가액의 2분의 1
	계약의 해지·해제·계약기간의 만료를 원인으로 하는 경우: 목적물건 가액의 2분의 1
	점유권: 목적물건 가액의 3분의 1
	소유권의 이전을 목적으로 하는 계약에 기한 동산인도청구: 목적물건의 가액
상린관계상의 청구	부담을 받는 이웃 토지 부분의 가액의 3분의 1
공유물분할 청구의 소	목적물건 가액에 원고의 공유 지분 비율을 곱해 산출한

	가액의 3분의 1
경계확정의 소	다툼이 있는 범위의 토지부분의 가액
사해행위취소의 소	취소되는 법률행위 목적의 가액을 한도로 한 원고의 채권액
기간 미확정의 정기금 판결과 변경의 소 (「민사소송법」 제252조)	소송으로 증액 또는 감액을 구하는 부분의 1년간 합산액
명예회복을 위한 처분 청구의 소	처분에 통상 소요되는 비용을 산출할 수 있는 경우: 그 비용
	처분에 소요되는 비용을 산출할 수 없는 경우: (비재산권에 관한 소) 5천만 원(「민사소송 등 인지규칙」 제18조의2본문)
무체재산권에 관한 소	금전의 지급이나 물건의 인도를 목적으로 하지 않는 소 : 1억원(「민사소송 등 인지규칙」 제18조의2단서)
소가를 산출할 수 없는 재산권상의 소 및 비재산권상의 소	5천만 원 : 다만, 회사관계소송(「민사소송 등 인지규칙」 제15조), 단체소송(「민사소송 등 인지규칙」 제15조의2), 특허소송(「민사소송 등 인지규칙」 제17조의2)등은 1억원
시효중단을 위한 재판상 청구 확인의 소	그 대상인 전소 판결에서 인정된 권리의 가액(이행소송으로 제기할 경우에 해당하는 소가)의 10분의 1 : 다만, 그 권리의 가액이 3억원을 초과하는 경우에는 3억원

4. 등기·등록 등 절차에 관한 소송의 소가 산정방법

등기 또는 등록 등 절차의 이행을 구하는 소의 소가는 다음의 기준에 따릅니다(민사소송 등 인지규칙 제13조제1항).

등기·등록의 종류	절차의 이행을 구하는 소의 소가
1. 소유권이전등기	물건가액
2. 제한물권의 설정등기 또는 이전등기	지상권 또는 임차권 : 물건가액의 2분의 1
	담보물권 또는 전세권 : 피담보채권액(물건가액한도) ※ 근저당권의 경우 : 채권최고액

	지역권 : 승역지 가액의 3분의 1
3. 가등기 또는 그에 기한 본등기	권리의 종류에 따라 위 1. 또는 2.에 따른 가액의 2분의 1
4. 말소등기 또는 말소회복등기	설정계약 또는 양도계약의 해지나 해제에 기한 경우 : 위 1.부터 3.까지에 따른 가액
	등기원인의 무효 또는 취소에 기한 경우 : 위 1.부터 3.까지에 따른 가액의 2분의 1
5. 등기의 인수를 구하는 소	물건가액의 10분의 1

5. 병합청구의 원칙

① 합산의 원칙

1개의 소장에 여러 개의 청구를 신청하는 경우 그 여러 청구의 경제적 이익이 독립한 별개의 것인 때에는 합산하여 소가를 산정합니다(민사소송 등 인지규칙 제19조).

② 흡수의 원칙

1개의 소장에 여러 개의 청구를 신청하는 경우 그 여러 청구의 경제적 이익이 동일하거나 중복되는 때에는 중복되는 범위 내에서 흡수되고, 그중 가장 다액인 청구의 가액을 소가로 합니다(민사소송 등 인지규칙 제20조).

[4] 인지액 및 송달료의 산정방법

1. 인지액 산정방법

소장(반소장 및 대법원 제출 소장 제외)에는 소가에 따라 다음 금액의 인지를 붙여야 합니다(민사소송 등 인지법 제2조 제1항).

① 1심 소가에 따른 인지액

소 가	인 지 대
소가 1천만원 미만	소가× 50/10,000
소가 1천만원 이상 1억원 미만	소가×45/10,000+5,000
소가 1억원 이상 10억원 미만	소가×40/10,000+55,000
소가 10억원 이상	소가×35/10,000+ 555,000
※ 인지액이 1천원 미만이면 그 인지액은 1천원으로 하고, 1천원 이상이면 100원 미만은 계산하지 않습니다(「민사소송 등 인지법」 제2조제2항).	

② 항소 시 인지액: 1심 소가에 따른 인지액 × 1.5

③ 상고 시 인지액: 1심 소가에 따른 인지액 × 2

④ 항고 및 재항고 시 인지액: 해당 신청서에 붙이는 인지액 × 2

2. 인지액 납부방법

① 현금납부

- 소장·상소장 기타의 신청서(신청의 취지를 기재한 조서를 포함)
(이하 "소장등"이라 함)에 첨부하거나 보정해야 할 인지액(이미 납부한 인지액이 있는 경우에는 그 합산액)이 1만원 이상인 경우에는 그 인지의 첨부 또는 보정에 갈음해 인지액 상당의 금액 전액을 현금으로 납부해야 합니다(민사소송 등 인지규칙 제27조제1항).

- 인지액 상당 금액을 현금으로 납부할 경우에는 송달료 수납은행에 내야 합니다(민사소송 등 인지규칙 제28조).

② 신용카드납부

신청인은 인지액 상당의 금액을 현금으로 납부할 수 있는 경우 이를 수납은행 또는 인지납부대행기관의 인터넷 홈페이지에서 인지납부대행기관을 통해 신용카드·직불카드 등(이하 "신용카드등"이라 함)으로도 납부할 수 있습니다(민사소송 등 인지규칙 제28조의2제1항).

- "인지납부대행기관"이란 정보통신망을 이용해 신용카드등에 의한 결제를 수행하는 기관으로서 인지납부대행기관으로 지정받은 자를 말합니다(민사소송 등 인지규칙 제28조의2 제2항).
- 인지납부대행기관은 신청인으로부터 인지납부 대행용역의 대가로 납부대행수수료를 받을 수 있고, 납부대행수수료는 전액 소송비용으로 봅니다(민사소송 등 인지규칙 제28조의2 제4항 및 제5항).

③ 인지납부일

인지액 상당의 금액을 신용카드 등으로 납부하는 경우에는 인지납부대행기관의 승인일을 인지납부일로 봅니다(민사소송 등 인지규칙 제28조의2 제3항).

④ 원고·상소인 기타의 신청인(이하 "신청인등"이라 한다)은 수납은행이나 인지납부대행기관으로부터 교부받거나 출력한 영수필확인서를 소장에 첨부하여 법원에 제출해야 합니다(민사소송 등 인지규칙 제29조 제2항).

3. 송달료

송달료는 사건별로 다음의 구분에 따라 계산됩니다(송달료규칙의 시행에 따른 업무처리요령 별표 1).

사 건	송 달 료
민사 소액사건	당사자수 × 5,200원 × 10회분
민사 제1심 단독사건	당사자수 × 5,200원 × 15회분
민사 제1심 합의사건	당사자수 × 5,200원 × 15회분
민사 항소사건	당사자수 × 5,200원 × 12회분
민사 상고사건	당사자수 × 5,200원 × 8회분
민사 (재)항고사건	[(재)항고인+상대방 수]×5,200원 × 3~5회분
민사조정사건	당사자수 × 5,200원 × 5회분
부동산 등 경매사건	(신청서상의 이해관계인 수+3) ×5,200원 ×10회분

4. 송달료 납부방법

① 송달료는 우표가 아닌 현금으로 납부해야 합니다(송달료규칙의 시행에 따른 업무처리요령 제8조 제1항 본문). 다만, 법원장은 사건 수, 법원과 송달료 수납은행과의 거리 등을 감안해 당사자 1인당 송달료납부기준이 2회 이하인 사건의 전부 또는 일부에 대해 법원 내규로써 송달료를 우표로 납부할 수 있도록 정할 수 있습니다(송달료규칙의 시행에 따른 업무처리요령 제8조 제1항 단서).

② 송달료는 대법원장이 지정하는 각 법원별 해당 송달료 수납은행에 이를 납부해야 합니다(송달료규칙의 시행에 따른 업무처리요령 제8조 제2항).

③ 송달료는 반드시 송달료납부서로 납부해야 합니다(송달료규칙의 시행에 따른 업무처리요령 제8조3항 본문). 다만, 현금지급기(CD) 또는 현금입·출금기(ATM)를 이용해 송달료를 납부하는 경우에는 이용명세표로 송달료납부서에 갈음할 수 있습니다(송달료규칙의 시행에 따른 업무처리요령 제8조 제3항 단서).

④ 각 법원에서 지정한 송달료 수납은행에 송달료납부서가 비치되어 있으니 그 은행에서 서류를 받아 기재하면 됩니다.

⑤ 송달료 추납(추가납부)의 경우

- 송달료를 납부한 사실이 있는 납부인이 송달료를 추가로 납부할 경우 송달료추가납부통지서(법원에서 별도의 통지서를 발송함)의 내용에 따라 납부해야 합니다(송달료규칙의 시행에 따른 업무처리요령 제8조 제4항).

- 추가납부인 경우에는 송달료납부서에 반드시 법원의 사건번호를 기재해야 합니다(송달료규칙의 시행에 따른 업무처리요령 제8조 제5항).

5. 송달료납부서의 제출

① 소장등을 제출하는 경우에는 해당 수납은행으로부터 교부받은(팩스·전산망으로 수령한 경우 포함) 송달료납부서를 첨부해 관할법원에 제출해야 합니다(송달료규칙의 시행에 따른 업무처리요령 제13조 본문).

② 다만, 항소장, 상고장, 항고(준항고 포함)장, 재항고(특별항고 포함)장을 제출하는 경우에는 송달료납부서를 첨부해 원심법원에 제출해야 합니다(송달료규칙의 시행에 따른 업무처리요령 제13조 단서).

[5] 패소자의 부담인 소송비용의 산정방법

※ 패소 시 부담해야 하는 소송비용

[질문] 상속재산에 다툼이 생겨 소송을 고민 중입니다. 여기저기 문의를 해 보니 패소를 하면 상대방의 변호사비용까지 전부 부담한다고 하는데 사실인가요?

[답변] 패소를 하면 승소자의 소송비용도 부담을 하게 됩니다. 소송비용에는 인지액, 송달료, 감정비용, 증인비용, 변호사보수도 포함됩니다.
그러나 상대방의 변호사비용 전부를 부담하는 것은 아니고 「변호사보수의 소송비용 산입에 관한 규칙」의 기준에 따라 산정된 금액만을 부담하면 됩니다.

1. 패소 시 변제해야 하는 소송비용

① 소송비용 부담의 원칙

소송비용은 패소한 당사자가 부담하는 것이 원칙입니다(민사소송법 제98조).

② 원칙의 예외

법원은 다음의 소송비용을 승소자에게 부담하도록 할 수 있습니다(민사소송법 제99조 및 100조).

1. 승소자가 그 권리를 늘리거나 지키는 데 필요하지 않은 행위로 발생한 소송비용

2. 상대방의 권리를 늘리거나 지키는 데 필요한 행위로 인한 소송비용의 전부나 일부

3. 승소자가 적당한 시기에 공격이나 방어의 방법을 제출하지 않아 소송이 지연되어 발생한 소송비용

4. 승소자가 기일이나 기간의 준수를 게을리해 소송이 지연되어 발생한 소송비용

5. 그 밖에 승소자가 책임져야 할 사유로 소송이 지연되어 발생한 소송비용의 전부나 일부

2. 패소자가 부담하는 소송비용의 종류

패소자가 부담해야 하는 소송비용은 다음과 같은 것이 있습니다.

1. 인지액(민사소송비용법 제2조)

2. 서기료(민사소송비용법 제3조)

3. 당사자, 증인, 감정인, 통역인과 번역인에 대한 일당, 여비 등(민사소송 비용법 제4조)

4. 법관과 법원서기의 증거조사에 요하는 일당·여비와 숙박료(민사소송비용법 제5조)

5. 감정, 통역, 번역과 측량에 관한 특별요금(민사소송비용법 제6조)

6. 통신과 운반에 쓰인 비용(민사소송비용법 제7조)

7. 관보, 신문지에 공고한 비용(민사소송비용법 제8조)

8. 송달료(민사소송비용법 제9조)

9. 변호사 비용 또는 소송서류의 작성비용 등(민사소송법 제109조)

3. 패소자가 부담하는 변호사 비용의 산정

패소자가 부담하는 변호사 비용은 승소자가 변호사와 맺은 보수계약에 따라 지급한 또는 지급할 보수액의 범위에서 각 심급단위로 다음의 기준에 따라 산정된 금액을 말합니다(변호사보수의소송비용산입에관한 규칙 제3조 및 별표).

소 송 물 가 액	소송비용 산입비율
300만원까지 부분	30만원
300만원을 초과하여 2,000만원까지 부분 [30만원+(소송목적의 값-300만원)x 10/100]	10%
2,000만원을 초과하여 5,000만원까지 부분 [200만원+(소송목적의 값-2,000만원)x 8/100]	8%

5,000만원을 초과하여 1억원까지 부분 [440만원+(소송목적의 값-5,000만원)x6/100]	6%
1억원을 초과하여 1억5천만원까지 부분 [940만원+(소송목적의 값 1억원)x4/100]	4%
1억5천만원을 초과하여 2억원까지 부분 [390만원+(소송목적의 값-1억5천만원)x2/100]	2%
2억원을 초과하여 5억원까지 부분 [1,040만원+(소송목적의 값-2억원)x1/100]	1%
5억원을 초과하는 부분 [1,340만원+(소송목적의 값-5억원)x0.5/100]	0.5%

4. 소송비용액확정결정

① 소송비용액확정결정은 실무상 재판에서 소송비용을 정확히 결정해 주지 않으므로, 이를 확실히 하기 위해 당사자가 신청을 통해 받는 결정을 말합니다.

② 소송비용의 부담을 정하는 재판에서 그 액수가 정해지지 않은 경우 제1심 법원은 그 재판이 확정되거나, 소송비용부담의 재판이 집행력을 갖게 된 후 당사자의 신청을 받아 결정으로 그 소송비용액을 확정합니다(민사소송법 제110조제1항).

[6] 소송비용에 대한 서류 작성례

□ 소송비용액확정결정신청서

소 송 비 용 액 확 정 결 정 신 청 서

신 청 인(원고)   ○○○ (주민등록번호)
　　　　　　　　○○시 ○○구 ○○길 ○○(우편번호 ○○○○○)
　　　　　　　　전화·휴대폰번호:
　　　　　　　　팩스번호, 전자우편(e-mail)주소:

피신청인(피고)   ◇◇◇ (주민등록번호)
　　　　　　　　○○시 ○○구 ○○길 ○○(우편번호 ○○○○○)
　　　　　　　　전화·휴대폰번호:
　　　　　　　　팩스번호, 전자우편(e-mail)주소:

1. 신청인은 피신청인을 상대로 ○○지방법원 ○○지원 20○○가단○
○○ 약속어음금청구소송을 제기하여 승소판결을 받았는데, 피고는
○○지방법원 20○○ 나○○○호로 항소를 하고 대법원 20○○다
○○호로 상고하였으나 각각 기각되어 20○○. ○. ○. 상고기각 선
고로 확정되었습니다.

2. 이에 신청인은 피신청인에 대하여 위 사건 소송비용의 확정을 구하
고자 이 건 신청에 이른 것입니다.

첨 부 서 류

　　1. 판결문사본　　　　　　　3통
　　1. 송달료납부서　　　　　　1통

　　　　　　　20○○.　○.　○.

위 신청인(원고) ○○○ (서명 또는 날인)

○○지방법원 ○○지원 귀중

계   산   서

1. 제1심 소송비용
   인지대: 금 151,300원 송달료: 금 60,000원
   변호사보수:금 1,450,000원+(금 32,519,400원-금 30,000,000원)×3/100
   = 금 1,525,580원
   소계: 금 1,736,880원

2. 제2심 소송비용
   변호사보수:금 1,450,000원+(금 32,519,400원-금 30,000,000원)×3/100
   = 금 1,525,580원
   소계: 금 1,525,580원

3. 제3심 소송비용
   변호사보수:금 1,450,000원+(금 32,519,400원-금 30,000,000원)×3/100
   = 금 1,525,580원
   소계: 금 1,525,580원

4. 신청비용
   인지대: 금 1,000원 송달료: 금 10,000원
   소계: 금 11,000원

5. 합계 금 4,799,040원(1+2+3+4)

소송비용부담 판결은 '1심, 2심, 3심 모두 피신청인의 부담으로 한다'이므로, 피신청인이 신청인에게 부담하여야 할 소송비용부담액은 금 4,799,040원입니다.

□ 소송비용부담 및 확정신청서

소송비용부담 및 확정신청서

신 청 인   ○○○ (주민등록번호)
           ○○시 ○○구 ○○길 ○○
피신청인   ◇◇◇ (주민등록번호)
           ○○시 ○○구 ○○로 ○○

신 청 취 지

1. 신청인과 피신청인 사이의 □□법원 20○○가단○○○○ ◎◎◎ 사건의 소송비용은 피신청인이 부담한다.
2. 위 사건에 관하여 피신청인이 신청인에게 상환하여야 할 소송비용액은 ○○○원임을 확정한다.
라는 결정을 구합니다.

신 청 이 유

1. 피신청인은 신청인을 상대로 □□법원 20○○가단○○○○호로 ◎◎◎ 청구의 소를 제기하였으나, 위 사건은 피신청인이 20○○. ○. ○. 소를 취하하고, 같은 날 신청인이 이에 동의함으로써 끝났습니다.
2. 그렇다면 위 사건은 재판에 의하지 아니하고 끝난 경우에 해당하고, 피신청인이 신청인에게 상환하여야 할 소송비용액은 별지 계산서와 같으므로, 민사소송법 제114조에 따라 피신청인으로 하여금 위 소송비용을 부담할 것을 명하여 주시기 바랍니다.

소 명 방 법

1. 소갑 제1호증   사건위임계약서
1. 소갑 제2호증   영수증(변호사비용)

첨 부 서 류

1. 위 소명방법   각 1통
1. 비용계산서   2통
1. 납부서   1통

20○○. ○. ○.

위 신청인 ○○○ (서명 또는 날인)

○○지방법원 귀중

□ 소송비용액확정결정신청에 대한 진술서

진 술 서

사   건   20○○카기○○○   소송비용액확정결정신청
신 청 인(원고)   ○○○
피신청인(피고)   ◇◇주식회사

위 사건에 관하여 피신청인(피고)은 민사소송법 제111조 제1항에 따라 별지와 같이 소송비용계산서에 대한 의견을 진술하고 피신청인(피고)의 소송비용계산서 및 소명자료를 제출합니다.

첨 부 서 류

1. 소송비용계산서 등본에 대한 진술내용   1통

1. 소송비용계산서(피고)　　　　　　　　1통
1. 소명자료　　　　　　　　　　　　　　○통

20○○.　○.　○.

위 피신청인(피고) ◇◇주식회사

대표이사 ◇◇◇ (서명 또는 날인)

○○지방법원 귀중

[별지]

① 소송비용계산서 등본에 대한 진술내용

비 용 액	비 용 종 목	의견
금　10,000원	소장인지대	인정
금　20,000원	소장서기료(정·부본)	인정
금　1,200원	법인등기사항증명서교부청구수수료	인정
금　1,200원	토지등기사항증명서교부청구수수료	부인(위 신청의 전제가 된 소송과 무관함)
금　2,960원	변론기일소환장 및 소장부본송달료	인정
금　6,500원	변론기일(5.2) 출석여비	인정
금　10,500원	증인신청서 및 신문사항서기료(각 2통)	인정
금　30,000원	법원출장여비 등	인정
금 100,000원	감정료(문서)	인정
금　6,500원	변론기일(6.2) 출석여비 등	인정
금　2,960원	증인소환장 송달	인정
금　19,800원	증인여비 등	인정
금　5,920원	판결정본송달료(원·피고)	인정
합　　계	금 217,540 원	

② 소송비용계산서: 피신청인(피고분)

비 용 액	비 용 종 목	참고사항
금 18,500원	답변서서기료(정·부본)	
금 6,500원	변론기일(5.2) 출석여비 등	
금 10,500원	증인신청서 및 신문사항서기료(각 2통)	
금 13,000원	변론기일(6.2) 출석여비 등	
금 2,960원	증인소환장 송달	
금 19,800원	증인여비 등	
금 4,000원	소송비용에 관한 진술서 및 비용계산서 서기료 (원본·등본 계4매)	
합 계	금 75,260 원	

※ 피신청인(피고)의 [소송비용계산서]는 소송비용을 신청인(원고)도 일부 부담하도록 소송비용부담의 판결이 있는 경우에만 제출함.

□ 즉시항고장

즉 시 항 고 장

항고인(피신청인, 피고)   ◇◇◇ (주민등록번호)
　　　　　　　　　○○시 ○○구 ○○길 ○○(우편번호 ○○○○○)
　　　　　　　　　전화·휴대폰번호:
　　　　　　　　　팩스번호, 전자우편(e-mail)주소:

　　○○지방법원 20○○카기○○○   소송비용액확정결정신청사건에 관하여 20○○. ○. ○. 같은 법원이 소송비용액확정을 명한 결정을 하였으나, 항고인은 위 결정에 대하여 불복하므로 민사소송법 제110조 제3항에 의하여 즉시항고를 제기합니다.

　원결정의 표시
　　○○지방법원   20○○가합○○○   청구이의사건의 판결에 의하여

피신청인이 상환하여야 할 소송비용액은 금 884,580원(팔십팔만사천오백팔십원)임을 확정한다.(항고인은 위 결정정본을 20○○. ○. ○. 송달 받았습니다.)

항 고 취 지
원 결정을 취소하고 다시 적절한 재판을 구합니다.

항 고 이 유
항고인(피신청인, 피고)이 부담한 감정료를 포함하여 상환을 결정한 원 결정은 부당하므로 이에 대한 취소를 구하기 위하여 이 건 즉시항고에 이른 것입니다.

20○○.   ○.   ○.
위 항고인(피신청인, 피고)   ◇◇◇   (서명 또는 날인)

○○고등법원   귀중

[7] 소송대리인 선임

1. 원칙

법률에 따라 재판상 행위를 할 수 있는 대리인 외에는 변호사가 아니면 소송대리인이 될 수 없습니다(민사소송법 제87조).

2. 예외

① 단독판사가 심리·재판하는 사건으로서 다음의 어느 하나에 해당하는 사건에서 변호사가 아닌 사람도 법원의 허가를 받아 소송대리인이 될 수 있습니다(민사소송규칙 제15조 제1항).

  ㉮ 다음에 해당하는 사건(민사 및 가사소송의 사물관할에 관한 규칙 제2조 단서)

    1. 수표금·약속어음금 청구사건

    2. 은행·농업협동조합·수산업협동조합·축산업협동조합·산림조합·신용협동조합·신용보증기금·기술신용보증기금·지역신용보증재단·새마을금고·상호저축은행·종합금융회사·시설대여회사·보험회사·신탁회사·증권회사·신용카드회사·할부금융회사 또는 신기술사업금융회사가 원고인 대여금·구상금·보증금 청구사건

    3. 「자동차손해배상 보장법」에서 정한 자동차·원동기장치자전거·철도차량의 운행 및 근로자의 업무상재해로 인한 손해배상 청구사건과 이에 관한 채무부존재확인사건

    4. 단독판사가 심판할 것으로 합의부가 결정한 사건

  ㉯ 위의 사건 외의 사건으로서 다음 어느 하나에 해당하지 않는 사건(민사소송규칙 제15조제1항제2호)

    1. 소송목적의 값이 제소 당시 또는 청구취지 확장(변론의 병합 포함) 당시 1억원을 초과한 민사소송사건

    2. 위의 1. 의 사건을 본안으로 하는 신청사건 및 이에 부수하는 신청사건(다만, 가압류·다툼의 대상에 관한 가처분 신청사건 및 이에 부수하는 신청사건은 제외)

② 법원의 허가를 받아 소송대리인이 될 수 있는 사람은 다음 중 어느 하나에 해당해야 합니다(민사소송규칙 제15조제2항).

1. 당사자의 배우자 또는 4촌 안의 친족으로서 당사자와의 생활관계에 비추어 상당하다고 인정되는 경우

2. 당사자와 고용, 그 밖에 이에 준하는 계약관계를 맺고 그 사건에 관한 통상 사무를 처리·보조하는 사람으로서 그 사람이 담당하는 사무와 사건의 내용 등에 비추어 상당하다고 인정되는 경우

③ 법원이 소송대리 허가를 한 후 사건이 다음에 해당하게 된 때에는 법원은 허가를 취소하고 당사자 본인에게 통지를 하여야 합니다(민사소송규칙 제15조 제4항).

1. 소송목적의 값이 제소 당시 또는 청구취지 확장(변론의 병합 포함) 당시 1억원을 초과한 민사소송사건

2. 위의 1. 의 사건을 본안으로 하는 민사신청사건 및 이에 부수하는 신청 사건(다만, 가압류, 다툼의 대상에 관한 가처분 신청사건 및 이에 부수하는 신청사건은 제외)

3. 재산권에 관한 소(訴)로서 그 소송목적의 값을 계산할 수 없는 것과 비(非)재산권을 목적으로 하는 소송(민사소송 등 인지법 제2조제4항)

④ 다만, 위의 1. 과 2.의 경우 「민사 및 가사소송의 사물관할에 관한 규칙」 제2조 각 호의 사건은 제외됩니다.

※ **변호사 선임 시 주의사항**

[질문] 남편이 출근 도중 갑작스럽게 사망했습니다. 그간 업무로 인해 많은 스트레스를 받았고 업무상 잦은 술 접대로 건강이 좋지 않았습니다. 이런 상황 때문에 근로복지공단에 업무상 재해를 주장했으나 받아들여지지 않아 소송을 제기하려고 합니다. 변호사를 선임하려고 하는데 어떻게 해야 하나요?

[답변] 변호사 선임 시 다음의 절차를 따르시면 됩니다.

① 변호사 검색

각 지역의 지방변호사회 사이트에서 변호사를 검색해 볼 수 있고, 서울지방변호사회 사이트에서는 변호사의 전문분야도 확인이 가능합니다. 각 지역의 지방변호사회 사이트 주소는 〈여기〉를 클릭하세요.

대한변호사협회에서는 변호사 전문분야 등록제도를 시행하고 있습니다. 자신이 맡기려는 사건을 전문으로 하는 변호사를 찾아 소송을 진행하는 것도 한 방법일 것입니다. 전문분야로 등록한 변호사를 찾으려면 〈여기〉를 클릭하세요.

② 변호사 상담

먼저 사건의뢰에 앞서 법률사무소에 찾아가 사건에 대해 진지한 상담을 나누는 것이 좋습니다. 이 과정에서 사건브로커에 현혹되지 맙시다.

※ 이런 사람을 주의하세요. 브로커일 가능성이 큽니다.

1) 송사에 휘말렸을 때 잘 아는 변호사가 있는데 소송을 맡겼다 하면 승소하니 아무 걱정하지 말라며 착수금조로 선금을 요구해 오는 사람

2) 교통사고로 병원에 누워 있는 가족을 돌보고 있을 때 거액의 보상금을 받게 해주겠다며 명함을 내밀며 접근해 오는 사람

3) 잘못을 저지른 가족을 면회한 후 경찰서 민원인 대기실에서 한숨만 내쉬고 있을 때 고위층을 통해 당장 빼주겠다며 돈을 요구하는 사람

변호사가 아닌 사무장과만 상담을 하는 것은 좋지 못합니다. 변호사에게 고객이 안고 있는 문제를 분명하고 정확하게 이해시키기 위해서는 먼저 변호사와 함께 진지한 대화의 시간을 갖는 것이 좋습니다.

③ 계약서 작성

사건을 변호사에게 의뢰하기로 결정하면 계약서를 작성해야 합니다. 고액의 사건을 의뢰하고도 계약서라는 것이있는지조차 몰라 뒤늦게 부당함을 호소하면서 난감해 하는 경우가 많습니다. 따라서 의뢰인은 계약서 작성 후 반드시 계약 내용을 주의 깊게 살펴볼 필요가 있습니다.

④ 증빙서류 준비

변호사가 사건을 보다 정확하게 이해하는 데 도움을 줄 수 있도록 사건과 관련된 증빙서류나 문서 등을 빠짐없이 준비하는 것이 중요합니다.

주의해야 할 것은 등기부등본 등 재발급이 가능한 공문서는 원본으로 제시하되 차용증서나 어음 등 추가로 발급받을 수 없는 서류는 반드시 복사본을 제출하고 원본은 의뢰인이 분실하지 않도록 잘 보관해야 합니다.

⑤ 소송진행의 참여

소송의 진행을 변호사에게만 맡기지 말고 소장이나 답변서 등을 제출할 때마다 적극적으로 참여해 진행상황을 점검해야 합니다. 또한 변호사가 소송 전략을 잘못 진행하고 있으면 바로잡을 수 있도록 늘 관심을 기울여야 합니다. 법률사무소에 종종 들러 진행 상황을 점검하고 의논하는 것이 바람직합니다.

변호사가 소장이나 답변서, 준비서면 등을 작성할 때 자칫 간과하고 지나칠 수 있는 부분이 발생할 수 있습니다. 또한 의뢰인만 알고 있는 중요한 사안, 혹은 사실과 달라 불리해질 수 있는 부분, 반드시 보완해야 할 필요가 있는 내용 등에 대해서는 의견을 개진해야 합니다. 또한 재판기일 하루 전에는 반드시 찾아가 재판을 준비하는 것이 좋습니다.

소송자료와 증거자료는 의뢰인이 가장 잘 알고 있으므로 변호사의 질의에 수시로 응해주어야 합니다.

※ 점검사항

1) 변호사에게 모든 사실을 분명하고 정확하게 알리고 소송수행 과정에 필요한 자료와 정보를 수집, 제공해야 합니다.

2) 도움이 될 만한 의견이나 희망은 변호사에게 정확히 전해야 합니다.

3) 중대한 사안이 발생했거나 중요한 결정을 내려야 할 경우에는 변호사와 함께 상황을 적극적으로 분석한 후 대처해 나가야 합니다.

4) 변호사가 재판정에 출석하지 않아도 된다고 하는 재판기일 외에는 의뢰인도 법정에 출석해 소송 도중 변호사가 의뢰인과 상담을 해야 할 경우 즉시 응할 수 있어야 합니다.

⑥ 영수증 발급요청

민사소송은 소송을 수행하는데 여러 가지 비용이 듭니다. 이는 원칙적으로 의뢰인이 부담해야 하는 비용이므로 법률사무소에서는 당연히 의뢰인에게 요구합니다. 의뢰인은 이런 비용을 지불한 후 반드시 영수증을 발급 받아야 합니다. 금전과 관련된 문제일수록 분명하고 철저하게 처리해야 서로에게 불필요한 잡음을 예방할 수 있습니다.

[8] 보전처분

1. 보전처분이란?

'보전처분(保全處分)'이란 소송의 확정 또는 집행 전까지 법원이 명하는 잠정적인 처분으로 가압류·가처분이 있습니다.

2. 처분의 필요성

① 보전처분은 이를 하지 않으면 판결을 집행할 수 없거나 현상이 바뀌면 당사자가 권리를 실행하지 못할 수도 있는 상황을 방지하기 위한 절차입니다(민사집행법 제277조 및 제300조 제1항).

② 예를 들어 채권자가 매매대금 청구소송을 제기하자 채무자가 자신의 재산을 다른 사람의 명의로 변경하는 등의 행위를 하여 채권자가 승소하더라도 채무자 명의의 재산이 없어 매매대금을 받지 못하는 상황을 방지하기 위한 제도입니다.

3. 가압류

3-1. 가압류란?

'가압류'란 금전채권이나 금전으로 환산할 수 있는 채권(예컨대 매매대금, 대여금, 어음금, 수표금, 양수금, 공사대금, 임료, 손해배상청구권 등)의 집행을 보전할 목적으로 미리 채무자의 재산을 동결시켜 채무자로부터 그 재산에 대한 처분권을 잠정적으로 빼앗는 집행보전제도(執行保全制度)를 말합니다(민사집행법 제276조 제1항).

3-2.가압류절차

① 신청

신청인은 가압류신청서를 비롯한 관련 서류를 가압류할 물건이 있는 곳을 관할하는 지방법원이나 본안(이미 민사소송을 제기한 경우)의 관할법원 민사신청과에 제출합니다(민사집행법 제278조).

② 재판

법원은 가압류로 생길 수 있는 채무자의 손해에 대해 담보제공을 명령할 수 있으며, 채권자가 정해진 기일(보통 7일) 내에 담보를 제공하면 가압류 명령을 하게 됩니다(민사집행법 제280조).

③ 집행

가압류에 대한 재판의 집행은 채권자에게 재판을 고지한 날부터 2주 이내에 해야 하며, 이는 채무자에게 송달하기 전에도 할 수 있습니다(민사집행법 제292조 제2항 및 제3항).

4. 가처분

4-1. 가처분이란 ?

'가처분'이란 금전채권 이외의 청구권에 대한 집행을 보전하기 위해 또는 다투어지고 있는 권리관계에서 임시의 지위를 정하기 위해 법원이 행하는 일시적인 명령을 말합니다.

4-2. 절차

① 신청

신청인은 가압류신청서를 비롯한 관련 서류를 다툼의 대상이 있는 곳을 관할하는 지방법원 또는 본안(이미 민사소송을 제기한 경우)의 관할법원 민사신청과에 제출합니다(민사집행법 제301조 및 제303조).

② 재판

법원은 가처분으로 생길 수 있는 채무자의 손해에 대해 채권자에게 담보제공을 명령할 수 있으며, 채권자가 정해진 기일(보통 7일) 내에 담보를 제공하면 가처분 명령을 하게 됩니다(민사집행법 제280조 및 제301조).

③ 집행

가처분에 대한 재판의 집행은 채권자에게 재판을 고지한 날부터 2주 이내에 해야 하며, 이는 채무자에게 송달하기 전에도 할 수 있습니다(민사집행법」 제292조 제2항 , 제3항 및 제301조).

Chapter 3. 소송관련 지원제도

[1] 법률구조제도

※ 법률구조신청

[질문] 지금까지 가정주부로 남편만을 바라보며 살았는데, 남편이 바람을 피운 사실을 알게 되어 이혼을 요구했습니다. 남편은 위자료를 한 푼도 줄 수 없다고 하는데 아이들과 살려면 위자료와 재산분할이 반드시 필요합니다. 소송을 진행할 비용이나 변호사를 선임할 돈도 없는 상황입니다. 방법이 없을까요?

[답변] 경제적으로 어려운 사람들에게 법률 사무에 관한 지원을 하고 있는 대한법률구조공단(http://www.klac.or.kr)의 가까운 사무소를 찾아 상담을 해 보시기 바랍니다. 법률구조대상자에 해당하는 경우 변호사나 공익법무관이 소송을 진행해 줍니다.

가사사건인 경우에는 한국가정법률상담소(http://www.lawhome.or.kr)에 방문해 도움을 요청하셔도 됩니다. 역시 법률구조대상자에 해당하는 경우 소송지원의 도움을 받을 수 있습니다.

1. 개념

"법률구조"란 경제적으로 어렵거나 법을 몰라서 법의 보호를 충분히 받지 못하는 사람에게 변호사나 공익법무관에 의한 소송대리, 그 밖에 법률 사무에 관한 모든 지원을 하는 것을 말합니다.

2. 대상 사건

법률구조의 대상이 되는 사건은 민사사건, 가사사건, 행정사건, 헌법소원사건 또는 형사사건에 관한 소송·심판대리 또는 형사변호 등입니다.

3. 법률구조기관

① 법률구조를 효율적으로 추진하기 위해 대한법률구조공단이 설립되었습니다(법률구조법 제8조).

② 한국가정법률상담소는 법률구조업무를 하고자 자산, 법률구조업무 종사자 등에 관한 요건을 갖추어 법무부장관에게 등록을 한 법인입니다(법률구조법 제3조).

4. 신청절차

① 법률구조를 받기 원하는 사람은 가까운 대한법률구조공단 사무실 지부에 내방해 법률상담을 받을 수 있고, 상담 후 구조대상자, 승소 가능성, 구조타당성 등을 검토하여 법률구조 사건으로 접수할 수 있습니다[대한법률구조공단 (https://www.klac.or.kr)-법률구조-법률구조안내].

② 사건조사를 통해 소송을 진행하기로 구조결정한 사건은 대한법률구조공단을 통해 소송진행이 가능하며, 재판에서 승소한 경우 강제집행절차까지 진행할 수 있습니다.

5. 법률구조제도와 소송구조제도의 비교

법률구조는 대한법률구조공단과 같은 기관이 소송대리 등의 법률사무에 관한 지원을 하는 것이고, 소송구조는 법원이 소송비용을 내지 않고 재판을 받을 수 있도록 배려해 주는 제도라는 점에서 차이가 있습니다.

구분	법률구조제도	소송구조제도
기관	① 대한법률구조공단 ② 한국가정법률상담소	법원
신청시점	소송제기에 대한 판단 전	① 소송제기와 동시 ② 소송제기 후
신청요건	기준 중위소득의 125% 이하인 국민 또는 국내 거주 외국인	소송비용을 지출할 자금능력이 부족하고 패소할 것이 명백하지 않은 자
대상사건	① 민사사건 ② 가사사건 ③ 행정사건 ④ 헌법소원사건 ⑤ 형사사건	소송사건(비송사건 제외)

[2] 소송구조제도

1. 개념

'소송구조(訴訟救助)'란 소송비용을 지출할 자금능력이 부족한 사람에 대해 법원이 신청 또는 직권으로 재판에 필요한 일정한 비용의 납입을 유예 또는 면제시킴으로써 그 비용을 내지 않고 재판을 받을 수 있도록 하는 제도를 말합니다.

2. 요건

① 소송사건일 것

「비송사건절차법」에서 「민사소송법」의 개별 규정을 준용하고 있으나 소송구조에 관한 규정은 준용하지 않고 있으므로(비송사건절차법 제8조, 제10조 참조), 「비송사건절차법」이 적용 또는 준용되는 비송사건은 소송구조의 대상이 아닙니다.

② 신청인

소송구조는 다음에 해당하는 자가 신청할 수 있습니다.

1. 소송을 제기하려는 사람

2. 소송계속 중의 당사자

3. 외국인

4. 법인

③ 소송구조는 소송비용을 지출할 자금능력이 부족한 사람의 신청에 따라 또는 직권으로 할 수 있습니다(민사소송법 제128조제1항).

④ 소송구조 신청인은 구조의 사유를 소명해야 합니다(민사소송법 제128조제3항).

⑤ 법원은 자유심증에 따라 그 소명 여부를 판단합니다(대법원 2003. 5. 23. 자, 2003마89 결정).

⑥ 자금능력이 부족한 소송구조 신청인

다음 중 어느 하나에 해당하는 사람은 자금능력이 부족한 것으로 보고 다른 요건의 심사만으로 소송구조 여부를 결정할 수 있습니다 (소송구조제도의 운영에 관한 예규 제3조의 2).

1. 「국민기초생활 보장법」에 따른 수급자

2. 「한부모가족지원법」에 따른 지원대상자

3. 「기초연금법」에 따른 기초연금 수급자

4. 「장애인연금법」에 따른 수급자

5. 「북한이탈주민의 보호 및 정착지원에 관한 법률」에 따른 보호대상자

⑦ 소명의 정도

패소할 것이 명백하지 않다는 것은 소송구조신청의 소극적 요건이 므로 신청인이 승소 가능성을 적극적으로 진술하고 소명해야 하는 것은 아니고, 법원이 당시까지의 재판절차에서 나온 자료를 기초로 패소할 것이 명백하다고 판단할 수 있는 경우가 아니면 됩니다.

⑧ 1심 패소 후 항소신청을 하며 소송구조를 신청하는 경우

비록 제1심에서는 패소했지만, ㉮ 제1심판결에 사실상·법률상의 하 자가 있어서 그 판결이 취소될 개연성이 있다거나, ㉯ 자신이 제출 할 새로운 공격방어방법이 새로운 증거에 의해 뒷받침됨으로써 제2 심에서는 승소할 가망이 있는 점 등을 구체적으로 명시하여 그 사 유를 소명해야 합니다.

3. 범위

① 객관적 범위

소송과 강제집행에 대한 소송구조의 범위는 다음과 같습니다. 다만, 법원은 상당한 이유가 있는 경우 다음 중 일부에 대한 소송구조를 할 수 있습니다(민사소송법 제129조 제1항).

1. 재판비용의 납입유예

2. 변호사 및 집행관의 보수와 체당금(替當金)의 지급유예

3. 소송비용의 담보면제

4. 그 밖의 비용의 유예나 면제

② 주관적 범위

소송구조는 이를 받은 사람에게만 효력이 미치므로, 법원은 소송승계인에게 미루어 둔 비용의 납입을 명할 수 있습니다(민사소송법 제130조).

4. 신청

① 신청방법

소송구조신청은 서면으로 해야 하고, 신청서에는 신청인 및 그와 같이 사는 가족의 자금능력을 적은 서면을 붙여야 합니다(민사소송 규칙 제24조).

② 자금능력에 대한 서면 제출은 신청인이 소송비용을 지출할 자금능력이 부족한 사람이라는 점을 소명하기 위한 하나의 예시이므로 신청인은 다른 방법으로 자금능력의 부족에 대해 소명을 할 수 있습니다.

□ 소송구조신청서 양식

	수입인지 1,000원 송달료 2회분

소송구조신청서

구조대상사건 : 20〇〇가합〇〇〇 손해배상(자)

신청인(원고, 피고) 〇〇〇

　　　　　　주소 :

전화, 휴대폰, 팩스번호 :

상대방(원고, 피고) ○○○
                    주소 :

　신청인은 위 사건에 관하여 아래와 같은 사유로 소송구조를 신청합니다.

1. 구조를 신청하는 범위
　□ 인지대　　[□ 소장　□ 상소장　□ 기타(　　　　　　)]
　□ 변호사비용
　□ 기타 (　　　　　　　　　　　　　　　　)
　□ 위 각 사항 등을 포함한 소송비용 전부

2. 구조가 필요한 사유
　가. 사건 내용 : 별첨 기재와 같다(소장 사본의 첨부로 갈음 가능).
　나. 신청인의 자력 :
　　□「국민기초생활보장법」에 따른 수급자(수급자 증명서)
　　□「한부모가족지원법」에 따른 지원대상자(한부모가족증명서)
　　□「기초연금법」에 따른 수급자(기초연금수급자 증명서 또는 기초노령연금 지급내역이 나오는 거래은행통장 사본)
　　□「장애인연금법」에 따른 수급자(장애인연금수급자 증명서 또는 장애인연금 지급내역이 나오는 거래은행통장 사본)
　　□「북한이탈주민의 보호 및 정착지원에 관한 법률」에 따른 보호대상자(북한이탈주민등록확인서)
　　□ 위 대상자 외의 자: 재산관계진술서 및 그 밖의 소명자료 첨부
　신청인은 소송진행 중이나 완결 후에 신청인의 직업이나 재산에 중대한 변동이 생긴 때, 소송의 결과 상대방으로부터 이행을 받게 된 때에는 법원에 즉시 그 내용을 신고하겠습니다.

```
                    20  .  .  .

       신청인 ○○○                    (서명 또는 날인)

                         ○○지방법원 제○부(단독) 귀중
```

□ 재산관계진술서 양식

소송구조 재산관계진술서

<table>
<tr>
<td rowspan="2">신청인</td>
<td>이　름</td>
<td></td>
<td colspan="2">주민등록번호</td>
<td colspan="2"></td>
</tr>
<tr>
<td>직　업</td>
<td colspan="2">주소</td>
<td colspan="3"></td>
</tr>
<tr>
<td rowspan="4">가족관계</td>
<td>이　름</td>
<td>신청인과 관계</td>
<td>나이</td>
<td>직　업</td>
<td>월수입</td>
<td>동거여부</td>
</tr>
<tr>
<td></td><td></td><td></td><td></td><td></td><td></td>
</tr>
<tr>
<td></td><td></td><td></td><td></td><td></td><td></td>
</tr>
<tr>
<td colspan="6"></td>
</tr>
<tr>
<td rowspan="2">신청인의 월 수입</td>
<td>금　액</td>
<td colspan="5"></td>
</tr>
<tr>
<td>내　역</td>
<td colspan="5"></td>
</tr>
<tr>
<td rowspan="6">수급권자 여　부</td>
<td colspan="6">□ 국민기초생활보장법상의 수급권자임</td>
</tr>
<tr><td colspan="6">□ 한부모가족지원법상의 지원대상자임</td></tr>
<tr><td colspan="6">□ 기초연금법상의 수급권자임</td></tr>
<tr><td colspan="6">□ 장애인연금법상의 수급권자임</td></tr>
<tr><td colspan="6">□ 북한이탈주민의 보호 및 정착지원에 관한 법률상의 보호대상자임</td></tr>
<tr><td colspan="6">□ 수급권자·지원대상자·보호대상자 아님</td></tr>
<tr>
<td rowspan="2">신청인의 주　거</td>
<td>형　태</td>
<td colspan="5">아파트, 단독주택, 다가구주택, 연립주택, 다세대주택
기타(　　　　　　　　　　　　　　　　　　　　　　)</td>
</tr>
<tr>
<td>소유관계</td>
<td colspan="5">신청인 또는 가족 소유 (소유자 :　　　　　　　　　)
임대차(전세, 월세 : 보증금　　　　원, 월세　　　　원)
기타(　　　　　　　　　　　　　　　　　　　　　　)</td>
</tr>
</table>

신청인과 가족들이 보유한 재산내역	부동산	
	예금	
	자동차	
	연금	
	기타	

　　신청인은 이상의 기재사항이 모두 사실과 다름이 없음을 확약하며 만일 다른 사실이 밝혀지는 때에는 구조결정이 취소되더라도 이의가 없습니다.

20 ． ． ．

신청인　○○○ (서명 또는 날인)

○○지방법원 제○부(단독) 귀중

※ 작성시 유의사항

　1. 가족관계: 배우자, 부모, 동거 중인 형제자매

　2. 재산내역

　　① 부동산: 등기 여부에 관계없이 권리의 종류, 부동산의 소재지, 지목, 면적(㎡), 실거래가액을 기재
　　　(예시) 임차권, 서울 서초구 서초동 ○○번지 ○○아파트 ○동 ○호 50㎡, 임대차보증금 ○○○만원

　　② 예금: 50만원 이상인 예금의 예금주, 예탁기관, 계좌번호, 예금의 종류를 기재
　　　(예시) 예금주 ○○○, △△은행 서초지점 계좌번호00-00-00, 보통예금, ○○○만원

　　③ 자동차: 차종, 제작연도, 배기량, 차량등록번호, 거래가액을 기재
　　　(예시) 캐피탈 1993년식, 1500cc, 서울○○두1234, ○○○만원

④ 연금: 액수 관계없이 연금의 종류, 정기적으로 받는 연금 액수, 기간을 기재

(예시) 유족연금 매월 30만원, 20○○. . .부터 20○○. . .까지

⑤ 기타: 소유하고 있는 건설기계, 선박 또는 50만원 이상의 유가증권, 회원권, 귀금속 등을 기재

※ 첨부서면

1. 가족관계를 알 수 있는 주민등록등본 또는 가족관계증명서, 재산내역을 알 수 있는 등기부등본, 자동차 등록원부등본, 예금통장사본, 위탁잔고현황, 각종 회원증 사본

2. 다음에 해당하는 서류가 있는 경우에는 이를 제출하시기 바랍니다.

- 근로자 및 상업 종사자: 근로소득원천징수영수증 또는 보수지급명세서, 국민건강보험료부과내역서, 국민연금이력요약/가입증명서, 소득금액증명서

- 공무원: 재직증명서 또는 공무원증 사본

- 국가보훈대상자: 국가유공자임을 증명하는 서면

- 국민기초생활보장법상 기초생활 수급권자: 기초생활수급권자 증명서

- 한부모가족지원법상의 지원대상자: 한부모가족 증명서

- 기초연금법상의 수급권자: 기초연금수급 증명서 또는 기초연금 지급내역이 나오는 거래은행통장 사본

- 장애인연금법상의 수급권자: 수급자 증명서 또는 장애인연금 지급내역이 나오는 거래은행통장 사본

- 북한이탈주민의 보호 및 정착지원에 관한 법률상 보호대상자: 북한이탈주민등록확인서

- 소년·소녀가장 : 가족관계증명서

- 국민기초생활보장법상 차상위자: 국민건강보험료부과내역서, 국민연금이력요약/가입증명서, 소득금액증명서, 지방세세목별과세증명서, 주택임대차계약서

- 외국인: 여권사본 또는 외국인등록증사본

- 법인: 대차대조표, 재산목록, 영업보고서, 손익계산서

5. 결정

① 통보

소송구조결정이 있는 경우에는 법원서기관, 법원사무관, 법원주사 또는 법원주사보(이하 '법원사무관등'이라 한다)가 소송구조를 받은 당사자에게 소송구조결정에 따른 안내문을 교부합니다(민사소송법 제40조제2항 및 소송구조제도의 운영에 관한 예규 제3조 제2항).

② 지급요청

구조결정을 한 사건에 관해 다음의 비용을 지출할 사유가 발생한 경우 법원사무관등이 서면이나 재판사무시스템을 이용한 전자적인 방법으로 경비출납공무원에게 그 소송비용의 대납지급을 요청하게 됩니다(민사소송규칙 제25조).

1. 증거조사

2. 서류의 송달을 위한 비용

3. 그 밖에 당사자가 미리 내야 할 소송비용

6. 취소

① 법원은 소송구조를 받은 사람에게 다음의 사유가 발생하면 직권으로 또는 이해관계인의 신청에 따라 언제든지 소송구조를 취소하고, 납입을 미루어 둔 소송비용을 지급하도록 명할 수 있습니다(민사소송법 제131조).

1. 소송비용을 납입할 자금능력이 있다는 것이 판명된 경우

2. 자금능력이 있게 된 경우

② 소송구조의 취소는 구조결정을 한 대상사건의 절차가 판결의 확정, 그 밖의 사유로 종료된 뒤 5년이 지나면 할 수 없습니다(민사소송규칙 제27조제1항).

③ 소송구조를 받은 사람이 자금능력이 있게 된 경우에는 구조결정을

한 법원에 그 사실을 신고해야 합니다(민사소송규칙 제27조 제2항). 다만, 구조결정을 한 대상사건의 절차가 종료된 뒤 5년이 지난 경우에는 그렇지 않습니다(민사소송규칙 제27조 제2항).

[관련판례 1]

「비송사건절차법」에서 「민사소송법」의 개별 규정을 준용하고 있으나 소송구조에 관한 규정은 준용하지 않고 있으므로(「비송사건절차법」 제8조, 제10조 참조), 「비송사건절차법」이 적용 또는 준용되는 비송사건은 소송구조의 대상이 되지 아니하고, 이러한 비송사건을 대상으로 하는 소송구조 신청은 부적법하다(대법원 2009. 9. 10, 결정 2009스89).

[관련판례 2]

[1] 민사소송법상 소송상 구조는 소송비용을 지출할 자금능력이 부족한 사람의 신청에 따라 혹은 법원 직권으로 할 수 있는데 이 경우 그 신청은 서면에 의하여 하여야 하고, 신청인은 구조의 사유를 소명하여야 하며, 그 신청서에는 신청인 및 그와 같이 사는 가족의 자금능력을 적은 서면을 붙여야 하는데 이와 같은 자금능력에 대한 서면의 제출은 신청인이 소송비용을 지출할 자금능력이 부족한 사람이라는 점을 소명하기 위한 하나의 방법으로 예시된 것으로 봄이 상당하므로 신청인으로서는 다른 방법으로 자금능력의 부족에 대한 소명을 하는 것도 가능하다고 할 것이고, 법원은 자유심증에 따라 그 소명 여부를 판단하여야 한다.

[2] 소송구조는 이를 받은 사람에게만 효력이 미치는 것이므로 여러 선정자가 그 중의 여러 사람을 선정당사자로 선정하고 그 선정당사자가 소송구조를 신청한 경우에 있어서는, 그 선정당사자와 선정자와의 관계를 밝히고 어느 선정자에 대하여 어느 범위에서 소송구조를 하는 것인지를 명백히 하여야 한다(대법원 2003. 5. 23. 결정 2003마89).

[관련판례 3]

[1] 「민사소송법」 제118조 제1항의 규정에서 패소할 것이 명백하지 않다는 것은 소송상 구조신청의 소극적 요건이므로 신청인이 승소의 가능성을 적극적으로 진술하고 소명하여야 하는 것은 아니고 법원이 당시까지의 재판절차에서 나온 자료를 기초로 패소할 것이 명백하다고 판단할 수 있는 경우가 아니라면 그 요건은 구비되었다고 할 것이며, 항소심은 속심으로서 원칙적으로 제1심에서 제출하지 않았던 새로운 주장과 증거를 제출할 수 있

으므로 제1심에서 패소하였다는 사실만으로 항소심에서도 패소할 것이 명백하다고 추정되는 것은 아니어서 제1심에서 패소한 당사자가 항소심에서 소송상구조를 신청하는 경우에도 신청인이 적극적으로 항소심에서 승소할 가능성을 진술하고 소명하여야 하는 것은 아니고 법원은 신청인의 신청이유와 소명자료는 물론 본안소송에서의 소송자료 및 증거자료도 함께 종합하여 항소심에서 신청인이 패소할 것이 확실한지를 판단하여야 할 것이다.

[2] 민사소송법 제119조의 구조의 범위는 일부 구조도 가능하다(대법원 2001. 6. 9. 결정 2001마1044).

[관련판례 4]

소송상 구조는 수구조자가 소송비용을 지출할 자력이 없고 패소할 것이 명백하지 아니할 것을 요건으로 하고 있으므로 소송상 구조의 신청을 하는 데 있어서는 무자력과 승소의 가망이 없지 않다는 것을 주장하고 그것을 소명하여야 할 것이고, 특히 제1심에서 패소한 항소인이 제2심에서 구조신청을 하는 경우에는, 비록 제1심에서는 패소하였지만, 제1심판결에 사실상·법률상의 하자가 있어서 그 판결이 취소될 개연성이 없지 않다거나, 자신이 제출할 새로운 공격방어방법이 새로운 증거에 의하여 뒷받침됨으로써 제2심에서는 승소할 가망이 없다고 할 수 없다는 점 등을 구체적으로 명시하여 그 사유를 소명하지 않으면 안된다(대법원 1994. 12. 10. 결정 94마2159).

Chapter 4. 민사분쟁의 간이구제절차는 어떤 것이 있나요?

Section 1. 민사조정

[1] 민사조정

1. 민사조정의 개념

① 민사조정이란 민사에 관한 분쟁을 당사자 사이의 상호 양해를 통해 조리를 바탕으로 실정에 맞게 해결하는 간이한 절차를 말합니다.

② 민사조정절차는 당사자가 신청하거나 수소법원이 필요하다고 인정하여 결정으로 조정에 회부한 경우 진행됩니다.

※ 민사조정 신청사례

[질문] 친구와 동업을 하고 있는데 사업확장에 대해 의견이 서로 맞지 않고 일정 부분의 이익이 제가 모르는 사이 없어지는 듯 해 동업을 파기하려고 하니 공유물분할에 관해 다툼이 생겼습니다. 친구 사이라 소송까지는 가고 싶지 않은데 달리 방법이 없을까요?

[답변] 민사소송을 제기하기 전에 민사조정신청을 해 보시기를 권해 드립니다. 민사조정은 당사자 사이에 합의된 사항을 조서에 기재함으로써 성립합니다.
조정조서는 재판상의 화해조서와 같이 확정판결과 동일한 효력이 있습니다. 또한 창설적 효력이 있어 당사자 사이에 조정이 성립하면 종전의 다툼 있는 법률관계를 바탕으로 한 권리·의무관계는 소멸하고 조정의 내용에 따른 새로운 권리·의무관계가 성립하는 제도입니다.

〈대법원 2007. 4. 26. 선고, 2006다78732 판결〉

---

2. 신청인

① 당사자에 의한 신청

민사에 관한 분쟁의 당사자는 법원에 조정을 신청할 수 있습니다 (민사조정법 제2조).

② 법원에 의한 회부

수소법원은 필요하다고 인정하면 항소심 판결 선고 전까지 소송이 진행 중인 사건을 결정으로 조정에 회부할 수 있습니다(민사조정법 제6조).

3. 대리인 선임

① 법원의 허가

다음의 어느 하나에 해당하는 경우 조정담당판사의 허가를 받으면 변호사가 아닌 사람을 대리인 또는 보조인으로 할 수 있습니다(민사조정규칙 제6조제2항 본문).

- 당사자의 배우자 또는 4촌 안의 친족으로서 당사자와의 생활관계에 비추어 상당하다고 인정되는 경우

- 당사자와 고용, 그 밖에 이에 준하는 계약관계를 맺고 그 사건에 관한 통상사무를 처리·보조하는 사람으로서 그 사람이 담당하는 사무와 사건의 내용 등에 비추어 상당하다고 인정되는 경우

② 소액사건의 경우

조정사건이 소액사건일 경우 조정 당사자의 배우자·직계혈족 또는 형제자매는 법원의 허가 없이 소송대리인이 될 수 있습니다(민사조정규칙 제6조 제2항 단서 소액사건심판법 제8조제1항).

4. 조정기관 및 조정장소

4-1. 조정기관

① 조정담당판사

조정담당판사는 스스로 조정을 할 수 있습니다(민사조정법 제7조제2항 본문).

② 조정위원회

조정담당판사는 상임조정위원(상임으로 조정에 관한 사무를 처리하는 조정위원)이나 조정위원회가 조정을 하도록 할 수 있습니다(민사조정법 제7조 제2항 본문).

- 이 경우 조정담당판사나 조정장(調停長)은 조정위원으로 하여금 분쟁해결방안을 도출하기 위하여 사건관계인의 의견을 들어 합의안을 도출하거나 그 밖에 조정사건의 처리를 위하여 필요한 사무를 수행하게 할 수 있습니다(「민사조정법」 제7조제6항).

- 다만, 당사자의 신청이 있을 경우 조정위원회가 조정을 하도록 해야 합니다(민사조정법 제7조 제2항 단서).

- 조정위원회는 조정장(調停長) 1명과 조정위원 2명 이상으로 구성됩니다(민사조정법 제8조).

③ 수소법원

수소법원이 조정에 회부한 사건으로 수소법원 스스로 조정하는 것이 적절하다고 인정한 사건은 직접 조정을 할 수 있습니다(민사조정법 제7조 제3항).

수소법원은 재판장과 배석판사 중 1인을 수명법관으로 지정하거나 2인을 공동수명법관으로 지정해 조정을 담당하게 할 수 있습니다(민사 및 가사조정의 사무처리에 관한 예규 제8조).

4-2. 조정장소

조정은 판사실, 조정실, 심문실 또는 분쟁에 관련된 현장 기타 적당한 장소에서 할 수 있습니다(민사 및 가사조정의 사무처리에 관한 예규 제14조 제1항).

[2] 민사조정 신청

1. 신청방법

① 조정은 서면(書面)이나 구술(口述)로 신청할 수 있습니다(민사조정법 제5조제1항).

② 구술로 신청할 경우 법원서기관, 법원사무관, 법원주사 또는 법원주사보(이하 '법원사무관등'이라 한다)의 앞에서 진술해야 합니다(민사조정법 제5조제2항).

③ 이 경우 법원사무관등은 조정신청조서를 작성하고 조서에 기명날인해야 합니다(민사조정법 제5조제3항).

2. 민사조정 신청 절차

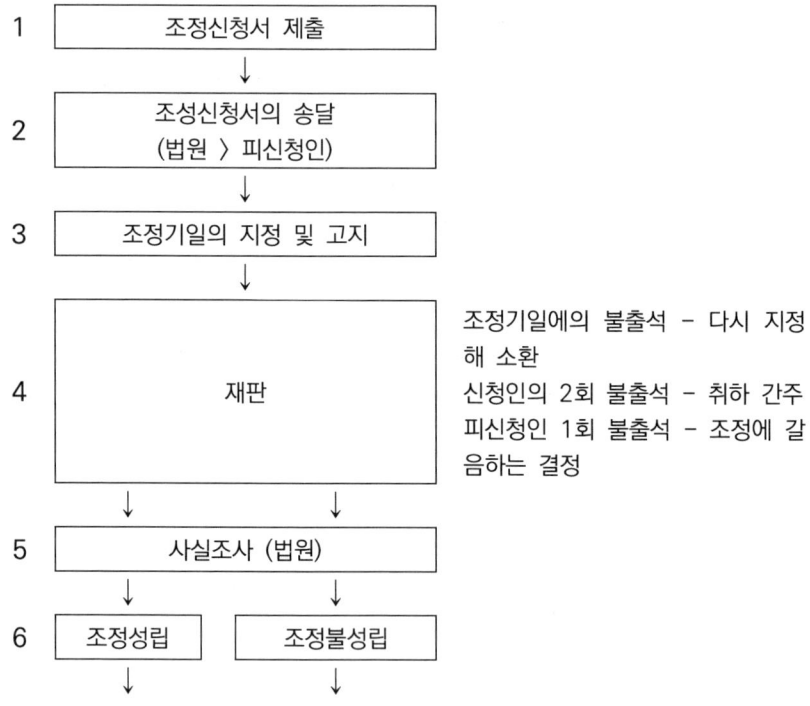

1   조정신청서 제출

↓

2   조성신청서의 송달
(법원 〉 피신청인)

↓

3   조정기일의 지정 및 고지

↓

4   재판

조정기일에의 불출석 – 다시 지정해 소환
신청인의 2회 불출석 – 취하 간주
피신청인 1회 불출석 – 조정에 갈음하는 결정

↓   ↓

5   사실조사 (법원)

↓   ↓

6   조정성립   조정불성립

↓   ↓

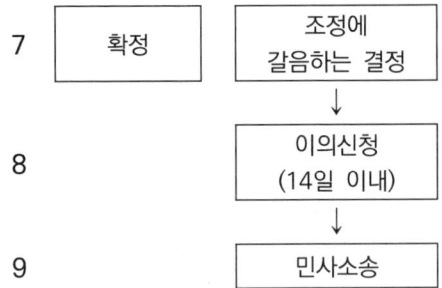

7	확정	조정에 갈음하는 결정
8		↓ 이의신청 (14일 이내)
9		↓ 민사소송

3. 조정신청서의 제출

① 조정신청서의 기재내용

조정신청서나 조정신청조서에는 당사자, 대리인, 신청 취지와 분쟁 내용을 명확히 기재해야 합니다(민사조정규칙 제2조 제1항).

② 첨부서류

- 증거서류가 있는 경우에는 신청과 동시에 이를 제출해야 합니다 (민사조정규칙 제2조 제1항).

- 조정을 서면으로 신청하는 경우 피신청인 수만큼의 부본을 제출해야 합니다(민사조정규칙 제2조 제2항).

③ 관할

조정신청서는 다음을 관할하는 지방법원, 지방법원지원, 시법원 또는 군법원의 민사접수과에 제출하면 됩니다(민사조정법 제3조 제1항). 또한 조정사건은 그에 상응하는 소송사건의 전속관할법원이나 당사자 사이에 합의로 정한 법원에 제출할 수도 있습니다(민사조정법 제3조 제2항).

1. 피신청인에 대한 「민사소송법」 제3조부터 제6조까지에 따른 보통재판적(普通裁判籍) 소재지

2. 피신청인의 사무소 또는 영업소 소재지

3. 피신청인의 근무지

4. 분쟁 목적물 소재지

5. 손해 발생지

4. 송달

조정신청서나 조정신청조서는 지체 없이 피신청인에게 송달해야 합니다(민사조정법 제14조).

5. 조정기일의 지정

5-1. 조정기일의 지정 및 고지

① 조정담당판사는 가능한 한 미리 특정한 요일을 조정기일로 정해 각 민사 재판부와 조정사건을 담당하는 법원사무관에게 통보해야 합니다(민사 및 가사조정의 사무처리에 관한 예규 제13조 제1항).

② 수소법원이 변론기일에 조정회부결정을 하는 경우 당사자 쌍방이 출석한 때에 재판장은 조정담당판사로부터 통보받은 기일 중 적당한 기일을 당사자에게 알려주고 그 날 출석할 것을 권고해야 합니다(민사 및 가사조정의 사무처리에 관한 예규 제13조 제2항 본문).

③ 다만, 수소법원이 조정사건을 스스로 처리하는 경우에는 변론기일에 바로 조정을 하거나 즉시 조정기일을 지정해 고지해야 합니다(민사 및 가사조정의 사무처리에 관한 예규 제13조 제2항 단서).

5-2. 조정기일에의 출석여부 및 처리

① 조정담당판사 또는 조정위원회는 수소법원의 재판장이 권고한 기일에 당사자 쌍방이 출석한 경우에는 그 날 조정기일을 열어야 합니다(민사 및 가사조정의 사무처리에 관한 예규 제13조 제3항).

② 조정담당판사 또는 조정위원회는 수소법원의 재판장이 권고한 기일에 당사자 쌍방 또는 일방이 출석하지 않은 경우에는 조정기일을 다시 지정해 소환해야 합니다(민사 및 가사조정의 사무처리에 관한 예규 제13조 제3항).

③ 신청인이 2회 조정기일에 불출석한 경우 조정신청이 취하된 것으로 봅니다(민사조정법 제31조 제2항).

④ 피신청인이 조정기일에 1회 출석하지 않은 경우 조정담당판사는 상당한 이유가 없으면 직권으로 조정에 갈음하는 결정을 해야 합니다(민사조정법 제32조).

6. 법원의 사실조사

① 사실조사기관

조정담당판사 또는 조정위원회는 사실의 조사 또는 증거조사를 지방법원 판사에게 촉탁하거나, 소속법원의 조정위원에게 하게 할 수 있습니다(민사조정규칙 제8조 제1항 및 제3항).

② 사실조사기관의 보고서 제출

건축사, 의사 등 전문가 조정위원이 사실조사를 하게 된 경우 법원의 요청이 있으면 간이한 형식의 사실조사보고서를 제출해야 합니다(민사 및 가사조정의 사무처리에 관한 예규 제16조 제1항).

③ 사실조사비용

조정위원에게 지급할 사실조사비용은 사건 당 30만원을 최고한도로 하나, 조정담당판사 또는 조정위원회가 상당하다고 인정하는 경우 이를 증액할 수 있습니다(민사 및 가사조정의 사무처리에 관한 예규 제16조 제2항).

④ 사실조사비용의 예납명령

- 조정담당판사 또는 조정위원회는 조정위원에게 지급할 사실조사비용을 당사자 쌍방이 균분해 예납할 것을 명해야 합니다(민사 및 가사조정의 사무처리에 관한 예규 제16조 제3항 본문).

- 다만, 사정에 따라 예납할 금액의 비율을 다르게 정하거나 사실조사를 신청한 당사자 일방에게 전액 예납할 것을 명할 수 있습니다(민사 및 가사조정의 사무처리에 관한 예규 제16조 제3항 단서).

7. 조정의 성립 또는 불성립

7-1. 조정의 성립

① 법원은 당사자 사이에 조정이 성립하면 합의된 사항을 조서에 기재해 그 정본(正本)을 당사자에게 각각 송달해야 합니다(민사조정법 제28조 및 제33조 제2항).

② 조정의 효력

조정은 확정판결과 동일한 효력이 있습니다(민사조정법 제29조 및 민사소송법 제220조).

7-2. 조정의 불성립

① 조정담당판사는 다음에 해당하는 경우 조정에 갈음하는 결정(민사조정법 제30조)을 하거나 조정이 성립되지 않은 것으로 사건을 종결시켜야 합니다(민사조정법 제27조).

1. 당사자 사이에 합의가 성립되지 않은 경우

2. 성립된 합의의 내용이 적당하지 않다고 인정하는 경우

② 조정에 갈음하는 결정

조정담당판사는 합의가 성립되지 않거나 당사자 사이에 성립된 합의 내용이 적당하지 않다고 인정한 사건에 관해 직권으로 당사자의 이익이나 그 밖의 모든 사정을 고려해 신청인의 신청 취지에 반하지 않는 한도에서 사건의 공평한 해결을 위한 결정을 할 수 있습니다(민사조정법 제30조).

③ 법원은 법원조정담당판사가 작성하고 기명날인한 결정서의 정본을 당사자에게 송달해야 합니다(민사조정규칙 제15조의2제1항 및 제2항).

8. 이의신청

8-1. 이의신청기간

① 당사자는 조정에 갈음하는 결정에 대해 조서의 정본이 송달된 날부터 2주일 내에 이의를 신청할 수 있습니다(민사조정법 제34조제1항 본문).

② 다만, 조서의 정본이 송달되기 전에도 이의를 신청할 수 있습니다(민사조정법 제34조 제1항 단서).

8-2. 이의신청의 통지

이의신청이 있을 경우 조정담당판사는 이의신청의 상대방에게 지체없이 이를 통지해야 합니다(민사조정법 제34조제2항).

8-3. 이의신청의 효력

다음의 경우에는 조정을 신청한 때에 소송이 제기된 것으로 봅니다(민사조정법 제36조제1항).

1. 조정담당판사가 조정사건이 그 성질상 조정을 하기에 적당하지 않다고 인정해 조정을 하지 않는 결정으로 사건을 종결한 경우(민사조정법 제26조 제1항)

2. 조정담당판사가 당사자가 부당한 목적으로 조정신청을 한 것으로 인정해 조정을 하지 않는 결정으로 사건을 종결한 경우(민사조정법 제26조제1항)

3. 조정이 성립되지 않은 것으로 사건이 종결된 경우

4. 조정에 갈음하는 결정조서의 정본이 송달된 날부터 2주일 내에 이의를 신청한 경우(민사조정법 제36조제1항)

8-4. 이의신청의 취하

이의신청을 한 당사자는 해당 심급(審級)의 판결이 선고될 때까지 상대방의 동의를 받아 이의신청을 취하할 수 있습니다(민사조정법 제34조제3항).

8-5. 이의신청서 작성 사례

□ 조정에 갈음하는 결정에 대한 이의신청서(원고)

이 의 신 청 서

사　　건　　20○○머○○○○(20○○가단○○○○) 손해배상(자)
원　　고　　○○○ 외5
피　　고　　◇◇버스주식회사

　위 사건에 관하여 20○○. ○. ○○.자 조정에 갈음하는 결정정본이 20○○. ○○. ○. 원고들에게 송달되었으나, 원고들은 위 결정에 불복하므로 이의를 신청합니다.

첨 부 서 류

　1. 이의신청서부본　　　　　　　　　　　　　1통

　　　　　　　　　　20○○.　　○○.　　○○.
　　　　　　　　　　위 원고 ○○○ (서명 또는 날인)

○○지방법원 제○민사단독　귀중

□ 조정에 갈음하는 결정에 대한 이의신청서(피고)

이 의 신 청 서

사　　건　　20○○머○○○○(20○○가단○○○○) 임금
원　　고　　○○○
피　　고　　◇◇◇

위 사건에 대하여 피고는 귀원의 20○○. ○. ○.자 조정에 갈음하는 결정에 불복하므로 이의를 신청합니다.
(결정정본을 송달받은 날 : 20○○. ○○. ○.)

20○○.　　○○.　　○○.
위 피고 ◇◇◇ (서명 또는 날인)

○○지방법원 제○민사단독　귀중

□ **조정에 갈음하는 결정에 대한 이의신청(피신청인)**

이 의 신 청 서

사　　건　　20○○머○○○○ 공사대금
신 청 인　　○○○
피신청인　　◇◇◇

위 사건에 대하여 피신청인은 귀원의 20○○. ○. ○.자 조정에 갈음하는 결정에 불복하므로 이의를 신청합니다.
(결정정본을 송달받은 날 : 20○○. ○○. ○.)

20○○.　　○○.　　○○.
위 피신청인 ◇◇◇ (서명 또는 날인)

○○지방법원 ○○지원　귀중

9. 조정에 갈음하는 결정의 효력

다음의 어느 하나에 해당하는 경우 조정에 갈음하는 결정은 확정판결과 동일한 효력이 있습니다(민사조정법 제34조 제4항 및 민사소송법 제220조).

1. 조서의 정본이 송달된 날부터 2주일(민사조정법 제34조제1항) 내에 이의 신청이 없는 경우

2. 이의신청이 취하된 경우

3. 이의신청이 적법하지 않아 각하결정(민사조정규칙 제16조)이 확정된 경우

[3] 신청서 작성

① 민사조정신청서는 소장과 비슷하며 신청취지, 신청이유, 입증방법, 첨부서류를 자세히 기재합니다.

② 민사조정 신청수수료(인지액)는 소송 진행 시 첨부하는 인지액의 1/10 에 해당하는 금액입니다.

1. 민사조정 신청서 양식

조 정 신 청 서

신 청 일 20○○. ○○. ○○.

사 건 명 ○○○

신 청 인 ○○○(주민등록번호)

　　　　　○○시○○구○○로○○(우편번호○○○○○)

　　　　　전화·휴대폰번호:

　　　　　팩스번호, 전자우편(e-mail)주소:

피신청인 ◇◇◇(주민등록번호)

　　　　　○○시○○구○○로○○(우편번호○○○○○)

　　　　　전화·휴대폰번호:

　　　　　팩스번호, 전자우편(e-mail)주소:

소송목적의 값	원	인 지	원

※조정비용은 소장에 첨부하는 인지액의 1/10 입니다.

(인지첨부란)

송달료 계산 방법: 당사자 수(신청인+피신청인)×5×3,550원(1회 송달료)

※1회 송달료는 추후 변동될 수 있습니다.

휴대전화를 통한 정보수신 신청

위 사건에 관한 재판기일의 지정·변경·취소 및 문건접수 사실을 예납의무자가 납부한 송달료 잔액 범위 내에서 아래 휴대전화를 통하여 알려주실 것을 신청합니다.

▣ 휴대전화 번호 :

20 . . .

신청인 원고   (날인 또는 서명)

※ 문자메시지는 재판기일의 지정·변경·취소 및 문건접수 사실이 법원재판사무시스템에 입력되는 당일 이용 신청한 휴대전화로 발송됩니다.

※ 문자메시지 서비스 이용금액은 메시지 1건당 17원씩 납부된 송달료에서 지급됩니다(송달료가 부족하면 문자메시지가 발송되지 않습니다).

※ 추후 서비스 대상 정보, 이용금액 등이 변동될 수 있습니다.

◇유의사항◇

1. 연락처란에는 언제든지 연락 가능한 전화번호나 휴대전화번호, 그 밖에 팩스번호·이메일 주소 등이 있으면 함께 기재하여 주시기 바랍니다. 피신청인의 연락처는 확인이 가능한 경우에 기재하면 됩니다.
2. 첨부할 인지가 많은 경우에는 뒷면을 활용하시기 바랍니다.

신 청 취 지

1.
2.
라는 조정을 구합니다.

신 청 원 인

1.
2.
3.

입 증 방 법

1.
2.
3.
4.

첨 부 서 류

1. 위 입증방법   각 1통
1. 신청서부본   1통
1. 송달료납부서   1통

200   .   .   .

위 신청인   (서명 또는 날인)

○○지방법원 귀중

2. 조정신청서 작성례

□ 조정신청서(임차보증금 감액청구)

조 정 신 청 서

신 청 인 ○○○(주민등록번호)
        ○○시 ○○구 ○○로 ○○(우편번호 ○○○○○)
        전화·휴대폰번호:
        팩스번호, 전자우편(e-mail)주소:
피신청인 ◇◇◇(주민등록번호)
        ○○시 ○○구 ○○로 ○○(우편번호 ○○○○○)

전화·휴대폰번호:

팩스번호, 전자우편(e-mail)주소:

임차보증금감액청구

<h2>신 청 취 지</h2>

피신청인은 신청인에게 금 15,000,000원을 지급한다.
라는 조정을 구합니다.

<h2>분 쟁 내 용</h2>

1. 신청인은 20○○. ○. ○. 피신청인으로부터 그의 소유인 ○○시 ○
   ○구 ○○로 ○○ 소재 건물을 임대차보증금 30,000,000원으로 하
   면서 임대차보증금 전액을 지급하였습니다. 그 뒤 20○○. ○○.
   ○. 신청인은 피신청인과 위 임대차계약을 갱신하기로 합의하고 임
   대차보증금 50,000,000원, 임대차기간 20○○. ○○. ○.부터 2년
   간으로 하는 재계약을 체결하고, 증액된 임대차보증금 20,000,000
   원을 지급하였습니다.
2. 그런데 최근 경제불황과 부동산가격의 하락 및 임대료의 하락에 따
   라 위 아파트와 유사한 인근 아파트의 임대차보증금이 금
   35,000,000원까지 떨어진 상황입니다.
   그에 따라 신청인은 피신청인에 대하여 위 아파트에 대한 임대차보
   증금을 현 시세와 같은 금 35,000,000원으로 감액해줄 것을 청구
   하였으나 피신청인은 이에 응하지 않고 있습니다.
3. 따라서 신청인은 피신청인으로부터 현재의 임대차보증금과 현 시세
   와의 차액인 금 15,000,000원을 반환 받고자 조정을 신청합니다.

<h2>입 증 방 법</h2>

  1. 갑 제1호증   임대차계약서

1. 갑 제2호증   주민등록표등본
1. 갑 제3호증   영수증
1. 갑 제4호증   부동산중개업자확인서

첨 부 서 류

1. 위 입증방법   각 1통
1. 신청서부본   1통
1. 송달료납부서   1통

2000.   ○○.   ○○.
위 신청인 ○○○ (서명 또는 날인)

○○지방법원 귀중

[관련판례 1]

민사조정법 제30조, 제32조에 의하여 조정담당판사가 한 조정에 갈음한 결정은 같은 법 제34조 제4항에 정한 바와 같이 이의신청이 없거나 이의신청이 취하 또는 각하되어 확정된 때에는 당사자 사이에 다투어졌던 권리관계에 관하여 재판상의 화해와 동일한 효력이 있어, 당사자 사이에 기판력이 생기는 것이므로, 그 결정에 확정판결의 당연무효 사유와 같은 사유가 없는 한 재심의 소에 의하여만 그 효력을 다툴 수 있다(대법원 2000. 9. 29. 선고 2000다33690 판결).

[관련판례 2]

임대차계약에 있어서 차임불증액의 특약이 있더라도 그 약정 후 그 특약을 그대로 유지시키는 것이 신의칙에 반한다고 인정될 정도의 사정변경이 있다고 보여지는 경우에는 형평의 원칙상 임대인에게 차임증액청구를 인정하여야 한다(대법원 1996. 11. 12. 선고 96다34061 판결).

[관련판례 3]

민법 제628조에 의하여 장래에 대한 차임의 증액을 청구하였을 때에 그 청구

가 상당하다고 인정되면 그 효력은 재판시를 표준으로 할 것이 아니고 그 청구시에 곧 발생한다고 보는 것이 상당하고 그 청구는 재판외의 청구라도 무방하다(대법원 1974. 8. 30. 선고 74다1124 판결).

[관련판례 4]

전세보증금 증감청구권의 인정은 이미 성립된 계약의 구속력에서 벗어나 그 내용을 바꾸는 결과를 가져오는 것인 데다가, 보충적인 법리인 사정변경의 원칙, 공평의 원칙 내지 신의칙(信義則)에 터 잡은 것인 만큼 엄격한 요건 아래에서만 인정될 수 있으므로, 기본적으로 사정변경의 원칙의 요건인 ①계약 당시 그 기초가 되었던 사정이 현저히 변경되었을 것, ②그 사정변경을 당사자들이 예견하지 않았고 예견할 수 없었을 것, ③그 사정변경이 당사자들에게 책임 없는 사유로 발생하였을 것, ④당초의 계약 내용에 당사자를 구속시키는 것이 신의칙상 현저히 부당할 것 등의 요건이 충족된 경우로서, 전세보증금 시세의 증감 정도가 상당한 수준(일반적인 예로서, 당초 약정금액의 20% 이상 증감하는 경우를 상정할 수 있음)에 달하고, 나머지 전세기간이 적어도 6개월 이상은 되어야 전세보증금의 증감청구권을 받아들일 정당성과 필요성이 인정될 수 있고, 증감의 정도도 시세의 등락을 그대로 반영할 것이 아니라 그밖에 당사자들의 특수성, 계약의 법적 안정성 등의 요소를 고려하여 적절히 조정되어야 한다(서울지법동부지원 1998. 12. 11. 선고 98가합19149 판결).

□ **조정신청서(대여금반환청구)**

조 정 신 청 서

신 청 인 ○○○(주민등록번호)

　　　　○○시 ○○구 ○○길 ○○(우편번호 ○○○○○)

　　　　전화·휴대폰번호:

　　　　팩스번호, 전자우편(e-mail)주소:

피신청인 ◇◇◇(주민등록번호)

　　　　○○시 ○○구 ○○길 ○○(우편번호 ○○○○○)

　　　　전화·휴대폰번호:

　　　　팩스번호, 전자우편(e-mail)주소:

대여금반환청구

신 청 취 지

 피신청인은 신청인에게 금 ○○○원 및 이에 대한 20○○. ○○. ○.
부터 다 갚는 날까지 연 25%의 비율에 의한 돈을 지급한다.
라는 조정을 구합니다.

신 청 이 유

1. 신청인은 20○○. ○○. ○. 피신청인에게 아래와 같이 돈을 대여하
   였습니다.

- 아   래 -

   (1) 대 여 금 : 금 ○○○원
   (2) 이   자 : 연 25%
   (3) 변제기일 : 20○○. ○○. ○○.

2. 그러나 피신청인은 사정이 어렵다면서 갚을 날짜가 지나도록 원리
   금을 갚지 아니하므로, 신청인은 대여금 ○○○원 및 이에 대한 지
   연손해금 등을 지급 받기 위하여 이 사건 조정신청을 하게 되었습
   니다.

입 증 방 법

   1. 갑 제1호증   차용증
   1. 갑 제2호증   각서

첨 부 서 류

   1. 위 입증방법   각 1통
   1. 조정신청서부본   1통

1. 송달료납부서   1통

                          20○○.   ○○.   ○○.
                          위 신청인 ○○○ (서명 또는 날인)

○○지방법원   귀중

□ 조정신청서{손해배상(자)청구}

조 정 신 청 서

신 청 일 20○○. ○○. ○○.
사 건 명 손해배상(자)
신 청 인 ○○○(주민등록번호)
          ○○시○○구○○길○○(우편번호)
          전화·휴대폰번호:
          팩스번호, 전자우편(e-mail)주소:
피신청인 ◇◇◇(주민등록번호)
          ○○시○○구○○길○○(우편번호)
          전화·휴대폰번호:
          팩스번호, 전자우편(e-mail)주소:

조정신청 사항가액	금 3,736,876원	수수료	금 1,800원	송달료	금 32,500원
(인지첩부란)					

신 청 취 지

1. 피신청인은 신청인에게 금 3,736,876원 및 이에 대한 20○○. ○.

○.부터 이 사건 신청서부본 송달일까지는 연 5%의, 그 다음날부터 다 갚는 날까지는 연 15%의 각 비율에 의한 돈을 지급한다.
2. 조정비용은 피신청인의 부담으로 한다.
  라는 조정을 구합니다.

신 청 원 인

1. 신분관계
  신청인은 이 사건 교통사고의 직접 피해자이고, 피신청인은 울산○○다○○○○호 베스타 승합자동차의 소유자겸 이 사건 교통사고를 야기한 불법행위자입니다.

2. 손해배상책임의 발생
  신청인은 ○○시 ○○구 ○○길 소재 올림피아호텔 뒤편 소방도로를 걸어가고 있을 즈음, 피신청인이 울산○○다○○○○호 베스타 승합차를 운행하여 위 호텔 주차장 쪽에서 호텔 뒤편 공터로 진행하게 되었는바, 이러한 경우 운전업무에 종사하는 피신청인으로서는 전후좌우를 잘 살펴 안전하게 운전함으로써 사고를 미리 방지하여야 할 주의의무가 있음에도 불구하고 이를 게을리 한 채 운전한 과실로 위 차량 운전석 앞 백밀러 부위로 보행 중이던 신청인을 충격, 전도케 하여 신청인으로 하여금 염좌, 견관절, 좌상 등의 중상해를 입게 하였습니다.
  그렇다면 피신청인은 자기를 위하여 자동차를 운행하는 자로서, 위 교통사고를 발생시킨 불법행위자로서 신청인이 입게 된 모든 손해를 배상할 책임이 있다 할 것입니다.

3. 손해배상의 범위
  가. 일실수입
    신청인은 이 사고로 치료를 위하여 통원치료 47일간 아무런 일에도 종사하지 못하여 금 1,736,876원의 일실손해를 입었습니다.
  【계 산】
    20○○. 9.경. 도시일용노임(건설업보통인부) : 금 50,683원

월평균 가동일수 : 22일

47일의 호프만지수

: 1.5577[=1개월의 호프만지수(0.9958)+{2개월의 호프만지수
(1.9875) - 1개월의 호프만지수(0.9958)}×17/30]

금 1,736,876원[=금 50,683원×22일×1.5577, 원미만 버림]

나. 치료비

치료비는 피신청인이 가입한 책임보험회사에서 전액 지급하였으
므로 향후 치료비 금 1,000,000원을 청구합니다.

다. 위자료

신청인의 나이, 이 사건 사고의 경위 및 그 결과, 치료기간 등 신청인
의 모든 사정을 감안하여 금 1,000,000원은 지급되어야 할 것입니다.

4. 결론

그렇다면 피신청인은 신청인에게 금 3,736,876원(일실수입금
1,736,876원+향후치료비 금 1,000,000원+위자료 금 1,000,000
원) 및 이에 대하여 이 사건 사고발생일인 20○○. ○. ○.부터 이
사건 신청서부본 송달일까지는 민법에서 정한 연 5%의, 그 다음날
부터 다 갚는 날까지는 소송촉진등에관한특례법에서 정한 연 15%
의 각 비율에 의한 지연손해금을 지급할 의무가 있다 할 것이므로
이 사건 신청에 이른 것입니다.

입 증 방 법

1. 갑 제1호증   주민등록표등본
1. 갑 제2호증   진단서
1. 갑 제3호증   치료확인서
1. 갑 제4호증   향후치료비추정서
1. 갑 제5호증   자동차등록원부
1. 갑 제6호증의1, 2   월간거래가격표지 및 내용

첨 부 서 류

1. 위 입증방법   각 1통
1. 신청서부본   1통
1. 송달료납부서   1통

2000.   ○○.   ○○.
위 신청인 ○○○ (서명 또는 날인)

○○지방법원 귀중

□ **조정신청서{손해배상(기) 청구}**

민 사 조 정 신 청 서

신 청 인 ○○○(주민등록번호)
　　　　○○시 ○○구 ○○길 ○○(우편번호)
　　　　전화·휴대폰번호:
　　　　팩스번호, 전자우편(e-mail)주소:
피신청인 ◇◇◇(주민등록번호)
　　　　○○시 ○○구 ○○길 ○○(우편번호)
　　　　전화·휴대폰번호:
　　　　팩스번호, 전자우편(e-mail)주소:

손해배상(기)청구

신 청 취 지

1. 피신청인은 신청인에게 금 1,622,252원 및 이에 대한 이 사건 신
   청서부본 송달 다음날부터 다 갚는 날까지 연 15%의 비율에 의한
   돈을 지급한다.
2. 조정비용은 피신청인의 부담으로 한다.
라는 조정을 구합니다.

신 청 이 유

1. 손해배상책임의 발생

   신청인은 피신청인과 절친한 친구사이로서 20○○. ○. ○. ○○시 ○○구 ○○길 소재 소주방에서 함께 술을 마시던 중 피신청인이 신청인에게 ○○은행에서 신용대출을 받을 수 있도록 연대보증을 해달라고 부탁하여 신청인은 비록 친한 친구사이였지만 평소 피신청인의 무분별한 씀씀이를 잘 알고 있어 거절하였는데, 이에 불만을 품은 피신청인이 느닷없이 심한 욕설을 하면서 탁자를 내리쳐 신청인이 자리에서 일어났고 그 순간 피신청인이 주먹으로 신청인의 안면부를 수회 강타하여 신청인에게 3주간의 치료를 요하는 안면부좌상 및 뇌진탕 등의 상해를 입게 하였습니다.

2. 손해배상책임의 범위

   1) 일실수입

      신청인은 사고당시 건설공사현장에서 미장공으로 일을 하면서 일당 금 70,000원의 소득을 올리고 있었으나 이 사건 사고로 인하여 20일간 일을 하지 못했습니다. 따라서 신청인의 일실수입손해는 금 1,022,252원입니다.

      【계 산】

      금 1,022,252원{=금 70,000원×22일×0.6638(1개월의 호프만수치 0.9958×20/30)}

   2) 치료비

      신청인은 이 사건 사고로 ○○시 ○○구 ○○동 소재 ◎◎의원에서 14일간의 입원과 6일간의 통원치료를 받으면서 치료비 금 600,000원을 지출하였습니다.

3. 결론

   그렇다면 피신청인은 신청인에게 금 1,622,252원(일실수입 금 1,022,252원+치료비 금 600,000원)을 지급하여야 할 것인바, 친구사이에 우발적으로 일어난 사건임을 감안하여 위자료는 청구하지 않고 위 청구금액에 대하여만 원만한 조정을 구하고자 이 사건 신청에 이른 것입니다.

입 증 방 법

1. 갑 제1호증   진단서
1. 갑 제2호증   치료비영수증
1. 갑 제3호증   노임명세서

첨 부 서 류

1. 위 입증방법   각 1통
1. 신청서부본   1통
1. 송달료납부서   1통

2000.   ○○.   ○○.

위 신청인 ○○○ (서명 또는 날인)

○○지방법원 귀중

☐ **조정신청서(건물인도 등 청구)**

조 정 신 청 서

신 청 일 2000. ○○. ○○.

사 건 명 건물인도 등

신 청 인 ○○○(주민등록번호)
　　　　○○시○○구○○길○○(우편번호○○○-○○○)

전화·휴대폰번호:

팩스번호, 전자우편(e-mail)주소:

피신청인 ◇◇◇(주민등록번호)

○○시○○구○○길○○(우편번호○○○-○○○)

전화·휴대폰번호:

팩스번호, 전자우편(e-mail)주소:

조정신청 사항가액	금 6,000,000원	수수료	금 3,000원	송달료	금 32,500원
(인지첩부란)					

신 청 취 지

1. 피신청인은 신청인에게 ○○시 ○○구 ○○길 ○○ 지상 벽돌조 기와지붕 단층상가 ○○○.○㎡ 중 별지도면 표시 가, 나, 다 ,라 가, 각 점을 차례로 연결한 선내 17.59㎡를 인도하고 20○○. ○. ○. 부터 명도 할 때까지 매월 금 500,000원을 지급한다.

2. 조정비용은 피신청인의 부담으로 한다.

라는 조정을 구합니다.

신 청 원 인

1. 신청인은 20○○. ○. ○. 피신청인과 ○○시 ○○구 ○○길 ○○ 소재 건물 중 별지기재 도면과 같이 좌측 방1칸, 사무실1칸을 임차보증금 5,000,000원, 월임료 금 400,000원, 임대차기간 2년으로 한 임대차계약을 체결하고 피신청인은 이를 임차한 뒤 ○○부동산이라는 상호로 부동산중개업을 하고 있습니다.

2. 그런데 피신청인은 20○○. ○. ○.부터 신청인에게 지급하기로 한 월임료 금 400,000원을 지급하지 않고 있으며, 신청인은 지금까지 임차보증금에서 월임료를 충당하기로 하고 20○○. ○. ○.까지 신

청인에게 위 임차목적물을 인도하라고 20○○. ○. ○.자 내용증명
으로 최고한 바 있으나, 피신청인은 그 기간이 지난 지금까지도 위
임차목적물의 인도 및 임료의 지급을 명백히 거절하고 있습니다.

3. 따라서 신청인은 피신청인에게 위 임차부동산의 인도를 구함과 동
시에 이는 많은 시일이 걸리므로 20○○. ○. ○.부터 인도 받을 때
까지 임차보증금 5,000,000원을 월세로 환산한 매월 임료 금
500,000원 상당액을 그 손해로 청구하고자 합니다.

입 증 방 법

1. 갑 제1호증   임대차계약서
1. 갑 제2호증   통고서(내용증명우편)
1. 갑 제3호증   월임료미납확인서

첨 부 서 류

1. 위 입증방법   각 1통
1. 부동산등기사항증명서   1통
1. 건축물대장   1통
1. 신청서부본   1통
1. 송달료납부서   1통

20○○. ○○. ○○.
위 신청인 ○○○ (서명 또는 날인)

○○지방법원 귀중

□ 조정신청서(임금청구)

조 정 신 청 서

신 청 인 ○○○(주민등록번호)
　　　　　○○시 ○○구 ○○길 ○○(우편번호 ○○○○○)
　　　　　전화·휴대폰번호:
　　　　　팩스번호, 전자우편(e-mail)주소:
피신청인 ◇◇◇(주민등록번호)
　　　　　○○시 ○○구 ○○길 ○○(우편번호 ○○○○○)
　　　　　전화·휴대폰번호:
　　　　　팩스번호, 전자우편(e-mail)주소:

임금청구

신 청 취 지

1. 피신청인은 신청인에게 금 1,200,000원 및 이에 대한 20○○. ○. ○.부터 이 사건 신청서부본 송달일까지는 연 5%의, 그 다음날부터 다 갚는 날까지는 연 20%의 각 비율에 의한 돈을 지급한다.
2. 조정비용은 피신청인의 부담으로 한다.
라는 조정을 구합니다.

신 청 원 인

1. 신청인은 20○○. ○. ○.부터 20○○. ○. ○○.까지 ○○시 ○○구 ○○길 ○○ 소재 피신청인이 경영하는 '○○○학원'에서 수학강사로 근로를 제공하고 피신청인으로부터 20○○. ○월분 임금 1,200,000원을 지급 받지 못하였습니다.
2. 그러므로 신청인은 신청취지와 같은 조정결정을 구하고자 이 사건 신청에 이르렀습니다.

입 증 서 류

1. 갑 제1호증   체불금품확인원(○○지방노동사무소)

첨 부 서 류

1. 위 입증방법   1통
1. 신청서부본   1통
1. 송달료납부서   1통

2000.   ○○.   ○○.

위 신청인 ○○○ (서명 또는 날인)

○○지방법원 ○○지원 귀중

[4] 신청비용

1. 소송목적의 값 산정

임차보증금감액 청구소송과 같이 금전의 지급을 청구하는 소송일 경우 소송목적의 값(이하 "소가"라 함)은 청구금액(이자, 손해배상, 위약금 또는 비용의 청구가 소송의 부대 목적이 되는 때에는 가액에 산입하지 않음)이 됩니다(민사소송 등 인지규칙 제12조제3호 및 제2조제3항 참조).

2. 인지액

① 민사조정 신청수수료(인지액)는 소송 진행 시 첨부하는 인지액의 10분의 1로 합니다(민사조정규칙 제3조 제1항).

② 즉, 다음과 같이 1심 소가에 따른 인지액 산정방법에 따라 인지액을 산정한 후 그 금액에서 1/10을 하면 조정신청 수수료가 나옵니다.

소 가	인 지 대
소가 1천만원 미만	소가 × 50 / 10,000
소가 1천만원 이상 1억원 미만	소가 × 45 / 10,000 + 5,000
소가 1억원 이상 10억원 미만	소가 × 40 / 10,000 + 55,000
소가 10억원 이상	소가 × 35 / 10,000 + 555,000

※ 인지액이 1천원 미만이면 1천원으로 하고, 수수료 중 100원 미만은 계산하지 않습니다(민사조정규칙 제3조제2항).

※ 예를 들어, 위 신청서 기재내용의 인지액을 계산해 보면

{(30,000,000원 × 0.0045) + 5,000} × 0.1 = 14,000 이 인지액이 됩니다.

3. 인지액의 납부방법

① 인지액은 인지로 납부해야 합니다. 다만, 다음의 구분에 따라 현금이나 신용카드·직불카드 등(이하 "신용카드등"이라 한다)으로 납부할 수 있습니다(민사조정규칙 제3조제4항).

② 현금납부

- 신청서(신청의 취지를 기재한 조서를 포함)에 첨부하거나 보정해야 할 인지액(이미 납부한 인지액이 있는 경우에는 그 합산액)이 1만원 이상인 경우에는 그 인지의 첨부 또는 보정에 갈음해 인지액 상당의 금액 전액을 현금으로 납부해야 합니다(민사소송 등 인지규칙 제27조제1항).

- 인지액 상당 금액을 현금으로 납부할 경우에는 송달료 수납은행에 내야 합니다(민사소송 등 인지규칙 제28조).

③ 신용카드등 납부

신청인은 인지액 상당의 금액을 현금으로 납부할 수 있는 경우 이를 수납은행 또는 인지납부대행기관의 인터넷 홈페이지에서 인지납부대행기관을 통해 신용카드 등으로도 납부할 수 있습니다(민사소송 등 인지규칙 제28조의2 제1항).

※ "인지납부대행기관"이란 정보통신망을 이용해 신용카드등에 의한 결제를 수행하는 기관으로서 인지납부대행기관으로 지정받은 자를 말합니다(민사소송 등 인지규칙 제28조의2 제2항).

※ 인지납부대행기관은 신청인으로부터 인지납부 대행용역의 대가로 납부대행수수료를 받을 수 있고, 납부대행수수료는 전액 소송비용으로 봅니다(민사소송 등 인지규칙 제28조의2 제4항전단 및 제5항).

④ 인지납부일

인지액 상당의 금액을 신용카드 등으로 납부하는 경우에는 인지납부대행기관의 승인일을 인지납부일로 봅니다(민사소송 등 인지규칙 제28조의2 제3항).

⑤ 신청인은 수납은행이나 인지납부대행기관으로부터 교부받거나 출력한 영수필확인서를 소장에 첨부하여 법원에 제출해야 합니다(민사소송 등 인지규칙 제29조 제2항).

4. 송달료 납부

민사조정사건의 송달료는 (1회 송달료 × 당사자수 × 5회분)입니다
(송달료규칙의 시행에 따른 업무처리요령 별표 1)

Section 2. 제소전화해

[1] 제소전화해의 개념.

1. 제소전 화해란?

'제소전화해'란 민사분쟁에 대한 소송을 제기하기 전 화해를 원하는 당사자의 신청으로 지방법원 단독판사 앞에서 행해지는 화해를 말합니다.

※ 제소전화해 관련 사례

[질문] 저는 B에게 돈을 빌리면서 집에 채권담보를 위한 소유권이전등기청구권보전 가등기를 해 주었습니다. 그런데 가등기를 할 당시 B는 저에게 만일의 경우에 대비해 제소전화해신청용 위임장도 달라고 했습니다. 저는 제소전화해라는 제도도 잘 몰랐고 돈이 급한 상황이어서 위임장을 만들어 주었습니다. 그런데 정해진 날짜를 어기자 B는 법원에 바로 제소전화해신청을 했고 제소전화해조서에 따라 가등기에 기한 소유권이전 본등기를 해 버렸습니다. 얼마 후 저는 돈을 갚겠으니 다시 집을 돌려달라고 했으나 B가 안된다고 하여 일단 빌린 돈을 공탁했습니다. 제소전화해조서의 작성 후에 돈을 갚았기 때문에 집을 돌려받을 수 없다는데 사실인가요?

[답변] 아닙니다. 채무금을 모두 변제한 것을 이유로 가등기 및 그에 기한 본등기의 말소청구를 신청하시기 바랍니다.
판례는 채무자가 제소전화해조서의 작성 이후에 그 피담보채무원리금을 채권자에게 모두 변제하였음을 이유로 가등기 및 그에 기한 본등기의 말소를 청구하는 것은 제소전화해조서의 기판력에 저촉된다고 볼 수 없다고 하여 가등기 및 그에 기한 본등기의 말소청구를 인정하고 있습니다.
〈대법원 1995. 2. 24. 선고 94다53501 판결〉

---

2. 제소전화해의 효력

① 제소전화해는 당사자가 서로 합의된 내용을 적어 법원에 미리 화해신청을 하는 제도로 화해가 성립되면 법원이 화해조서를 작성하는

데 이 화해조서는 확정판결과 같은 효력을 가집니다.

② 따라서 화해조서를 기초로 강제집행을 할 수 있습니다(민사집행법 제56조 제5호).

[관련판례 1]

제소전화해는 재판상 화해로서 확정판결과 동일한 효력이 있고 창설적 효력을 가지는 것이므로 화해가 이루어지면 종전의 법률관계를 바탕으로 한 권리의무 관계는 소멸한다(대법원 1988. 1. 19. 선고 85다카1792 판결).

[관련판례 2]

원고가 금원을 차용하면서 제소전화해를 함에 있어 그 변제기까지의 지연이자를 포함한 금액을 표기한 경우에는 제소전화해의 창설적 효력에 의해 원고의 채무 원금은 위 화해에서 약정한 금원이 됩니다(서울고법 1981. 10. 16. 선고 81나 1023 판결).

[2] 신청 절차

1. 제소전화해 신청 절차도

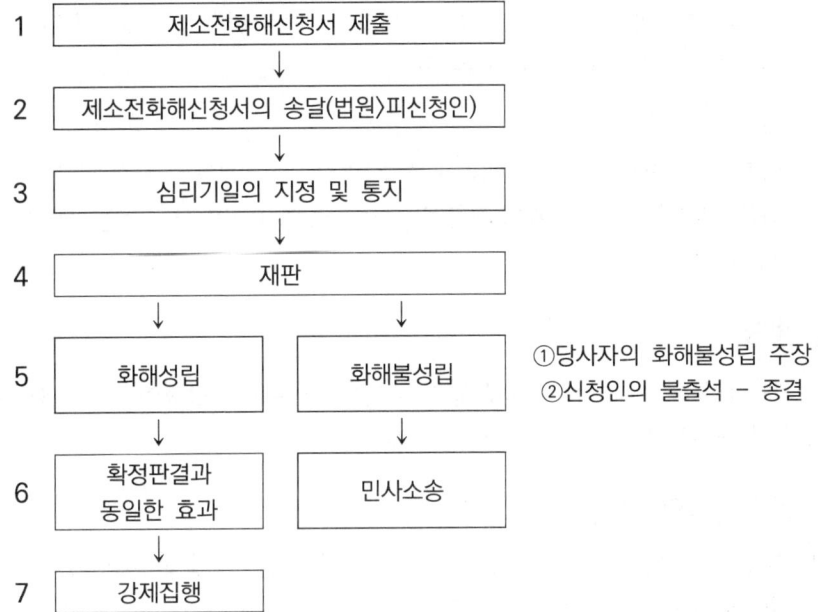

1 제소전화해신청서 제출

2 제소전화해신청서의 송달(법원)피신청인)

3 심리기일의 지정 및 통지

4 재판

5 화해성립 화해불성립 ①당사자의 화해불성립 주장
②신청인의 불출석 - 종결

6 확정판결과 동일한 효과 민사소송

7 강제집행

2. 제소전화해 신청서의 제출

① 제소전화해 신청서에는 민사상 다툼에 관한 청구 취지·원인과 다투는 사정을 밝혀야 합니다(민사소송법 제385조 제1항).

② 관할
신청인은 다음과 같이 상대방의 보통재판적이 있는 곳의 지방법원에 화해를 신청하면 됩니다(민사소송법 제385조 제1항).

1. 피신청인의 주소지 또는 거소지

2. 대사(大使)·공사(公使), 그 밖에 외국의 재판권 행사대상에서 제외되는 대한민국 국민이 주소지 또는 거소지가 없는 경우 대법원이 있는 곳

3. 법인, 그 밖의 사단 또는 재단일 경우 사무소 또는 영업소 소재지(만약 사무소와 영업소가 없는 경우에는 주된 업무담당자의 주소)

4. 국가가 피신청인일 경우에는 해당 건과 관련해 국가를 대표하는 관청 또는 대법원이 있는 곳

③ 대리인 선임

당사자는 화해를 위해 대리인을 선임할 수 있으나, 대리인을 선임하는 권리를 상대방에게 위임할 수는 없습니다(민사소송법 제385조 제2항).

3. 송달

제소전화해 신청서는 지체 없이 피신청인에게 송달해야 합니다(민사소송법 제385조 제4항 및 제178조제1항).

4. 심리기일의 지정

① 재판장은 바로 심리기일을 정해야 합니다(민사소송법 제385조 제4항 및 제258조제1항).

② 법원은 필요한 경우 대리권의 유무를 조사하기 위해 당사자본인 또는 법정대리인의 출석을 명할 수 있습니다(민사소송법 제385조3항).

5. 제소전화해의 성립 또는 불성립

① 제소전화해의 성립

화해가 성립되면 법원의 법원서기관·법원사무관·법원주사 또는 법원주사보(이하 '법원사무관등'이라 한다)는 조서에 당사자, 법정대리인, 청구 취지와 원인, 화해조항, 날짜와 법원을 표시하고 판사와 법원사무관등이 기명날인합니다(민사조정법 제28조 및 제33조제2항).

※ 제소전화해 조서의 효력: 제소전화해 조서는 확정판결과 동일한 효력이 있습니다(민사소송법 제220조).

② 제소전화해의 불성립
- 화해가 성립되지 않은 경우 법원사무관등은 그 사유를 조서에 적어야 합니다(민사소송법 제387조 제1항).
- 신청인 또는 상대방이 기일에 출석하지 않은 경우 법원은 이들의 화해가 성립되지 않은 것으로 볼 수 있습니다(민사소송법 제387조 제2항).
- 법원사무관등은 제소전화해 불성립조서 등본을 당사자에게 송달해야 합니다(민사소송법 제387조 제3항).

6. 소송의 제기

① 제소전화해가 불성립 된 경우 당사자는 소송을 제기할 수 있습니다 (「민사소송법」 제388조제1항).

② 소송제기 시점
- 적법한 소송제기의 신청이 있으면 화해신청을 한 때에 소송이 제기된 것으로 봅니다(민사소송법 제388조 제2항).
- 소송이 제기되면 법원사무관등은 바로 소송기록을 관할법원에 보냅니다(민사소송법 제388조 제2항).

③ 소송제기 기한
소송의 제기는 제소전화해 불성립조서 등본이 송달된 날부터 2주 이내에 해야 합니다(민사소송법 제388조3항 본문). 다만, 조서등본이 송달되기 전에도 신청할 수 있습니다(민사소송법 제388조 제3항 단서).

[3] 신청서 작성

1. 제소전화해 신청서 양식

제 소 전 화 해 신 청 서

사 건 명

신 청 인   (이름)   (주민등록번호   -   )

            (주소)   (연락처)

피신청인 (이름)   (주민등록번호   -   )

            (주소)   (연락처)

소송목적의 값	원	인 지	원

※제소전화해비용은 소장에 첨부하는 인지액의 1/5 입니다.

(인지첩부란)

송달료 계산 방법 : 당사자 수(신청인+피신청인)×5×1회분

※1회 송달료는 추후 변동될 수 있습니다.

휴대전화를 통한 정보수신 신청

위 사건에 관한 재판기일의 지정·변경·취소 및 문건접수 사실을 예납 의무자가 납부한 송달료 잔액 범위 내에서 아래 휴대전화를 통하여 알려주실 것을 신청합니다.

▣ 휴대전화 번호 :

20 . . .

신청인 원고   (날인 또는 서명)

※ 문자메시지는 재판기일의 지정·변경·취소 및 문건접수 사실이 법원재
판사무시스템에 입력되는 당일 이용 신청한 휴대전화로 발송됩니다.

※ 문자메시지 서비스 이용금액은 메시지 1건당 17원씩 납부된 송달
료에서 지급됩니다(송달료가 부족하면 문자메시지가 발송되지 않습
니다).

※ 추후 서비스 대상 정보, 이용금액 등이 변동될 수 있습니다.

○○ 지방법원 귀중

◇유의사항◇

1. 연락처란에는 언제든지 연락 가능한 전화번호나 휴대전화번호, 그
밖에 팩스번호·이메일 주소 등이 있으면 함께 기재하여 주시기 바랍
니다. 피신청인의 연락처는 확인이 가능한 경우에 기재하면 됩니다.

2. 첨부할 인지가 많은 경우에는 뒷면을 활용하시기 바랍니다.

신 청 취 지

1.
2.
라는 화해를 구합니다.

화 해 조 항

1.
2.
3.

입 증 방 법

1.

2.

3.

4.

첨 부 서 류

1. 위 입증방법   각 1통
1. 신청서부본   1통
1. 송달료납부서   1통
1. 신청원인, 화해조항   각 1통

200 .　.　.

위 신청인   (서명 또는 날인)

□ 제소전화해에 대한 준재심 소장(피신청인)

준 재 심 소 장

준재심원고(피신청인) ◇◇◇(주민등록번호)

　　　　　　　　　○○시 ○○구 ○○길 ○○(우편번호 ○○○○○)

　　　　　　　　　전화·휴대폰번호:

　　　　　　　　　팩스번호, 전자우편(e-mail)주소:

준재심피고(신 청 인) ○○○(주민등록번호)

　　　　　　　　　○○시 ○○구 ○○길 ○○(우편번호 ○○○○○)

　　　　　　　　　전화·휴대폰번호:

　　　　　　　　　팩스번호, 전자우편(e-mail)주소:

위 당사자간의 귀원 20○○자○○○ 소유권이전등기청구 제소전화해
신청사건에 관하여, 준재심원고(피신청인)는 20○○. ○. ○. 작성된 화

해조서에 대하여 다음과 같이 준재심의 소를 제기합니다.

준재심 할 화해조서의 표시
(화 해 조 항)

피신청인은 신청인에게 별지기재 부동산에 관하여, 20○○. ○. ○○. 매매를 원인으로 하여 소유권이전등기절차를 이행한다.
화해비용은 각자 부담으로 한다.

준 재 심 청 구 취 지

1. 이 사건 화해조서를 취소한다.
2. 신청인의 청구를 기각한다.
라는 판결을 구합니다.

준 재 심 청 구 원 인

1. 민사소송법 제451조 제1항 제1호에서 제11호 사유를 구체적으로 기재.
2. 준재심원고가 준재심사유를 안 날에 대하여 설명

첨 부 서 류

1. 화해조서등본	1통
1. 형사고소장	1통
1. 준재심소장부본	1통
1. 송달료납부서	1통

20○○. ○○. ○○.

위 준재심원고(피신청인) ◇◇◇ (서명 또는 날인)

○○지방법원 귀중

2. 신청비용

2-1. 소송목적의 값 산정

　대여금 청구와 같이 금전의 지급을 청구하는 화해신청일 경우 소송목적의 값(이하 "소가"라 함)은 청구금액(이자, 손해배상, 위약금 또는 비용의 청구가 소송의 부대 목적이 되는 때에는 가액에 산입하지 않음)이 됩니다(민사소송 등 인지규칙 제12조제3호 및 제2조제3항 참조).

2-2. 인지액

① 제소전화해 신청수수료(인지액)는 소송 진행 시 첨부하는 인지액의 1/5로 합니다(민사소송 등 인지법 제7조제1항).

② 즉 다음과 같이 1심 소가에 따른 인지액 산정방법에 따라 인지액을 산정한 후(민사소송 등 인지법 제2조제1항), 그 금액에서 1/5을 하면 제소전화해신청 수수료가 나옵니다.

소 가	인 지 대
소가 1천만원 미만	소가 × 50 / 10,000
소가 1천만원 이상 1억원 미만	소가 × 45 / 10,000 + 5,000
소가 1억원 이상 10억원 미만	소가×40 / 10,000 + 55,000
소가 10억원 이상	소가× 35 / 10,000 + 555,000
※ 인지액이 1천원 미만이면 1천원으로 하고, 수수료 중 100원 미만은 계산하지 않습니다(민사조정규칙 제3조제2항).	

※ 예를 들어 위 신청서 기재내용의 인지액을 계산해 보면(이자는 불산입, 원금이 소가),
(30,000,000원 × 0.0045) + 5,000} × 0.2 = 28,000 이 인지액이 됩니다.

2-3. 인지액의 납부방법

① 현금납부

　- 신청서(신청의 취지를 기재한 조서를 포함)에 첨부하거나 보정해야 할 인지액(이미 납부한 인지액이 있는 경우에는 그 합산액)이

1만원 이상인 경우에는 그 인지의 첩부 또는 보정에 갈음해 인
지액 상당의 금액 전액을 현금으로 납부해야 합니다(민사소송
등 인지규칙 제27조제1항).

- 인지액 상당 금액을 현금으로 납부할 경우에는 송달료 수납은행
에 내야 합니다(민사소송 등 인지규칙 제28조).

② 신용카드납부

신청인은 인지액 상당의 금액을 현금으로 납부할 수 있는 경우 이를
수납은행 또는 인지납부대행기관의 인터넷 홈페이지에서 인지납부대
행기관을 통해 신용카드·직불카드 등(이하 "신용카드등"이라 함)으로
도 납부할 수 있습니다(민사소송 등 인지규칙 제28조의2제1항).

※ '인지납부대행기관'이란 정보통신망을 이용해 신용카드등에 의한
결제를 수행하는 기관으로서 인지납부대행기관으로 지정받은
자를 말합니다(민사소송 등 인지규칙 제28조의2 제2항).

※ 인지납부대행기관은 신청인으로부터 인지납부 대행용역의 대가로
납부대행수수료를 받을 수 있고, 납부대행수수료는 전액 소송비용
으로 봅니다(민사소송 등 인지규칙 제28조의2 제4항 및 제5항).

③ 인지납부일

인지액 상당의 금액을 신용카드등으로 납부하는 경우에는 인지납부
대행기관의 승인일을 인지납부일로 봅니다(민사소송 등 인지규칙 제
28조의2 제3항).

④ 신청인은 수납은행이나 인지납부대행기관으로부터 교부받거나 출력
한 영수필확인서를 소장에 첩부하여 법원에 제출해야 합니다(민사소
송 등 인지규칙 제29조 제2항).

2-4. 송달료 납부

제소전화해 신청 시의 송달료는 (1회 송달료 × 당사자수 × 4회분)
입니다(송달료규칙의 시행에 따른 업무처리요령 별표 1).

Section 3. 지급명령

[1] 지급명령의 개념

1. 지급명령이란?

　지급명령이란 금전, 그 밖에 대체물(代替物)이나 유가증권의 일정한 수량의 지급을 목적으로 하는 채권자의 청구에 대해 이유가 있다고 인정되면 변론을 거치지 않고 채무자에게 일정한 급부를 명하는 재판을 말합니다(민사소송법 제462조).

2. 지급명령의 요건

① 지급명령은 금전, 그 밖에 대체물이나 유가증권의 일정한 수량의 지급을 목적으로 하는 청구에 한정됩니다(민사소송법 제462조 본문).

② 또한 대한민국에서 공시송달 외의 방법으로 송달할 수 있는 경우에 한합니다(민사소송법 제462조 단서). 예를 들어 채무자가 외국에 있거나 소재가 파악되지 않는 등의 경우는 지급명령의 대상이 되지 못합니다.

3. 지급명령의 효력

　지급명령에 대해 이의신청이 없거나, 이의신청을 취하하거나, 각하결정이 확정된 경우 확정판결과 같은 효력이 인정됩니다(민사소송법 제474조 본문).

[2] 신청 절차

① 법원은 지급명령 신청서가 접수되면 채무자를 심문하지 않고 바로 지급명령을 결정합니다.

② 지급명령 정본은 독촉절차안내서와 함께 채무자에게 먼저 송달해야 하고, 채무자가 이의신청을 하면 지급명령은 그 범위 안에서 효력을 잃습니다.

1. 지급명령 신청 절차도

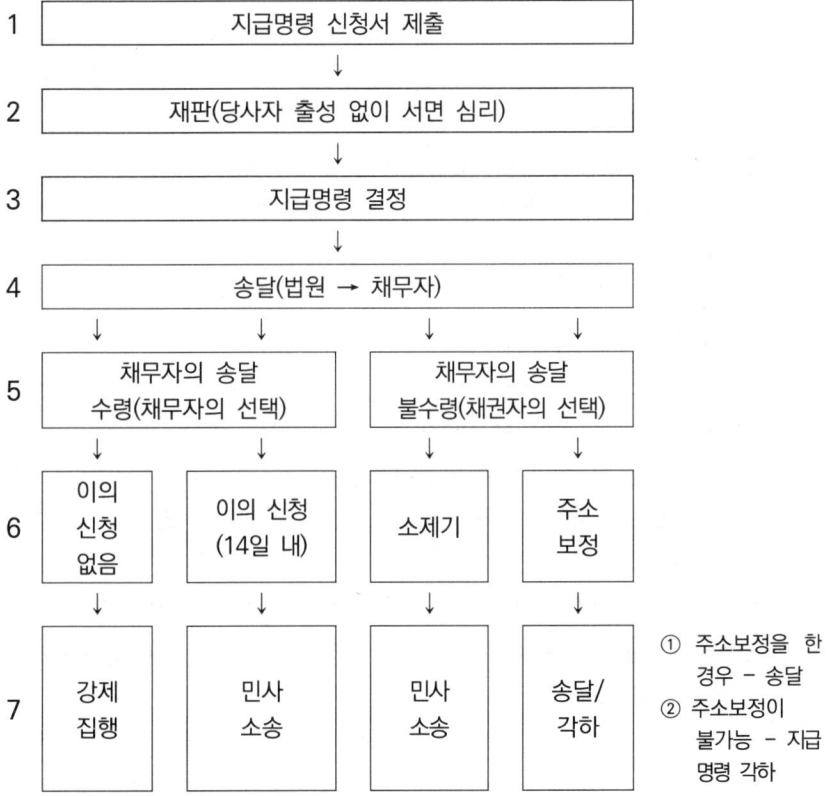

2. 지급명령 신청서 제출

① 지급명령 신청서에는 당사자와 법정대리인, 청구 취지와 원인을 적어야 합니다(민사소송법 제464조 및 제249조제1항).

② 관할

㉮ 신청인은 다음과 같이 채무자의 보통재판적이 있는 곳의 지방법원에 지급명령을 신청하면 됩니다(민사소송법 제463조 및 제3조부터 제6조까지).

1. 채무자의 주소지 또는 거소지

2. 대사(大使)·공사(公使), 그 밖에 외국의 재판권 행사대상에서 제외되는 대한민국 국민이 주소지 또는 거소지가 없는 경우 대법원이 있는 곳

3. 법인, 그 밖의 사단 또는 재단일 경우 사무소 또는 영업소 소재지(만약 사무소와 영업소가 없는 경우에는 주된 업무담당자의 주소)

4. 국가가 채무자일 경우에는 해당 건과 관련해 국가를 대표하는 관청 또는 대법원이 있는 곳

㉯ 신청인은 그 외 다음의 지방법원, 지방법원 지원, 시·군법원에 지급명령을 신청할 수 있습니다(민사소송법 제463조).

1. 사무소 또는 영업소에 계속해서 근무하는 사람이 채무자일 경우 그 사무소 또는 영업소가 있는 곳을 관할하는 법원(민사소송법 제7조)

2. 채무자의 거소지 또는 의무이행지의 법원(민사소송법 제8조)

3. 채무자에게 어음·수표를 지급한 경우에는 지급지의 법원(민사소송법 제9조)

4. 사무소 또는 영업소가 있는 사람이 채무자일 경우에는 그 사무소 또는 영업소가 있는 곳의 법원(민사소송법 제12조)

5. 불법행위지의 법원(민사소송법 제18조)

3. 지급명령의 결정

① 법원은 지급명령 신청서가 접수되면 이를 신속하게 심사한 후 특별한 사정이 없으면 바로 지급명령을 결정합니다(독촉절차관련 재판업무처리에 관한 지침 제4조 제1항).

② 지급명령은 채무자를 심문하지 않고 결정합니다(민사소송법 제467조).

③ 지급명령에는 당사자, 법정대리인, 청구의 취지와 원인을 적고, 채무자가 지급명령이 송달된 날부터 2주 이내에 이의신청을 할 수 있다는 것을 덧붙여 적어야 합니다(민사소송법 제468조).

4. 송달

① 채무자에 대한 송달
지급명령 정본은 독촉절차안내서와 함께 채무자에게 먼저 송달해야합니다(독촉절차관련 재판업무처리에 관한 지침 제4조제2항).

② 보정명령
채무자에게 지급명령 정본의 송달이 불가능한 경우(다만, 법원이 직권으로 사건을 소송절차에 부친 경우 제외) 법원은 채권자에게 보정명령을 합니다(독촉절차관련 재판업무처리에 관한 지침 제4조 제3항).

③ 채권자에 대한 송달
법원의 법원서기관·법원사무관·법원주사 또는 법원주사보(이하 '법원사무관등'이라 한다)는 지급명령이 채무자에게 적법하게 송달되어 지급명령이 확정판결과 같은 효력을 가지게 되면 송달일자와 확정일자가 표시된 지급명령 정본을 바로 채권자에게 송달합니다(독촉절차관련 재판업무처리에 관한 지침 제5조제2항).

5. 이의신청

① 채무자가 이의신청서를 접수하면 법원사무관등은 채권자에게 이의신청통지서를 발송합니다(독촉절차관련 재판업무처리에 관한 지침 제8조제1항).

② 채무자가 지급명령을 송달받은 날부터 2주 이내에 이의신청을 한 경우 지급명령은 그 범위 안에서 효력을 잃습니다(민사소송법 제470조제1항).

□ **이의신청서 작성례**

이 의 신 청 서

사 건   20○○차○○○ 물품대금
신 청 인(채무자)   ◇◇◇
피신청인(채권자)   ○○○

　　위 사건에 관하여 신청인은 피신청인으로부터 물건을 구입한 사실이 있으나 그 대금을 6개월에 걸쳐 완납하여 채무가 존재하지 아니하므로 이의합니다.
　　(신청인은 지급명령 정본을 20○○. ○. ○. 송달 받았음)

　　　　　　　　　　　　　　　　　　　　20○○.　　○○.　　○○.
　　　　　　위 신청인(채무자) ◇◇◇　　　　　(서명 또는 날인)

○○지방법원　귀중

이 의 신 청 서

사 건 번 호   20○○차○○○
신 청 인(채무자)   ◇◇◇
피신청인(채권자)   ○○○

신 청 취 지

위 당사자간 귀원 대여금청구의 독촉사건에 관한 지급명령 결정정본을 채무자는 20○○. ○. ○.에 송달 받았으나 이에 불복하므로 이의 신청합니다.

20○○.   ○○.   ○○.

위 신청인(채무자) ◇◇◇   (서명 또는 날인)

○○지방법원 귀중

6. 소송의 제기

6-1. 채권자에 의한 소송제기

채권자는 법원으로부터 채무자의 주소를 보정하라는 명령을 받은 경우 소송 제기를 신청할 수 있습니다(민사소송법 제466조제1항).

6-2. 법원에 의한 소송제기

① 법원은 지급명령을 공시송달에 의하지 않고는 송달할 수 없거나 외국으로 송달해야 할 경우 직권에 의한 결정으로 사건을 소송절차에 부칠 수 있습니다(민사소송법 제466조 제2항).

② '공시송달'이란 법원사무관등이 송달한 서류를 보관해 두고 송달을 받아야 할 자가 나오면 언제라도 그것을 그 자에게 교부한다는 것을 법원의 게시판에 게시하는 송달방법으로 다른 송달방법을 취할 수 없는 경우 최후 수단으로써 인정되는 제도입니다.

③ 법원이 직권으로 사건을 소송절차에 부치는 결정을 한 경우 법원사무관등은 바로 채권자에게 소송절차회부결정서를 발송해야 합니다(독촉절차관련 재판업무처리에 관한 지침 제7조제1항).

6-3. 채무자에 의한 소송제기

채무자가 적법한 이의신청을 하면 채권자가 지급명령을 신청한 때에 이의신청된 소가로 소송이 제기된 것으로 봅니다(민사소송법 제472조2항).

7. 인지 등의 보정

① 소송이 제기되면 지급명령을 결정한 법원은 채권자에게 상당한 기간을 정해 소장에 붙여야 할 인지액에서 소송제기신청 또는 지급명령신청서에 붙인 인지액을 뺀 액수의 인지를 첨부하도록 명령합니다(「민사소송법」 제473조제1항).

② 채권자가 기간 이내에 인지를 보정하지 않은 경우 법원은 결정으로 지급명령 신청서를 각하해야 합니다(민사소송법 제473조 제2항 전단).

③ 이 결정에 대해서는 즉시항고를 할 수 있습니다(민사소송법 제473조 제2항 후단).

8. 전자소송의 신청

① 2014년 12월 전자독촉시스템을 이용한 신청에 대해 규정해 놓은 「독촉절차에서의 전자문서 이용 등에 관한 규칙」이 폐지됨에 따라 지급명령신청도 다른 민사소송과 같이 「민사소송 등에서의 전자문서 이용 등에 관한 법률」 및 「민사소송 등에서의 전자문서 이용 등에 관한 규칙」에 따라 신청하게 되었습니다.

② 다만, 2014년 11월 이전에 「독촉절차에서의 전자문서 이용 등에 관한 규칙」에 따라 신청한 지급명령에 관해서는 종전의 규칙에 따라 소송이 진행됩니다(민사소송 등에서의 전자문서 이용 등에 관한 규칙 부칙 제4조).

[3] 신청서 작성

1. 지급명령 신청서 양식

지급명령 신청서

채 권 자   (이름)   (주민등록번호   -   )

           (주소)   (연락처)

채 무 자   (이름)   (주민등록번호   -   )

           (주소)

청 구 취 지

채무자는 채권자에게 아래 청구금액을 지급하라는 명령을 구함

1. 금   원
2. 위 1항 금액에 대하여 이 사건 지급명령정본이 송달된 다음날부터 갚는 날까지 연   %의 비율에 의한 지연손해금

독촉절차비용

금   원(내역 : 송달료   원, 인지대   원)

청 구 원 인

첨 부 서 류

1.
2.

20   . . .

채권자   (날인 또는 서명)

(연락처   )

◇ 유 의 사 항 ◇

1. 채권자는 연락처란에는 언제든지 연락 가능한 전화번호나 휴대전화 번호(팩스번호, 이메일 주소 등도 포함)를 기재하기 바랍니다.

2. 이 신청서를 접수할 때에는 당사자 1인당 6회분의 송달료를 현금으로 송달료수납은행에 예납하여야 합니다.

※ 지급명령신청서 표준양식 이용 및 작성 안내

1. 지급명령신청서 표준양식은 대여금, 구상금, 보증금 및 양수금 청구사건에 대한 민원인의 신청서 작성의 편의를 도모하고, 사건의 신속한 처리를 위하여 제공되는 양식으로, 청구내용에 따라 표준양식 이용이 어려운 경우에는 기존의 지급명령신청서 양식을 이용하여 작성할 수 있습니다.

2. 청구원인의 청구내역 요약, 계산근거 요약, 구상권 행사 대상채권 등의 표는 반드시 모두 채워야 하는 것은 아니고, 청구내용에 따라 빈칸으로 두거나 적절히 변형하여 이용할 수 있습니다.

3. 청구원인의 계산근거 요약표는 원리금계산서 등을 지급명령신청서에 별지 형태로 첨부하는 것으로 대신할 수 있습니다.

4. 청구원인 사실란은 기존에 서술형식으로 기재하던 부분과 동일한 형식으로 기재하면 됩니다.

5. 기타란은 시효연장을 위한 지급명령신청의 경우, 상속한정승인이 있는 경우에 해당사건의 법원명, 사건번호 및 사건명을 기재하거나 변제 등에 관한 문의 안내 전화번호 등을 기재합니다.

6. 첨부 서류인 청구원인 소명자료 목록은 지급명령에 대한 공시송달이나 소송절차로 회부(이행)되는 경우에 신속한 절차 진행을 위하여 〈별지 예시〉 내용을 참고하여 작성합니다.

2. 지급명령 신청서 작성례

□ **지급명령신청서(대여금청구의 독촉사건)**

지 급 명 령 신 청

채권자 ○○○(주민등록번호)

　　　　○○시 ○○구 ○○길 ○○(우편번호 ○○○○○)

　　　　전화·휴대폰번호:

　　　　팩스번호, 전자우편(e-mail)주소:

채무자 ◇◇◇(주민등록번호)

　　　　○○시 ○○구 ○○길 ○○(우편번호 ○○○○○)

　　　　전화·휴대폰번호:

　　　　팩스번호, 전자우편(e-mail)주소:

대여금청구의 독촉사건

청구금액 : 금 5,000,000원

신 청 취 지

　채무자는 채권자에게 금 5,000,000원 및 이에 대한 20○○. ○. ○.부터 이 사건 지급명령결정정본을 송달 받는 날까지는 연 18%, 그 다음날부터 다 갚는 날까지는 연 15%의 각 비율에 의한 금액 및 아래 독촉절차비용을 합한 금액을 지급하라는 지급명령을 구합니다.

아 　 래

금　　　원　　　독촉절차비용

내 　 역

금　　　원　　　인 지 대

금　　　　원　　　　송　달　료

신 청 이 유

1. 채권자는 채무자에게 20○○. ○. ○. 금 5,000,000원을 대여해주면서 변제기한은 같은 해 ○○. ○, 이자는 월 1.5%를 지급 받기로 한 사실이 있습니다.

2. 그런데 채무자는 위 변제기일이 지났음에도 불구하고 원금은 고사하고 약정한 이자까지도 채무이행을 하지 아니하므로 채권자는 채무자에게 위 원금 및 지연이자를 변제할 것을 여러 차례에 걸쳐 독촉하자 채무자는 원금 및 지연이자를 20○○. ○. ○○.까지 지급하겠다며 지불각서까지 작성하여 주고서도 이마저도 전혀 이행치 않고 있습니다.

3. 따라서 채권자는 채무자로부터 위 대여금 5,000,000원 및 이에 대한 20○○. ○. ○.부터 이 사건 지급명령결정정본을 송달 받는 날까지는 약정한 이자인 연 18%(계산의 편의상 월 1.5%를 연단위로 환산함), 그 다음날부터 다 갚는 날까지는 소송촉진등에관한특례법에서 정한 연 15%의 각 비율에 의한 이자, 지연손해금 및 독촉절차비용을 합한 금액의 지급을 받기 위하여 이 사건 신청을 하기에 이르게 된 것입니다.

첨 부 서 류

1. 지불각서　　　　　　　　1통
1. 송달료납부서　　　　　　1통

20○○.　　○○.　　○○.
위 채권자 ○○○ (서명 또는 날인)

○○지방법원　귀중

□ 참고 □

※ (1) 관할법원(민사소송법 제463조, 제7조 내지 제9조, 제12조, 제18조)

　가. 채무자의 보통재판적이 있는 곳의 지방법원

　나. 사무소 또는 영업소에 계속하여 근무하는 사람에 대하여 소를 제기하는 경우에는 그 사무소 또는 영업소가 있는 곳을 관할하는 법원

　다. 재산권에 관한 소를 제기하는 경우에는 거소지 또는 의무이행지의 법원

　라. 어음수표에 관한 소를 제기하는 경우에는 지급지의 법원

　마. 사무소 또는 영업소가 있는 사람에 대하여 그 사무소 또는 영업소의 업무와 관련이 있는 소를 제기하는 경우에는 그 사무소 또는 영업소가 있는 곳의 법원

　바. 불법행위에 관한 소를 제기하는 경우에는 행위지의 법원. 선박 또는 항공기의 충돌이나 그 밖의 사고로 말미암은 손해배상에 관한 소를 제기하는 경우에는 사고선박 또는 항공기가 맨 처음 도착한 곳의 법원.

※ (2) 인지액

지급명령신청서에는 민사소송등인지법 제2조의 규정액의 10분의 1의 인지를 붙여야 합니다(민사소송등인지법 제7조 제2항).

※ (3) 지급명령과 집행(민사집행법 제58조)

　① 확정된 지급명령에 기한 강제집행은 집행문을 부여받을 필요 없이 지급명령 정본에 의하여 행한다. 다만, 다음 각 호 가운데 어느 하나에 해당하는 경우에는 그러하지 아니하다.

　　1. 지급명령의 집행에 조건을 붙인 경우

　　2. 당사자의 승계인을 위하여 강제집행을 하는 경우

　　3. 당사자의 승계인에 대하여 강제집행을 하는 경우

② 채권자가 여러 통의 지급명령 정본을 신청하거나, 전에 내어준 지급명령 정본을 돌려주지 아니하고 다시 지급명령 정본을 신청한 때에는 법원사무관등이 이를 부여한다. 이 경우 그 사유를 원본과 정본에 적어야 한다.

③ 청구에 관한 이의의 주장에 대하여는 제44조제2항의 규정을 적용하지 아니한다.

④ 집행문부여의 소, 청구에 관한 이의의 소 또는 집행문부여에 대한 이의의 소는 지급명령을 내린 지방법원이 관할한다.

⑤ 제4항의 경우에 그 청구가 합의사건인 때에는 그 법원이 있는 곳을 관할하는 지방법원의 합의부에서 재판한다.

□ **지급명령신청서(임금 및 퇴직금청구 독촉사건)**

지 급 명 령 신 청

채권자 ○○○(주민등록번호)

        ○○시 ○○구 ○○길 ○○(우편번호 ○○○○○)

        전화·휴대폰번호:

        팩스번호, 전자우편(e-mail)주소:

채무자 주식회사 ◇◇◇◇

        ○○시 ○○구 ○○길 ○○(우편번호 ○○○○○)

        대표이사 ◈◈◈

        전화·휴대폰번호:

        팩스번호, 전자우편(e-mail)주소:

임금 및 퇴직금청구 독촉사건

청구금액 : 금 7,500,000원

신 청 취 지

채무자는 채권자에게 금 7,500,000원 및 이에 대한 20○○. ○○.

○○.부터 20○○. ○○. ○○.까지는 연 5%, 그 다음날부터 다 갚는 날까지는 연 20%의 각 비율에 의한 금액 및 아래 독촉절차비용을 합한 금액을 지급하라는 지급명령을 구합니다.

아 래

금   원   독촉절차비용

내 역

금   원   인 지 대
금   원   송 달 료

신 청 이 유

1. 채권자는 20○○. ○. ○.부터 20○○. ○○. ○.까지 ○○시 ○○구 ○○길 소재에서 식육 도소매업을 하는 피고회사에서 유통판매사원으로 근무하다가 퇴직하였는데, 20○○. ○월분부터 ○월분까지 체불임금 5,500,000원과 위 기간동안의 퇴직금 2,000,0000원 등 합계 금 7,500,000원을 지금까지 지급을 받지 못한 사실이 있습니다.

2. 따라서 채무자는 채권자에게 위 체불임금 5,500,000원과 위 기간 동안의 퇴직금 2,000,000원 등 합계 금 7,500,000원 및 이에 대하여 퇴직한 다음날인 20○○. ○○. ○○.부터 14일째 되는 날인 20○○. ○○. ○○.까지는 민법에서 정한 연 5%, 그 다음날부터 다 갚는 날까지는 근로기준법 제37조 및 동법 시행령 제17조에서 정한 연 20%의 각 비율에 의한 지연손해금 및 독촉절차비용을 합한 금액을 지급할 의무가 있으므로 이 사건 신청에 이르게 된 것입니다.

첨 부 서 류

1. 체불금품확인원(○○지방노동사무소)   1통

1. 송달료납부서   1통

                            2000.   ○○.   ○○.
                            위 채권자 ○○○ (서명 또는 날인)

○○지방법원   귀중

□ 지급명령신청서(임차보증금반환청구의 독촉사건)

지 급 명 령 신 청

채권자 ○○○(주민등록번호)
      ○○시 ○○구 ○○길 ○○(우편번호 ○○○○○)
      전화·휴대폰번호:
      팩스번호, 전자우편(e-mail)주소:
채무자 ◇◇◇(주민등록번호)
      ○○시 ○○구 ○○길 ○○(우편번호 ○○○○○)
      전화·휴대폰번호:
      팩스번호, 전자우편(e-mail)주소:

임차보증금반환청구의 독촉사건
청구금액 : 금 35,000,000원

신 청 취 지

  채무자는 채권자에게 금 35,000,000원 및 이에 대한 2000. ○
○. ○○.부터 이 사건 지급명령정본을 송달 받는 날까지는 연 5%, 그
다음날부터 다 갚는 날까지는 연 15%의 각 비율에 의한 금액 및 아래
독촉절차비용을 합한 금액을 지급하라는 지급명령을 구합니다.

아   래

금 원   독촉절차비용

내   역

금 원   인 지 대
금 원   송 달 료

신 청 이 유

1. 채권자와 채무자는 20○○. ○. ○. 피고 소유 ○○시 ○○구 ○○
   길 ○○ 소재 목조기와지붕 평가건물 단층주택 47.36㎡ 중 방 1칸
   및 부엌에 대하여 임차보증금 35,000,000원, 임대차기간은 2년으
   로 하는 임대차계약을 체결하고 점유·사용하여 오다가 20○○. ○
   ○. ○. 임대차계약기간의 만료로 인하여 임대인인 채무자에게 건물
   을 명도 하였습니다.

2. 그렇다면 채무자는 채권자에게 위 임차보증금을 지급할 의무가 있
   음에도 불구하고 지급하지 아니하여 채권자는 채무자에게 임차보증
   금을 반환하여 줄 것을 여러 차례에 걸쳐 독촉하였음에도 채무자는
   지금까지 위 임차보증금을 반환하지 않고 있습니다.

3. 따라서 채권자는 채무자로부터 위 임차보증금 35,000,000원 및 이
   에 대한 20○○. ○○. ○○.부터 이 사건 지급명령결정정본을 송달
   받는 날까지는 민법에서는 연 5%, 그 다음날부터 다 갚는 날까지는
   소송촉진등에관한특례법에서 정한 연 15%의 각 비율에 의한 지연
   손해금 및 독촉절차비용을 합한 금액의 지급을 받기 위하여 이 사
   건 신청을 하기에 이르게 된 것입니다.

첨 부 서 류

1. 부동산임대차계약서	1통
1. 부동산등기사항증명서	1통
1. 송달료납부서	1통

2000.   OO.   OO.

위 채권자 OOO (서명 또는 날인)

OO지방법원   귀중

□ **지급명령신청(구상금청구의 독촉사건)**

지 급 명 령 신 청

채권자 OOO(주민등록번호)

　　　 OO시 OO구 OO길 OO(우편번호 OOOOO)

　　　 전화·휴대폰번호:

　　　 팩스번호, 전자우편(e-mail)주소:

채무자 ◇◇◇(주민등록번호)

　　　 OO시 OO구 OO길 OO(우편번호 OOOOO)

　　　 전화·휴대폰번호:

　　　 팩스번호, 전자우편(e-mail)주소:

구상금청구의 독촉사건

청구금액 : 금 OOO원

신 청 취 지

　채무자는 채권자에게 금 OOO원 및 이에 대한 2000. OO. OO.부터 이 사건 명령 송달일까지는 연 OO%의, 그 다음날부터 다 갚는 날까지는 연 15%의 각 비율에 의한 지연손해금과 독촉절차비용을 지급하라는 재판을 구합니다.

　독촉절차비용　금 OOO원

- 내　　역 -

금 ○○○원   (첩용인지대)
금 ○○○원   (송 달 료)

신 청 이 유

1. 채권자는 채무자가 20○○. ○. ○. 신청외 ◆◆◆로부터 금 ○○○
원을 이자는 월 ○%로 정하여 차용함에 있어서, 차용금증서상 연대
보증인으로 기명·날인하여 채권자는 위 대여금채무의 연대보증인이
되었습니다.

2. 그 뒤 20○○. ○.경부터 채무자가 위 대여금 이자의 지급을 연체
하여 위 대여금채무에 대한 기한의 이익을 상실하자 위 신청외 ◆
◆◆는 연대보증인인 채권자에게 원리금 전액의 상환을 요청하여
채권자는 20○○. ○○. ○. 위 대여금의 원금 및 20○○. ○. ○.부
터 20○○. ○. ○○.까지 ○○개월간의 월 ○%의 이자 금 ○○원
등 합계 금 ○○○원을 채무자를 대위하여 변제하였습니다.

3. 따라서 채권자는 채무자에 대하여 대위 변제한 금 ○○○원 및 이
에 대한 20○○. ○○. ○○.부터 이 사건 명령 송달일까지는 약정
이자율인 연 ○○%의, 그 다음날부터 다 갚는 날까지는 소송촉진등
에관한특례법에서 정한 연 15%의 각 비율에 의한 지연손해금과 독
촉절차비용을 지급 받고자 이 사건 신청에 이른 것입니다.

첨 부 서 류

1. 대위변제 확인서	1통
1. 영수증	1통
1. 송달료납부서	1통

20○○. ○○. ○○.

위 채권자 ○○○ (서명 또는 날인)

○○지방법원 귀중

[4] 신청비용

1. 소송목적의 값 산정

금전의 지급을 청구하는 지급명령 신청의 경우 소송목적의 값(이하 "소가"라 함)은 청구금액(이자, 손해배상, 위약금 또는 비용의 청구가 소송의 부대 목적이 되는 때에는 가액에 산입하지 않음)이 됩니다(민사소송 등 인지규칙 제12조제3호 및 제2조제3항 참조).

2. 인지액

① 지급명령 신청서에는 소송 진행 시 첨부하는 인지액의 1/10에 해당하는 금액의 인지액을 붙이면 됩니다(민사소송 등 인지법 제7조제2항).

② 즉, 다음과 같이 1심 소가에 따른 인지액 산정방법에 따라 인지액을 산정한 후 그 금액에서 1/10을 하면 지급명령신청 수수료가 나옵니다.

소 가	인 지 대
소가 1천만원 미만	소가 × 50 / 10,000
소가 1천만원 이상 1억원 미만	소가 × 45 / 10,000 + 5,000
소가 1억원 이상 10억원 미만	소가×40 / 10,000 + 55,000
소가 10억원 이상	소가× 35 / 10,000 + 555,000
※ 인지액이 1천원 미만이면 1천원으로 하고, 수수료 중 100원 미만은 계산하지 않습니다(민사조정규칙 제3조제2항).	

※ 예를 들어, 위 신청서 기재내용의 인지액을 계산해 보면(이자는 불산입, 원금이 소가)
   (3,000,000원 × 0.005)× 0.1 = 1,500원이 인지액이 됩니다.

3. 인지액의 납부방법

① 현금납부

신청서(신청의 취지를 기재한 조서를 포함)에 첨부하거나 보정해야 할 인지액(이미 납부한 인지액이 있는 경우에는 그 합산액)이 1만원 이상인 경우에는 그 인지의 첨부 또는 보정에 갈음해 인지액 상당의 금액 전액을 현금으로 납부해야 합니다(민사소송 등 인지규칙 제27조제1항].

② 신용카드납부

신청인은 인지액 상당의 금액을 현금으로 납부할 수 있는 경우 이를 수납은행 또는 인지납부대행기관의 인터넷 홈페이지에서 인지납부대행기관을 통해 신용카드·직불카드 등(이하 "신용카드등"이라 함)으로도 납부할 수 있습니다(민사소송 등 인지규칙 제28조의2제1항).

※ "인지납부대행기관"이란 정보통신망을 이용해 신용카드등에 의한 결제를 수행하는 기관으로서 인지납부대행기관으로 지정받은 자를 말합니다(민사소송 등 인지규칙 제28조의2 제2항).

※ 인지납부대행기관은 신청인으로부터 인지납부 대행용역의 대가로 납부대행수수료를 받을 수 있고, 납부대행수수료는 전액 소송비용으로 봅니다(민사소송 등 인지규칙 제28조의2 제4항 및 제5항).

③ 인지납부일

- 인지액 상당의 금액을 신용카드등으로 납부하는 경우에는 인지납부대행기관의 승인일을 인지납부일로 봅니다(민사소송 등 인지규칙 제28조의2 제3항).

④ 신청인은 수납은행이나 인지납부대행기관으로부터 교부받거나 출력한 영수필확인서를 소장에 첨부하여 법원에 제출해야 합니다(민사소송 등 인지규칙 제29조 제2항).

4. 송달료 납부

지급명령 신청 시의 송달료는 (1회 송달료 × 당사자수 × 6회분)입니다(송달료규칙의 시행에 따른 업무처리요령 별표 1)

Section 4. 공시최고(제권판결)

[1] 공시최고 및 제권판결의 개념

1. 공시최고(公示催告)의 개념

'공시최고'란 법률이 정한 경우에 법원이 당사자의 신청에 의해 공고의 방법으로 미지의 불분명한 이해관계인에게 실권 기타 불이익의 경고를 첨부하여 권리신고의 최고를 하고 누구한테서도 권리의 신고가 없을 때에는 제권판결을 하는 절차를 말합니다.

※ 공시최고 신청 사례(어음·수표 사고 시의 조치)

[질문] 아침에 출근하는 도중 은행에 입금하려고 가지고 있던 회사의 어음·수표를 분실했습니다. 당장 어떻게 해야 할까요?

[답변] 어음·수표를 분실하거나 도난당한 경우 소지인은 먼저 경찰서에 분실·도난신고를 하고 발행인 및 은행에 그 사실을 알림과 동시에 지급위탁을 취소해 지급정지를 시켜야 합니다.

그 후 새로운 취득자와 합의를 보거나 법원에 공시최고절차에 의한 어음·수표의 제권판결을 받으면 됩니다. 제권판결이 있으면 분실·도난당한 어음과 수표는 무효가 되며 제권판결 신청인은 어음이나 수표가 없어도 위 판결문으로 권리를 행사해 돈을 지급받을 수 있습니다.

어음·수표가 훼손되거나 불에 타는 등 멸실된 경우에도 제권판결을 받아 권리를 행사할 수 있습니다.

※ 공시최고 신청 사례(근저당권 설정등기를 단독으로 말소하는 방법)

[질문] 저는 35년전 정읍에 있는 고구마 전분공장 사장으로부터 고구마 선도자금 10만원을 받고 논에 저당권을 설정해주었습니다. 그 후 고구마를 현물로 주고 설정계약서를 찾았습니다. 그런데 저당권을 말소하기 전에 계약서를 분실했습니다. 지금에 와서 저당권을 말소하려고 하니 계약서도 분실하고 공장 사장도 찾을 수가 없습니다. 어떻게 하면 저당권의 말소가 가능할까요?

[답변] 상대방의 최후 주소지 자체를 알 수 없고 상대방이 행방불명된 경우에는 공시최고 절차를 거쳐 제권판결을 받으면 이를 근거로 신청인이

단독으로 저당권의 말소신청을 할 수 있습니다.

법원에 공시최고 신청을 하면 법원에서는 일정한 기간 동안 권리신고를 하지 않을 경우 그 권리가 소멸한다는 공고를 신문 등에 게재하게 되고 그 기간이 지나도록 권리신고가 없을 경우 그 권리는 소멸되었다는 결정을 하게 됩니다. 그 후 그 결정문을 가지고 관할 등기소에 저당권 말소등기 청구를 할 수 있습니다. 공시최고 절차는 등기소가 소재한 법원에 간단하게 신청할 수 있습니다.

2. 제권판결의 개념

'제권판결(除權判決)'이란 공시최고절차를 거쳐 기존에 발행된 유가증권인 어음·수표의 실효를 선고하고 상실자에게 자격을 회복시켜주는 판결을 말합니다.

3. 신청인

① 증권 또는 증서의 무효선고를 위한 공시최고

무기명증권 또는 배서(背書)로 이전할 수 있거나 약식배서(略式背書)가 있는 증권 또는 증서의 최종소지인이 공시최고절차를 신청할 수 있습니다(민사소송법 제493조).

② 그 밖의 증서는 증서의 종류에 따라서 권리를 주장할 수 있는 사람이 공시최고절차를 신청할 수 있습니다(민사소송법 제493조).

4. 신청요건

① 공시최고는 권리 또는 청구의 신고를 하지 않으면 그 권리를 잃게 될 것을 법률로 정한 경우에만 할 수 있습니다(민사소송법 제475조).

② 등기·등록의 말소를 위한 공시최고

1. 등기권리자가 등기의무자의 소재불명으로 등기의 말소를 신청할 수 없을 경우 공시최고를 신청할 수 있습니다(부동산등기법 제56조 제1항).

2. 공시최고를 신청해 제권판결을 받으면 등기권리자가 그 사실을 증명해 단독으로 등기의 말소를 신청할 수 있습니다(부동산등기법 제56조 제2항).

③ 증권 또는 증서의 무효선고를 위한 공시최고

1. 멸실한 증서나 소지인의 점유를 이탈한 증서는 공시최고절차에 의해 무효가 됩니다(민법 제521조).

2. 증권이나 증서는 수표, 어음, 화물상환증, 창고증권, 주권, 사채권, 선하증권, 채권 등의 유가증권의 성질을 가진 대부분의 증권을 말합니다.

5. 제권판결의 효력

제권판결이 내려진 경우 신청인은 증권 또는 증서에 따라 의무를 지는 사람에게 증권 또는 증서에 따른 권리를 주장할 수 있습니다(민사소송법 제497조).

[2] 공시최고 신청 절차

1. 신청 절차도

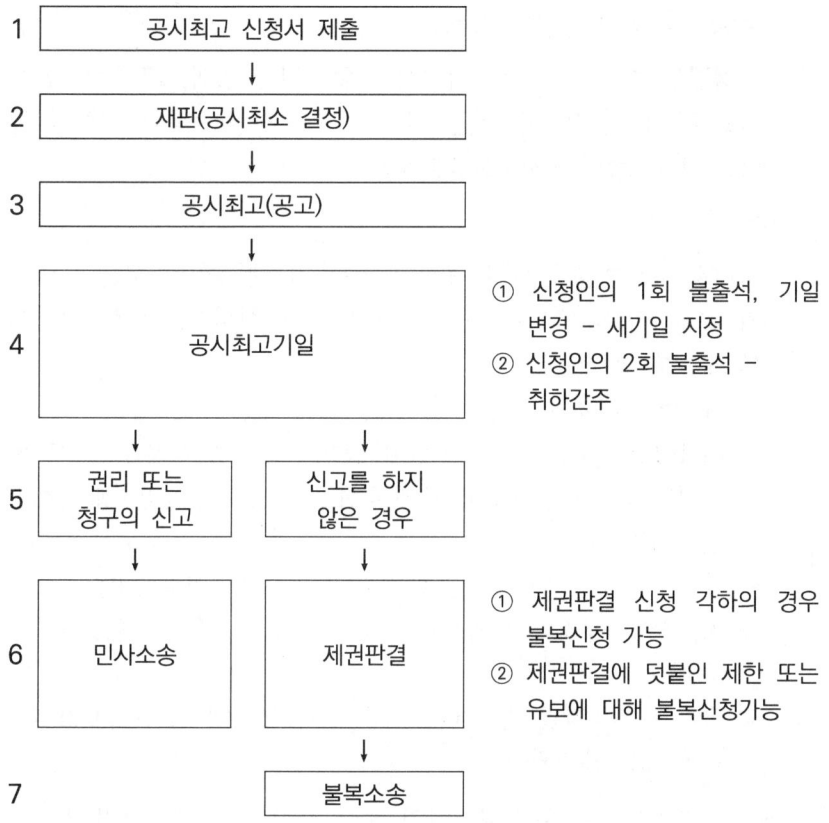

1 공시최고 신청서 제출

2 재판(공시최소 결정)

3 공시최고(공고)

4 공시최고기일

① 신청인의 1회 불출석, 기일
  변경 – 새기일 지정
② 신청인의 2회 불출석 –
  취하간주

5 권리 또는
  청구의 신고

  신고를 하지
  않은 경우

6 민사소송

  제권판결

① 제권판결 신청 각하의 경우
  불복신청 가능
② 제권판결에 덧붙인 제한 또는
  유보에 대해 불복신청가능

7 불복소송

2. 공시최고 신청서 제출

① 공시최고 신청은 서면으로 해야 하고, 신청서에는 신청 이유와 제권
판결을 청구하는 취지를 밝혀야 합니다(민사소송법 제477조 제1항
및 제2항).

② 소명자료
- 신청인은 증서의 등본을 제출하거나 또는 증서의 존재 및 그 중요한 취지를 충분히 알리기에 필요한 사항을 제시해야 합니다(민사소송법 제494조 제1항).
- 신청인은 증서가 도난·분실되거나 없어진 사실과, 그 밖에 공시최고절차를 신청할 수 있는 이유가 되는 사실 등을 소명해야 합니다(민사소송법 제494조 제2항).

③ 관할
- 공시최고는 법률에 다른 규정이 있는 경우를 제외하고는 권리자의 보통재판적이 있는 곳의 지방법원에 합니다(민사소송법 제476조 제1항 본문).
  1. 권리자의 주소지 또는 거소지
  2. 대사(大使)·공사(公使), 그 밖에 외국의 재판권 행사대상에서 제외되는 대한민국 국민이 주소지 또는 거소지가 없는 경우 대법원이 있는 곳
  3. 법인, 그 밖의 사단 또는 재단일 경우 사무소 또는 영업소 소재지(만약 사무소와 영업소가 없는 경우에는 주된 업무담당자의 주소)
  4. 국가가 권리자일 경우에는 해당 건과 관련해 국가를 대표하는 관청 또는 대법원이 있는 곳

④ 다만, 등기 또는 등록을 말소하기 위한 공시최고는 그 등기 또는 등록을 한 공공기관이 있는 곳의 지방법원에 신청할 수 있습니다(민사소송법 제476조 제1항 단서).

⑤ 무효선고를 청구하는 공시최고 신청의 관할
  1. 도난·분실되거나 없어진 증권, 그 밖에 「상법」에서 무효로 할 수 있다고 규정한 증서의 무효선고를 청구하는 공시최고신청은 증권이나 증서에 표시된 이행지의 지방법원에 합니다(민사소송

법 제476조 제2항 본문).

2. 다만, 증권이나 증서에 이행지의 표시가 없는 경우에는 발행인의 보통재판적이 있는 곳의 지방법원에 합니다(민사소송법 제476조 제2항단서).

3. 그러나 발행인의 보통재판적이 있는 곳의 지방법원이 없는 경우에는 발행 당시에 발행인의 보통재판적이 있었던 곳의 지방법원에 합니다(민사소송법 제476조2항 단서).

3. 재판

① 공시최고의 허가여부에 대한 재판은 신청인을 심문할 수 있습니다(민사소송법 제478조 제2항).

② 공시최고의 허가여부에 대한 재판은 결정으로 합니다(민사소송법 제478조 제1항).

③ 허가하지 않는 결정에 대해서는 즉시항고 할 수 있습니다(민사소송법 제478조 제1항).

4. 공시최고

공시최고의 신청을 허가한 경우 법원은 공시최고를 해야 합니다(민사소송법 제479조 제1항).

① 기재사항

공시최고에는 다음의 사항을 적어야 합니다(민사소송법 제479조 제2항 및 제495조).

1. 신청인의 표시

2. 신고최고: 공시최고기일까지 권리 또는 청구의 신고를 해야 한다는 최고

3. 실권경고: 신고를 하지 않으면 권리를 잃게 되어 증서의 무효가 선고된다는 사항

4. 공시최고기일: 공고가 끝난 날부터 3개월 뒤(민사소송법 제481조)

② 공고

공시최고의 공고는 다음 중 어느 하나의 방법으로 합니다. 필요하다고 인정하는 경우에는 적당한 방법으로 공고사항의 요지를 공시할 수 있습니다(민사소송규칙 제142조 제1항).

1. 법원게시판 게시
2. 관보·공보 또는 신문 게재
3. 전자통신매체를 이용한 공고

5. 공시최고기일

① 공시최고의 신청인은 공시최고기일에 출석해 그 신청을 하게 된 이유와 제권판결을 청구하는 취지를 진술해야 합니다(민사소송법 제486조).

② 신청인이 불출석 하는 경우
- 신청인이 공시최고기일에 출석하지 않거나, 기일변경신청을 하는 경우 법원은 1회에 한해 새 기일을 정합니다(민사소송법 제483조 제1항).
- 새 기일은 공시최고기일부터 2개월을 넘기지 않아야 하며, 공고는 필요하지 않습니다(민사소송법 제483조 제2항).
- 신청인이 새 기일에도 출석하지 않은 경우에는 공시최고신청을 취하한 것으로 봅니다(민사소송법 제484조).

6. 권리 또는 청구의 신고

① 공시최고기일이 끝난 뒤에도 제권판결에 앞서 권리 또는 청구의 신고를 하면 그 권리를 잃지 않습니다(민사소송법 제482조).

② 신청이유로 내세운 권리 또는 청구를 다투는 신고가 있는 경우 법원은 다음과 같이 처리해야 합니다(민사소송법 제485조).

1. 그 권리에 대한 재판이 확정될 때까지 공시최고절차를 중지
2. 신고한 권리를 유보하고 제권판결을 결정

7. 제권판결

① 법원은 신청인이 진술을 한 뒤에 제권판결 신청에 정당한 이유가 있다고 인정할 경우에는 제권판결을 선고합니다(민사소송법 제487조 제1항). 그러나, 제권판결 신청에 정당한 이유가 없다고 인정할 경우에는 결정으로 신청을 각하합니다(민사소송법 제487조제1항).

② 제권판결에서는 증권 또는 증서의 무효를 선고합니다(민사소송법 제496조).

③ 공고
제권판결의 요지에 대한 공고는 다음 중 어느 하나의 방법으로 합니다(민사소송규칙 제143조 및 제142조 제1항).
1. 법원게시판 게시
2. 관보·공보 또는 신문 게재
3. 전자통신매체를 이용한 공고

8. 제권판결에 대한 즉시항고

신청인은 제권판결의 신청을 각하한 결정이나, 제권판결에 덧붙인 제한 또는 유보에 대해서 즉시항고를 할 수 있습니다(민사소송법 제488조).

9. 불복소송의 제기

9-1. 소송제기 요건

제권판결에 대해서는 상소를 하지 못하므로 다음 중 어느 하나에 해당하면 신청인에 대한 소송으로 최고법원에 불복할 수 있습니다(민사소송법 제490조 제1항, 제2항 및 제451조 제1항 제4호부터 제8호까지).

1. 법률상 공시최고절차를 허가하지 않는데도 제권판결이 내려진 경우

2. 공시최고의 공고를 하지 않은 경우

3. 법령이 정한 방법으로 공고를 하지 않은 경우

4. 공시최고기간을 지키지 않은 경우

5. 판결을 한 판사가 법률에 따라 직무집행에서 제척된 경우

6. 전속관할에 관한 규정에 어긋난 채로 제권판결이 내려진 경우

7. 권리 또는 청구의 신고가 있음에도 법률에 어긋나는 판결을 한 경우

8. 거짓 또는 부정한 방법으로 제권판결을 받은 경우

9. 재판에 관여한 법관이 그 사건에 관해 직무에 관한 죄를 범한 경우

10. 형사상 처벌을 받을 다른 사람의 행위로 말미암아 자백을 했거나 판결에 영향을 미칠 공격 또는 방어방법의 제출에 방해를 받은 경우

11. 판결의 증거가 된 문서, 그 밖의 물건이 위조되거나 변조된 것인 경우

12. 증인·감정인·통역인의 거짓 진술 또는 당사자신문에 따른 당사자나 법정대리인의 거짓 진술이 판결의 증거가 된 경우

13. 판결의 기초가 된 민사나 형사 판결, 그 밖의 재판 또는 행정처분이 다른 재판이나 행정처분에 따라 바뀐 경우

9-2. 소송제기 기간

① 제권판결에 대한 불복소송은 원고가 제권판결이 있다는 것을 안 날부터 1개월 이내에 제기해야 합니다(민사소송법 제491조 제1항 및 제3항 본문).

② 제권판결에 대한 불복소송은 제권판결이 선고된 날부터 3년이 지나면 제기하지 못합니다(민사소송법 제491조 제4항).

③ 다만, 다음의 사유로 소송을 제기하는 경우에는 원고가 제권판결이 있다는 것을 안 날이 아니라 이러한 사유가 있음을 안 날부터 1개월 이내에 제기해야 합니다(민사소송법 제491조제3항 단서).

1. 판결을 한 판사가 법률에 따라 직무집행에서 제척된 경우
2. 거짓 또는 부정한 방법으로 제권판결을 받은 경우
3. 재판에 관여한 법관이 그 사건에 관해 직무에 관한 죄를 범한 경우
4. 형사상 처벌을 받을 다른 사람의 행위로 말미암아 자백을 했거나 판결에 영향을 미칠 공격 또는 방어방법의 제출에 방해를 받은 경우
5. 판결의 증거가 된 문서, 그 밖의 물건이 위조되거나 변조된 것인 경우
6. 증인·감정인·통역인의 거짓 진술 또는 당사자신문에 따른 당사자나 법정대리인의 거짓 진술이 판결의 증거가 된 경우
7. 판결의 기초가 된 민사나 형사 판결, 그 밖의 재판 또는 행정처분이 다른 재판이나 행정처분에 따라 바뀐 경우

9-3. 제권판결에 대한 불복소장 작성례

소　　　장

원　고　○○○
　　　　○○시 ○○구 ○○길 ○○(우편번호 ○○○○○)
　　　　전화·휴대폰번호:
　　　　팩스번호, 전자우편(e-mail)주소:

피　고　◇◇◇
　　　　○○시 ○○구 ○○길 ○○(우편번호 ○○○○○)
　　　　전화·휴대폰번호:
　　　　팩스번호, 전자우편(e-mail)주소:

제권판결에 대한 불복청구의

청 구 취 지

1. ○○지방법원이 20○○카공○○○○호 공시최고신청사건에서 200
   ○. ○○. ○○. 별지목록 기재 약속어음에 대하여 선고한 제권판결
   을 취소한다.
2. 위 약속어음에 대한 제권판결신청을 각하한다.
3. 소송비용은 피고가 부담한다.
라는 판결을 구합니다.

청 구 원 인

1. 피고는 20○○. ○○. ○. ○○지방법원 20○○카공○○○○호로 별
   지목록 기재의 약속어음을 도난 당하였음을 이유로 공시최고신청을
   하여 ○○지방법원이 20○○. ○○. ○○. 같은 수표에 대하여 제권
   판결을 선고하였습니다.

2. 그러나 원고는 20○○. ○. ○.경 돈을 빌려주고 별지목록 기재 약
   속어음을 취득하였는데, 별지목록 기재 약속어음은 분실되거나 도난
   당한바 없음에도 불구하고, 피고는 20○○. ○○. ○. ○○지방법원
   20○○카공○○○○호로 별지목록 기재 약속어음을 피고가 최종소
   지 하다가 20○○. ○. ○○.경 서울 ○○구 ○○길 ○○ ○○○사무
   실에서 분실하였다는 허위의 사실을 내세워 공시최고신청을 하여,
   ○○지방법원은 공시최고절차를 거친 뒤 아무런 권리신고가 없자
   20○○. ○○. ○○. 별지목록 기재 약속어음을 무효로 한다는 제권
   판결을 선고하였는바, 위 제권판결은 민사소송법 제490조 제2항 제
   7호 소정의 "거짓 또는 부정한 방법으로 제권판결을 받은 때"에 해
   당되어 취소되어야 한다고 할 것입니다.

3. 원고는 별지목록 기재 약속어음을 발행인인 ○○은행 ○○지점에 지
   급제시 하였으나 지급거절 되었고, 그 때 비로소 별지목록 기재 약
   속어음에 관하여 위 제권판결을 선고받은 사실을 알게 되었습니다.

4. 따라서 원고는 ○○지방법원이 20○○카공○○○○호 공시최고신청

사건에서 20○○. ○○. ○○. 별지목록 기재 약속어음에 대하여 선고한 제권판결을 취소하고, 별지목록 기재 약속어음에 대한 제권판결신청을 각하하여 줄 것을 청구하여 이 사건 소를 제기합니다.

입 증 방 법

1. 갑 제1호증   약속어음의 표면 및 이면
1. 갑 제2호증   공시최고신청서
1. 갑 제3호증   사고인지경위서
1. 갑 제4호증   제권판결정본

첨 부 서 류

1. 위 입증방법   각 1통
1. 소장부본   1통
1. 송달료납부서   1통

20○○. ○. ○.

위 원고   ○○○   (서명 또는 날인)

○○지방법원 귀중

[3] 신청서 작성

1. 신청서 양식

	인지 1,000원

공시최고신청서

신 청 인 　　(성명)　　　　　　(주민등록번호　　　　　 -　　　　)
　　　　　　(주소)
　　　　　　(연락 가능한 전화번호)

증서의 표시 　　　별지 목록 기재와 같음

신 청 취 지

별지 목록 기재 증서에 관하여 공시최고 및 제권판결을 구함

신 청 이 유

신청인은 별지 목록 기재 증서의 최후소지인으로서 20 　.　.　.
:　경................ 에서 분실하여 현재까지 회수하지 못하고 있으므로
공시최고 및 제권판결을 하여 주시기 바랍니다.

소 명 방 법

1. 분실신고 접수증　　　　　　　　　　1통
2. 미지급(미제시, 미상환 등)증명서 원본 1통

20 　.　.　.
　　신청인　　　　　　　　(서명 또는 날인)

법원　귀중

1. 연락 가능한 전화번호에 언제든지 연락 가능한 전화번호나 휴대전화번호를 기재하고, 그 밖에 팩스번호, 이메일 주소 등이 있으면 함께 기재하기 바랍니다.

2. 신청인은 증서를 표시하기 위하여 목록을 별도로 작성하여 첨부하는 대신에 해당 금융기관 등에서 발행한 미지급증명서, 미제시증명서, 미상환증명서 등의 증명서 6통을 제출할 수 있습니다.

3. 이 신청서를 접수할 때에는 3회분의 송달료를 송달료 수납 은행에 예납하여야 합니다.

증서의 표시 〈예시〉

종 류	자기앞수표
번 호	나2331689
액 면	금 5,000,000원
발 행 일	20 . 3. 2.
발 행 인	은행 지점

2. 공시최고 신청서 작성례

□ 공시최고 신청서(임차권설정등기)

공 시 최 고 신 청 서

신 청 인 ○○○

○○시 ○○구 ○○길 ○○(우편번호 ○○○○○)

전화·휴대폰번호:

팩스번호, 전자우편(e-mail)주소:

실권되어야 할 권리의 표시

신청인 소유의 서울 ○○구 ○○동 ○○○ 대 300㎡에 관하여 서울 ○○구 ○○길 ○○○ ◇◇◇를 위한 ○○지방법원 등기과 20○○. ○. ○. 접수 제○○○호 임차권설정계약 존속기간 20○○. ○. ○.부터 20○○. ○○. ○○.까지의 2년간, 임차료 1개월 금 300,000원, 지급기일 매월 말일로 하는 임차권설정등기

신 청 취 지

위 권리에 관하여 공시최고절차를 거쳐 제권판결을 하여 주시기 바랍니다.

신 청 이 유

위 임차권은 존속기간의 만료로 인하여 소멸하였으므로 신청인은 위 임차권설정등기의 말소등기절차이행을 신청하고자 하나, 등기의무자인 위 ◇◇◇는 행방불명이므로 등기절차에 협력을 구할 수가 없습니다.

그러므로 공시최고를 거쳐 제권판결을 구하고자 이 사건 신청을 합니다.

소 명 방 법

1. 소갑 제1호증   부동산등기사항증명서
1. 소갑 제2호증   임대차계약서
1. 소갑 제3호증   해지통고서
1. 소갑 제4호증   주민등록말소자등본

첨 부 서 류

1. 위 소명방법   각 1통
1. 실권되어야할 권리의 목록   10통

20○○. ○○. ○○.

위 신청인 ○○○ (서명 또는 날인)

○○지방법원 귀중

※ 관할법원(민사소송법 제476조)

① 공시최고는 법률에 다른 규정이 있는 경우를 제외하고는 권리자의 보통재판적이 있는 곳의 지방법원이 관할한다. 다만, 등기 또는 등록을 말소하기 위한 공시최고는 그 등기 또는 등록을 한 공공기관이 있는 곳의 지방법원에 신청할 수 있다.

② 증권의 무효선고를 위한 공시최고(민사소송법 제492조)의 경우에는 증권이나 증서에 표시된 이행지의 지방법원이 관할한다. 다만, 증권이나 증서에 이행지의 표시가 없는 때에는 발행인의 보통재판적이 있는 곳의 지방법원이, 그 법원이 없는 때에는 발행 당시에 발행인의 보통재판적이 있었던 곳의 지방법원이 각각 관할한다.

③ 제1항 및 제2항의 관할은 전속관할로 한다.

□ 공시최고 신청서(자기앞수표)

공 시 최 고 신 청

신 청 인 ○○○

○○시 ○○구 ○○길 ○○(우편번호 ○○○○○)

전화·휴대폰번호:

팩스번호, 전자우편(e-mail)주소:

자기앞수표 공시최고

증서의 중요한 취지: 별지목록 기재와 같음.

신 청 취 지

　별지목록 기재 증서에 관하여 공시최고를 한 뒤 공시최고에서 정한 기일까지 권리신고 등이 없으면 위 증서의 무효를 선고한다는 재판을 구합니다.

신 청 원 인

1. 신청인은 별지목록 기재 자기앞수표의 최후 소지인이었는데, 20○ ○. ○. ○. 15:30분경 ○○시 ○○구 ○○길 ○○ 소재 ○○역에 기차표를 예매하러 갔다가 역 대합실에서 가방 속에 넣어둔 손 지갑을 분실하면서 지갑 속에 들어있던 위 수표를 함께 분실하고서는 현재까지 증서를 회수하지 못하고 있습니다.
2. 따라서 위 증서의 무효를 선고하는 제권판결을 받고자 이 사건 공시최고를 신청합니다.

소 명 방 법

　　1. 소갑 제1호증　　　　　　　미지급증명서(◉◉은행)
　　1. 소갑 제2호증　　　　　　　분실신고접수증명서(◎◎경찰서)

첨 부 서 류

　　1. 소갑 제1호증(미지급증명서)　　　7통
　　1. 소갑 제2호증(분실신고접수증명서)　1통
　　1. 송달료납부서　　　　　　　　1통

　　　　　　　　　2000.　　○○.　　○○.
　　　　　　　위 신청인 ○○○　(서명 또는 날인)

○○지방법원　귀중

[별 지]

증서의 중요한 취지

1. 종 류 : 자기앞수표
1. 번 호 : 나가○○○○○○○○
1. 액 면 : 금 300,000원
1. 발행일 : 20○○. ○. ○○.
1. 발행인겸지급인 : ○○은행 ○○지점
1. 최종소지인 : ○○○. 끝.

□ **공시최고 신청서((약속어음)**

공 시 최 고 신 청 서

신 청 인 ○○○

○○시 ○○구 ○○길 ○○(우편번호 ○○○○○)

전화·휴대폰번호:

팩스번호, 전자우편(e-mail)주소:

증서의 중요한 취지 : 별지목록 기재와 같음

신 청 취 지

별지목록 기재의 약속어음에 관하여 공시최고를 한 뒤 공시최고에서 정한 기일까지 권리신고 등이 없으면 위 약속어음의 무효를 선고한다는 재판을 구합니다.

신 청 원 인

1. 신청인은 별지목록 기재 약속어음의 최후 소지인이었는데, 20○○. ○. ○. ○○시 ○○구 ○○길 ○○ 소재 신청인의 집에서 분실하고 현재까지 회수를 하지 못하고 있습니다.

2. 따라서 위 약속어음의 무효를 선고하는 제권판결을 받고자 이 사건 신청에 이른 것입니다.

소 명 방 법

1. 소갑 제1호증   미지급증명서(◉◉은행)
1. 소갑 제2호증   분실신고접수증명서(◎◎경찰서)

첨 부 서 류

1. 소갑 제1호증(미지급증명서)   7통
1. 소갑 제2호증(분실신고접수증명서)   1통
1. 송달료납부서   1통

20〇〇.   〇〇.   〇〇.

위 신청인 〇〇〇   (서명 또는 날인)

〇〇지방법원 귀중

[별 지]

증서의 중요취지

1. 종류 및 수량 : 약속어음 1매
2. 액 면 : 금 5,000,000원
3. 지급기일 : 20〇〇. 〇〇. 〇〇.
4. 지급지 : 서울특별시
5. 지급장소 : 〇〇은행 〇〇지점
6. 수취인 : 〇〇〇
7. 발행지 : 서울특별시
8. 발행인 : 〇〇무역주식회사
9. 발행일 : 20〇〇. 〇. 〇.
10. 최종소지인 : 〇〇〇. 끝.

□ **권리신고서(공시최고에 대한)-(수표)**

권 리 신 고 서

사   건 20○○카○○○○ 공시최고

권리신고인 ○○○

　　　　　○○시 ○○구 ○○길 ○○(우편번호 ○○○○○)

　　　　　전화휴대폰번호:

　　　　　팩스번호, 전자우편(e-mail)주소:

위 사건에 관하여 권리자 ○○○는 아래와 같이 권리신고 합니다.

아   래

1. 이 사건 공시최고 수표는 20○○. ○. ○. 신고인이 경영하는 ○○
정육점에서 식육을 판매한 대금으로 신청 외 ◉◉◉로부터 받은 것
으로 선의취득 하였습니다.

2. 신고인은 이 수표의 적법한 지급제시기간 내에 제시하고 지급을 구
하였으나 사고수표라는 이유로 지급이 거절되어 신고인은 발행인을
상대로 수표금청구소송을 제기 중에 있으므로 이에 권리신고합니다.

첨 부 서 류

　1. 소제기증명원　　　　　　　　　　1통

　　　　　　　　　　　　　　20○○.　○○.　○○.

　　　　　　위 권리신고인　○○○ (서명 또는 날인)

○○지방법원　귀중

3. 신청비용

공시최고 신청서에는 1,000원의 인지를 붙이면 됩니다(민사소송 등 인지법 제9조제5항제1호).

4. 인지액의 납부방법

4-1. 현금납부

① 신청서(신청의 취지를 기재한 조서를 포함)에 첨부하거나 보정해야 할 인지액(이미 납부한 인지액이 있는 경우에는 그 합산액)이 1만원 이상인 경우에는 그 인지의 첨부 또는 보정에 갈음해 인지액 상당의 금액 전액을 현금으로 납부해야 합니다(민사소송 등 인지규칙 제27조제1항).

② 인지액 상당 금액을 현금으로 납부할 경우에는 송달료 수납은행에 내야 합니다(민사소송 등 인지규칙 제28조).

4-2. 신용카드납부

① 신청인은 인지액 상당의 금액을 현금으로 납부할 수 있는 경우 이를 수납은행 또는 인지납부대행기관의 인터넷 홈페이지에서 인지납부대행기관을 통해 신용카드·직불카드 등(이하 "신용카드등"이라 한다)으로도 납부할 수 있습니다(민사소송 등 인지규칙 제28조의2 제1항).

② "인지납부대행기관"이란 정보통신망을 이용해 신용카드등에 의한 결제를 수행하는 기관으로서 인지납부대행기관으로 지정받은 자를 말합니다(민사소송 등 인지규칙 제28조의2 제2항).

③ 인지납부대행기관은 신청인으로부터 인지납부 대행용역의 대가로 납부대행수수료를 받을 수 있고, 납부대행수수료는 전액 소송비용으로 봅니다(민사소송 등 인지규칙 제28조의2 제4항 및 제5항).

4-3. 인지납부일

① 인지액 상당의 금액을 신용카드 등으로 납부하는 경우에는 인지납부대행기관의 승인일을 인지납부일로 봅니다(민사소송 등 인지규칙 제28조의2 제3항).

② 신청인은 수납은행이나 인지납부대행기관으로부터 교부받거나 출력한 영수필통지서 및 영수필확인서를 소장에 첨부하여 법원에 제출해야 합니다(민사소송 등 인지규칙 제29조 제2항).

③ 공시최고 신청서를 제출하면 해당 법원으로부터 접수증명원을 발급받아 지급은행에 제출해야 합니다. 접수증명원은 지급은행당 1장씩 받아야 하며(지급은행이 2곳이면 2장), 인지액은 500원입니다.

4-4. 송달료 납부

공시최고 신청 시의 송달료는 (1회 송달료 × 당사자수 × 3회분)입니다(송달료규칙의 시행에 따른 업무처리요령 별표 1).

Section 5. 소액사건심판 및 이행권고

[1] 소액사건심판 및 이행권고의 개념

1. 소액사건심판의 개념

'소액사건심판'이란 소송을 제기한 때의 소송물가액이 3,000만원을 초과하지 않는 금전 기타 대체물이나 유가증권의 일정한 수량의 지급을 목적으로 하는 제1심의 민사사건에 대해 일반 민사사건에서 보다 훨씬 신속하고 간편한 절차에 따라 심판, 처리하는 제도를 말합니다(소액사건심판규칙 제1조의2).

※ 소액사건심판 신청 사례

[질문] 저는 방학동안 공장에서 아르바이트를 했습니다. 다른 곳보다 높은 급료에 2개월간 성실히 일했으나 사장이 급료를 주지 않고 있습니다. 어떻게 해야 하나요?

[답변] 먼저 지방노동청에 신고를 하여 사업주와 합의를 하시기 바랍니다. 만약 노동청에서 합의가 이루어지지 않거나 합의를 했다 하더라도 제대로 급료를 주지 않는다면 법원에 소액사건심판절차를 신청할 수 있습니다.

소액사건심판절차는 소송을 제기한 때의 소송물가액이 3,000만원 이하인 민사사건을 신속하게 처리하기 위한 제도입니다. 소액사건을 제기하면 법원은 특별한 사정이 없는 한 직권으로 원고가 낸 소장부본을 첨부해 피고에게 원고의 청구취지대로 의무를 이행하라는 권고를 합니다. 피고가 별도의 이의신청을 하지 않는다면 원고는 확정된 이행권고 결정문을 가지고 강제집행을 하실 수 있습니다.

---

2. 이행권고의 개념

'이행권고'란 소액사건이 제기되었을 때 특별한 사정이 없으면 직권으로 원고가 낸 소장부본을 첨부하여 피고에게 원고의 청구취지대로 의무를 이행하라는 권고를 하는 결정을 말합니다.

[2] 소액사건의 범위

1. 소액사건의 범위

다음의 사건은 소액사건에서 제외합니다(소액사건심판규칙 제1조의2)

1. 소송의 변경으로 소액사건에 해당하지 않게 된 사건
2. 당사자참가, 중간확인소송 또는 반소의 제기 및 변론의 병합으로 소액사건에 해당하지 않는 사건과 병합심리하게 된 사건

2. 일부 청구의 금지

① 채권자는 「소액사건심판법」의 적용을 받을 목적으로 금전 기타 대체물이나 유가증권의 일정한 수량을 분할해 그 일부만을 청구할 수 없습니다(소액사건심판법 제5조의2 제1항).

② 이를 위반한 신청은 판결로 각하(却下)됩니다(소액사건심판법 제5조의2 제2항).

[3] 이행권고결정의 효력

1. 효력

이행권고결정은 다음 중 어느 하나에 해당하면 확정판결과 같은 효력을 가집니다(소액사건심판법 제5조의7)

1. 피고가 이행권고결정서의 등본을 송달받은 날부터 2주일(소액사건심판법 제5조의4제1항) 내에 이의신청을 하지 않은 경우
2. 이의신청에 대한 각하결정이 확정된 경우
3. 이의신청이 취하된 경우

2. 강제집행

① 이행권고결정이 확정되면 원고는 강제집행을 할 수 있습니다(소액사건심판법 제5조의8 제1항 참조).

② 원고는 집행문을 부여받지 않고도 이행권고결정의 결정서 정본만을 가지고 강제집행을 할 수 있습니다. 다만, 다음 중 어느 하나에 해당하는 경우에는 그렇지 않습니다(소액사건심판법 제5조의8 제1항).

1. 이행권고결정의 집행에 조건을 붙인 경우
2. 당사자의 승계인을 위해 강제집행을 하는 경우
3. 당사자의 승계인에 대해 강제집행을 하는 경우

[4] 신청 절차

1. 소액사건심판 신청 절차

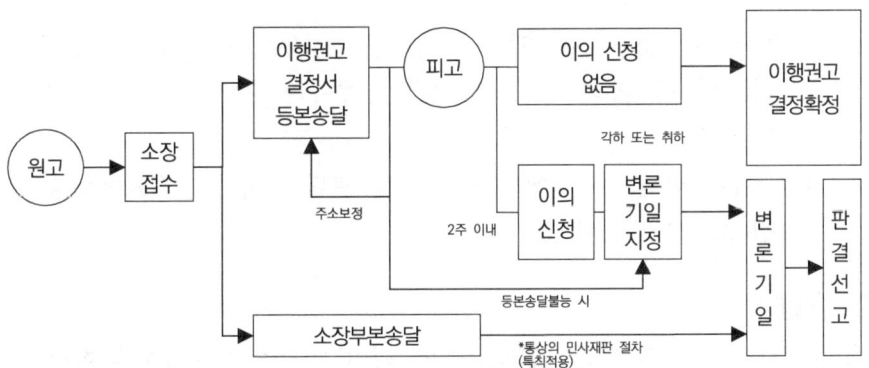

2. 소장 제출

① 소송은 법원에 소장을 제출함으로써 제기합니다(민사소송법 제248조).

② 소액사건심판의 경우에는 당사자 또는 당사자 쌍방이 법원에 출석해서 구술을 통해 소송을 제기할 수 있습니다(소액사건심판법 제4조 제1항 및 제5조제2항).

- 구술로 소송을 제기하는 경우에는 법원서기관·법원사무관·법원주사 또는 법원주사보(이하 '법원사무관등'이라 한다)의 면전에서 진술해야 합니다(소액사건심판법 제4조 제2항).

- 신청인이 구술로 신청하면 법원사무관등이 제소 조서를 작성하고 기명날인 합니다(소액사건심판법 제4조 제3항).

③ 관할
소액사건심판에 대해서는 특별한 규정이 있는 경우를 제외하고 「민사소송법」의 규정을 적용하므로(소액사건심판법 제2조제2항), 일반적인 소송과 같이 관할은 피고의 보통재판적이 있는 곳의 법원이 합니다(민사소송법 제2조).

1. 피고의 주소지 또는 거소지

2. 대사(大使)·공사(公使), 그 밖에 외국의 재판권 행사대상에서 제
   외되는 대한민국 국민이 주소지 또는 거소지가 없는 경우 대법
   원이 있는 곳

3. 법인, 그 밖의 사단 또는 재단일 경우 사무소 또는 영업소 소재
   지(만약 사무소와 영업소가 없는 경우에는 주된 업무담   당자
   의 주소)

4. 국가가 피고일 경우에는 해당 건과 관련해 국가를 대표하는 관
   청 또는 대법원이 있는 곳

3. 송달

① 소장부본이나 제소조서등본은 지체 없이 피고에게 송달해야 합니다
   (소액사건심판법 제6조 본문).

② 다만, 피고에게 이행권고결정서의 등본이 송달된 경우에는 소장부본
   이나 제소조서등본이 송달된 것으로 봅니다(소액사건심판법 제6조
   단서).

4. 이행권고결정

① 법원은 소액사건심판이 제기되면 결정으로 소장부본이나 제소조서
   등본을 첨부해 피고에게 청구취지대로 이행할 것을 권고할 수 있습
   니다(소액사건심판법 제5조의3 제1항 본문). 다만, 다음 중 어느 하
   나에 해당하는 경우에는 그렇지 않습니다(소액사건심판법 제5조의3
   제1항 단서).

   1. 독촉절차 또는 조정절차에서 소송절차로 이행된 경우

   2. 청구취지나 청구원인이 불명한 경우

   3. 그 밖에 이행권고를 하기에 적절하지 않다고 인정하는 경우

② 송달

법원사무관등은 이행권고결정서의 등본을 피고에게 송달해야 합니다(소액사건심판법 제5조의3 제3항 본문). 다만, 피고에게 송달할 수 없는 경우에 하는 등기우편송달이나 송달함 송달, 발송한 때에 송달한 것으로 보는 등의 송달은 인정되지 않습니다(소액사건심판법 제5조의3 제3항 단서).

③ 이의신청

피고는 이행권고결정서의 등본을 송달받은 날부터 2주일 내에 서면으로 이의신청을 할 수 있습니다. 다만, 그 등본이 송달되기 전에도 이의신청을 할 수 있습니다(소액사건심판법 제5조의4 제1항).

이행권고결정에 대한 이의신청서

사 건 20○○가소○○○○ 대여금
원 고 ○○○
피 고 ◇◇◇

위 사건에 관하여 피고는 20○○. ○. ○. 이행권고결정을 송달 받았으나 다음과 같은 이유로 이의신청을 합니다.

이 의 사 유

1.
2.

20○○. ○○. ○○.
위 피고 ◇◇◇ (서명 또는 날인)

○○지방법원 귀중

---

5. 변론기일의 지정

① 이행권고가 송달 불능인 경우

법원은 피고에게 이행권고결정서의 등본을 송달할 수 없는 경우에는 지체없이 변론기일을 지정해야 합니다(소액사건심판법 제5조의3 제4항).

② 이행권고결정에 대한 이의신청이 있는 경우

법원은 피고가 이행권고결정에 대해 이의신청을 하면 지체없이 변론기일을 지정해야 합니다(소액사건심판법 제5조의4 제3항).

③ 판사가 지정한 경우

소액사건심판이 제기되면 판사는 바로 변론기일을 정할 수 있습니다(소액사건심판법 제7조 제1항).

6. 변론기일

① 판사는 되도록 1회의 변론기일로 심리를 마치도록 해야 합니다(소액사건심판법 제7조 제2항).

② 판사는 1회로 심리를 마치기 위해 변론기일 전이라도 당사자에게 증거신청을 하도록 하는 등 필요한 조치를 할 수 있습니다(소액사건심판법 제7조 제3항).

7. 판결 선고

① 판결 선고는 변론종결 후 즉시 할 수 있습니다(소액사건심판법 제11조의2 제1항).

② 판결 선고는 주문을 낭독하고 주문이 정당함을 인정할 수 있는 범위 안에서 그 이유의 요지를 구술로 설명합니다(소액사건심판법 제11조의2 제2항).

[5] 신청비용

1. 소송목적의 값 산정

금전의 지급을 청구하는 소액사건심판 신청의 경우 소송목적의 값 (이하 "소가"라 함)은 청구금액(이자, 손해배상, 위약금 또는 비용의 청구가 소송의 부대 목적이 되는 때에는 가액에 산입하지 않음)이 됩니다 (민사소송 등 인지규칙 제12조제3호 및 제2조제3항 참조).

2. 인지액

소장에는 소송목적의 값에 따라 다음의 금액에 해당하는 인지를 붙여야 합니다(민사소송 등 인지법 제2조제1항).

소 가	인 지 대
소가 1천만원 미만	소가 × 50 / 10,000
소가 1천만원 이상 1억원 미만	소가 × 45 / 10,000 + 5,000
소가 1억원 이상 10억원 미만	소가×40 / 10,000 + 55,000
소가 10억원 이상	소가× 35 / 10,000 + 555,000
※ 인지액이 1천원 미만이면 1천원으로 하고, 수수료 중 100원 미만은 계산하지 않습니다(민사조정규칙 제3조제2항).	

※ 예를 들어 위 신청서 기재내용의 인지액을 계산해 보면(이자는 불산입, 원금이 소가), (5,280,000원 × 0.005) = 26,400원이 인지액이 됩니다.

3. 인지액의 납부방법

3-1. 현금납부

① 소장에 첨부하거나 보정해야 할 인지액(이미 납부한 인지액이 있는 경우에는 그 합산액)이 1만원 이상인 경우에는 그 인지의 첨부 또는 보정에 갈음해 인지액 상당의 금액 전액을 현금으로 납부해야 합니다(민사소송 등 인지규칙 제27조제1항).

② 인지액 상당 금액을 현금으로 납부할 경우에는 송달료 수납은행에 내야 합니다(민사소송 등 인지규칙 제28조).

3-2. 신용카드납부

① 신청인은 인지액 상당의 금액을 현금으로 납부할 수 있는 경우 이를 수납은행 또는 인지납부대행기관의 인터넷 홈페이지에서 인지납부대행기관을 통해 신용카드·직불카드 등(이하 "신용카드등"이라 한다)으로도 납부할 수 있습니다(민사소송 등 인지규칙 제28조의2 제1항).

② "인지납부대행기관"이란 정보통신망을 이용해 신용카드등에 의한 결제를 수행하는 기관으로서 인지납부대행기관으로 지정받은 자를 말합니다(민사소송 등 인지규칙 제28조의2 제2항).

③ 인지납부대행기관은 신청인으로부터 인지납부 대행용역의 대가로 납부대행수수료를 받을 수 있고, 납부대행수수료는 전액 소송비용으로 봅니다(민사소송 등 인지규칙 제28조의24항 및 제5항).

3-3. 인지납부일

① 인지액 상당의 금액을 신용카드등으로 납부하는 경우에는 인지납부대행기관의 승인일을 인지납부일로 봅니다(민사소송 등 인지규칙 제28조의2 제3항).

② 신청인은 수납은행이나 인지납부대행기관으로부터 교부받거나 출력한 영수필확인서를 소장에 첨부하여 법원에 제출해야 합니다(민사소송 등 인지규칙 제29조 제2항).

4. 송달료 납부

민사소액사건 신청 시의 송달료는 (1회 송달료 × 당사자수 × 10회분)입니다(송달료규칙의 시행에 따른 업무처리요령 별표 1).

PART 4.
각종 소장은 어떻게 작성하나요?

Chapter 1. 소송의 종류 및 소장 작성방법

[1] 소송의 종류

1. 확인의 소

① '확인의 소'란 권리, 법률관계의 존재·부존재의 확정을 요구하는 소송을 말합니다.
- 적극적 확인의 소: '어디 몇 번지에 소재하는 토지 100평은 원고의 소유임을 확인한다.'라고 하는 소송.
- 소극적 확인의 소: '원고와 피고간의 1995년 10월 10일자의 일금 500만원의 소비대차에 기인한 채무는 존재하지 않는다는 확인을 구함'이라고 하는 소송.
- 중간확인의 소: B가 A의 카메라를 깨뜨린 후 A가 손해배상 청구를 해 소송이 진행되는 동안 A의 카메라가 누구의 것인지에 대해 논란이 생겨 이에 대한 판단을 제기하는 경우와 같이 소송 도중에 선결이 되는 사항에 대한 확인을 구하는 소송.

② 확인의 소에는 채무부존재확인소송, 임차권확인소송, 해고무효확인소송 등이 있습니다.

■ 확인의 소장 작성례

☐ 토지임차권 확인의 소

소　　　　　장

원　　고　　○○○ (주민등록번호)
　　　　　　○○시 ○○구 ○○로 ○○(우편번호 ○○○○○)
　　　　　　전화휴대폰번호:

팩스번호, 전자우편(e-mail)주소:

피　　고　　◇◇◇ (주민등록번호)

　　　　　　○○시 ○○구 ○○로 ○○(우편번호 ○○○○○)

　　　　　　전화·휴대폰번호:

　　　　　　팩스번호, 전자우편(e-mail)주소:

토지임차권확인의 소

청 구 취 지

1. 원고와 피고 사이의 20○○. ○. ○.자 임대차계약에 기해 ○○시 ○○동 ○○○ 대 300㎡에 대하여 월임료 금 1,000,000원, 임차기간 20○○. ○. ○.부터 20○○. ○. ○.까지 ○년간으로 하는 임차권이 존재함을 확인한다.

2. 소송비용은 피고의 부담으로 한다.

라는 판결을 구합니다.

청 구 원 인

1. 원고는 ○○시 ○○동 ○○ 원고 소유 건물에서 식당을 경영하고 있는데 위 식당을 찾는 고객의 주차장이 없었으므로, 20○○. ○. ○. 피고의 아버지 소외 망 ◉◉◉가 관리하는 피고 소유의 같은 동 ○○○ 대 300㎡를 월차임 금 100만원, 기간은 20○○. ○. ○. 부터 20○○. ○○. ○○.까지 ○년간으로 임차하여 주차장으로 사용하되 별다른 의사표시가 없으면 같은 조건으로 갱신되는 것으로 하는 토지임대차계약을 피고의 대리인 소외 망 ◉◉◉와 맺은 사실이 있습니다.

2. 그런데 피고의 아버지 소외 망 ◉◉◉가 지난 20○○. ○. ○○. 사망한 뒤로 그의 외아들인 피고는 원고가 경영하는 위 식당에서 음식냄새가 난다, 손님들 차량으로 피고의 주거에 통행하기가 불편하다는 등의 불만을 토로하다가 위 임대차계약이 20○○. ○○. ○

○. 종료하였다고 주장하며 원고에게 위 토지를 주차장으로 사용하지 말 것을 요구하고 있습니다.

3. 그러므로 원고의 위 토지에 대한 임대차권리관계에 법적인 불안, 위험이 있고 그 불안, 위험을 제거함에 있어서 확인판결을 받는 것이 가장 유효, 적절한 법적인 수단이라 할 것이어서 이 사건 소를 제기하게 된 것입니다.

입 증 방 법

1. 갑 제1호증	토지임대차계약서
1. 갑 제2호증	부동산등기사항전부증명서
1. 갑 제3호증	기본증명서(망 ◉◉◉)
	(단, 2007.12.31. 이전 사망한 경우 제적등본)
1. 갑 제4호증	가족관계증명서(망 ◉◉◉)
	(또는, 상속관계를 확인할 수 있는 제적등본)

첨 부 서 류

1. 위 입증방법	각 1통
1. 소장부본	1통
1. 송달료납부서	1통

2000. ○. ○.

위 원고   ○○○ (서명 또는 날인)

○○지방법원 ○○지원 귀중

□ **가계수표금채무 부존재확인의 소**

소　　　　장

원　　고　　○○○ (주민등록번호)
　　　　　　○○시 ○○구 ○○로 ○○(우편번호 ○○○○○)
　　　　　　전화·휴대폰번호:
　　　　　　팩스번호, 전자우편(e-mail)주소:
피　　고　　◇◇◇ (주민등록번호)
　　　　　　○○시 ○○구 ○○로 ○○(우편번호 ○○○○○)
　　　　　　전화·휴대폰번호:
　　　　　　팩스번호, 전자우편(e-mail)주소:

가계수표금채무부존재확인의 소

청 구 취 지

1. 원고가 발행한 별지목록 기재 가계수표금채무는 존재하지 아니함을 확인한다.
2. 소송비용은 피고의 부담으로 한다.
　라는 판결을 원합니다.

청 구 원 인

1. 피고는 20○○. ○. ○. 원고에게 피고가 ○○시 ○○구 ○○로 ○○ 소재에서 ○○골재라는 상호로 납품 및 운송업 등을 하고 있으며 스카이나 덤프트럭 4대를 소유하고 사업을 하고 있다고 과시하며 원고를 속이고 원고에게 골재를 운반하여 준다고 선수금으로 금 5,000,000원을 지급할 것을 요구하였습니다.
2. 이에 속은 원고는 피고의 말과 피고의 인품이나 사업규모로 보아 믿어도 되겠다고 판단하여 골재운반대금 선수금의 명목으로 피고에

게 금 5,000,000원을 주게 되면 자기가 운영하는 위 덤프트럭으로 골재를 운반하여 줄 것으로 믿고 원고 명의로 거래하고 있는 별지 목록 기재와 같은 ○○중앙회 ○○지점 가계수표 200○. ○. ○.자 액면 금 5,000,000원권 1매(○호○○0123456)를 작성하여 피고에게 교부하였습니다.

3. 그런데 피고는 원고로부터 위 가계수표 액면 금 5,000,000원권 1매를 교부받은 후 위 골재를 운반하여 주겠다고 하였으나 이행하지 아니함으로 원고가 현장을 답사한 바, 골재판매장은 물론 덤프트럭도 전부 타인 소유로서 원고를 기망하고 가계수표 금 5,000,000원권 1매를 사취한 후 행방을 감추고 말았습니다.

4. 그렇다면 원고가 피고에게 골재를 납품 받기로 하고 선수금으로 가계수표 1매를 발행한 것인데, 피고는 골재를 운반하지 아니하고 가계수표 1매를 사취한 것이므로 원인 없이 발행한 별지목록 기재 가계수표상 수표금은 피담보채무의 부존재 내지 소멸로 인하여 존재하지 아니한다고 할 것입니다.

5. 그러므로 원고는 이 사건 수표에 대하여 피사취계를 ○○중앙회 ○○지점에 제출하고 보증으로 금 5,000,000원을 예탁하였으나, 이 사건 수표의 지급기일이 지났음에도 이 사건 수표의 지급제시는 물론 수표금청구도 하지 아니하고 있으며, 나아가 원고는 피고에 대하여 ○○경찰서에 사기죄로 고소를 제기하여 수사가 진행 중에 있습니다.

6. 따라서 원고는 원고가 발행한 별지목록 기재 가계수표금채무가 존재하지 아니함을 확인 받기 위하여 이 사건 청구에 이른 것입니다.

입 증 방 법

1. 갑 제1호증   가계수표
1. 갑 제2호증   고소장
1. 갑 제3호증   명함

첨 부 서 류

```
        1. 위 입증방법              각 1통
        1. 소장부본                 1통
        1. 송달료납부서             1통


                    2000.   O.   O.
                    위 원고   OOO  (서명 또는 날인)


OO지방법원  귀중
```

□ **해고무효확인 및 임금청구의 소**

소   장

원   고   OOO (주민등록번호)
        OO시 OO구 OO길 OO(우편번호 OOOOO)
        전화·휴대폰번호:
        팩스번호, 전자우편(e-mail)주소:
피   고   ◇◇◇ (주민등록번호)
        OO시 OO구 OO길 OO(우편번호 OOOOO)
        전화·휴대폰번호:
        팩스번호, 전자우편(e-mail)주소:

해고무효확인 및 임금청구의 소

청 구 취 지

1. 피고가 원고에 대하여 한 2000. O. OO.자 해고는 무효임을 확
   인한다.
2. 피고는 원고에게 금 OOO원 및 2000. OO. OO.부터 원고가

복직하는 날까지 매월 말일에 금 ○○○원의 비율에 의한 돈을 지급하라.
3. 소송비용은 피고의 부담으로 한다.
4. 위 제2항은 가집행 할 수 있다.
라는 판결을 구합니다.

청 구 원 인

1. 피고는 ○○정보신문, 월간○○ 등의 농업관련 월간지 발행 및 판매 업체를 운영하고 있는바, 원고는 19○○. ○월경 피고에게 고용되어 근무하다가 20○○. ○. 초순경 퇴직하고, 20○○. ○. ○. 다시 고용되어 영업부장으로 근무하던 중 20○○. ○. ○○. 피고로부터 해고를 당하였습니다.

2. 그러나 위 해고는 정당한 이유 없는 해고로서 근로기준법 제23조 제1항에 위반하는 것으로 무효라 할 것입니다.
   즉, 피고는 원고가 거래업체로부터 광고비 등을 수금하여 피고에게 입금시키지 않고 횡령하였음을 해고사유로 하였으나, 원고는 20○○. ○. ○. 다시 고용되기 이전에는 수금한 광고비 중 합계 금 ○○○원을 피고에게 입금시키지 않은 사실이 있어 이를 시인하고 퇴직한 사실이 있으나 다시 고용된 이후에는 업무를 충실히 수행해왔고 수금한 광고비 등을 횡령한 사실이 전혀 없습니다. 오히려 피고가 원고에게 근로계약에 따른 급여 및 영업수당을 제대로 지급하지 않고 원고의 광고수주 및 수금을 방해하는 잘못을 하였습니다.

3. 또한 원고는 ○○지방노동위원회에 부당해고 구제신청을 하여 20○○. ○○. ○. 같은 위원회로부터 "부당 해고가 인정되니 원고를 지체 없이 원직에 복직시키고 해고기간 중 정상적으로 근로하였더라면 받을 수 있었던 임금 상당액을 지급하여야 한다"는 명령이 내려진 사실이 있고(갑 제2호증 ○○지방노동위원회 명령서), 같은 명령에 대해 피고가 불복을 제기하지 않음으로써 같은 명령이 확정된 사실이 있습니다.

이에 원고는 위 명령 후 피고 업체에 다시 복직하고자 출근을 시도하고 여러 차례에 걸쳐 피고에게 전화하여 복직의사를 밝혔음에도 피고의 복직거부로 지금까지 복직하지 못하고 있습니다.{갑 제3호증 통고서(내용증명우편)} .

4. 한편, 원고는 20○○. ○. ○. 피고와 근로계약을 체결하며 임금에 관하여 매월 고정급으로 금 ○○○원을 지급 받고, ○○정보신문, 월간○○지의 정기 구독 및 광고수당으로 원고가 수주한 금액의 30% 상당을 지급 받기로 약정하였습니다.(갑 제1호증 근로계약서). 그리고 원고가 피고로부터 부당해고를 당한 20○○. ○. ○○. 이전 3개월 동안 원고가 수주한 위 광고비 및 정기구독료 합계액이 금 ○○○원이므로 원고의 위 근로계약에 따른 월평균 정기구독 및 광고수당은 금 ○○○원(금 ○○○원×1/3)이 됩니다.
   따라서 월 고정급과 위 정기구독 및 광고수당을 합하면 채권자의 해고 당시 월 평균 임금은 금 ○○○원이라 할 것입니다.

5. 그러므로 원고는 피고에게 20○○. ○. ○○.자 해고는 무효임을 확인하고, 위 해고처분일 다음날부터 20○○. ○○. ○.까지 ○개월간의 미지급 임금 ○○○원 (= ○○○원×○개월) 및 그 다음날인 20○○. ○○. ○○.부터 복직하는 날까지 매월 말일에 금 ○○○원의 비율에 의한 임금을 지급할 것을 구하기 위하여 이 사건 소제기에 이르렀습니다.

입 증 방 법

1. 갑 제1호증	노동위원회 명령서
1. 갑 제2호증	근로계약서
1. 갑 제3호증	통고서(내용증명우편)

첨 부 서 류

1. 위 입증방법	각 1통

1. 소장부본   1통
1. 송달료납부서   1통

                    20○○. ○. ○.
                    위 원고   ○○○ (서명 또는 날인)

○○지방법원 귀중

2. 이행의 소

① '이행의 소'란 원고가 피고에게 '…할 것(급부)을 요구한다'고 하는 소송을 말합니다.

② 청구를 법원이 인정하는 경우 법원은 '피고는 원고에게 ~(급부)를 지급하라'와 같이 급부를 명하는 형식의 판결을 하는 것이 보통이며 이를 급부판결이라고 합니다.

③ 이행의 소에는 건물명도 청구소송, 소유권이전등기 청구소송, 손해배상 청구소송, 부당이득반환 청구소송, 임차보증금반환 청구소송 등이 있습니다.

■ 각종 이행의 소 소장 작성례

□ 건물철거 및 토지인도청구의 소

소 장

원 고 ○○○ (주민등록번호)
　　　　○○시 ○○구 ○○길 ○○(우편번호 ○○○○○)
　　　　전화휴대폰번호:
　　　　팩스번호, 전자우편(e-mail)주소:

피 고 ◇◇◇ (주민등록번호)
　　　　○○시 ○○구 ○○길 ○○(우편번호 ○○○○○)
　　　　전화휴대폰번호:
　　　　팩스번호, 전자우편(e-mail)주소:

건물철거 및 토지인도청구의 소

청 구 취 지

1. 피고는 원고에게 ○○시 ○○구 ○○동 ○○ 전 ○○○㎡ 중, 별지

도면 표시 1, 2, 3, 4, 1의 각 점을 차례로 연결하는 선내 (ㄱ)부분 지상 목조 스레트지붕 단층 무허가 주택1동 30㎡ 및 같은 도면표시 5, 6, 7, 8, 5의 각 점을 차례로 연결하는 선내 (ㄴ)부분 지상 시멘트블록조 스레트지붕 단층 무허가 주택1동 21㎡를 각 철거하고, 위 토지 ○○○㎡를 인도하라.

2. 소송비용은 피고가 부담한다.
3. 위 제1항은 가집행 할 수 있다.
 라는 판결을 구합니다.

청 구 원 인

1. 원고는 원고의 소유인 ○○시 ○○구 ○○동 ○○ 전 ○○○㎡를 1990. ○. ○. 피고에게 농작물을 재배를 목적으로 임대차기간 2년으로 정하여 임대한 바 있습니다.

2. 그러나 피고는 원고의 동의를 받지 않고 임차목적과 다르게 청구취지 제1항 기재와 같은 무허가 건물을 각각 건축하여 점유·사용하고 있습니다.

3. 그런데 원고와 피고의 위 토지의 임대차기간이 200○. ○. ○. 종료하였으므로, 원고는 피고에게 청구취지 제1항 기재와 같은 무허가 건물의 철거 및 토지의 인도를 여러 차례에 걸쳐 청구하였으나, 피고는 지금까지도 이를 이행하지 않고 있습니다.

4. 따라서 원고는 피고에 대하여 ○○시 ○○구 ○○동 ○○ 전 ○○○㎡ 중, 별지도면 표시 1, 2, 3, 4, 1의 각 점을 차례로 연결하는 선내 (ㄱ)부분 지상 목조 스레트지붕 단층 무허가 주택1동 30㎡ 및 같은 도면표시 5, 6, 7, 8, 5의 각 점을 차례로 연결하는 선내 (ㄴ)부분 지상 시멘트블록조 스레트지붕 단층 무허가 주택1동 21㎡를 각 철거하도록 하고, 위 토지 ○○○㎡를 각 인도 받기 위하여 이 사건 소송제기에 이른 것입니다.

입 증 방 법

1. 갑 제1호증　　　　　　　　부동산등기사항증명서
1. 갑 제2호증　　　　　　　　지적도등본
1. 갑 제3호증　　　　　　　　임대차계약서

첨　부　서　류

1. 위 입증방법　　　　　　　각 1통
1. 토지대장등본　　　　　　　1통
1. 건축물대장등본　　　　　　1통
1. 소장부본　　　　　　　　　1통
1. 송달료납부서　　　　　　　1통

20〇〇.　〇.　〇.
위 원고　　〇〇〇　(서명 또는 날인)

〇〇지방법원　귀중

□ 분양계약자 명의변경절차 이행청구의 소

소　　　　　　장

원　고　1. 이〇〇 (주민등록번호)
　　　　2. 이〇〇 (주민등록번호)
　　　　위 원고들 주소지 〇〇시 〇〇구 〇〇로 〇〇
　　　　원고들은 미성년자이므로 법정대리인 후견인 ◉◉◉
　　　　송달장소: 〇〇시 〇〇구 〇〇로 〇〇 (우편번호 〇〇〇〇〇)
　　　　전화휴대폰번호:
　　　　팩스번호, 전자우편(e-mail)주소:

피　고　　◇◇◇ (주민등록번호)
　　　　　　○○시 ○○구 ○○로 ○○(우편번호 ○○○○○)
　　　　　　전화·휴대폰번호:
　　　　　　팩스번호, 전자우편(e-mail)주소:

분양계약자명의변경절차 이행청구의 소

청 구 취 지

1. 피고는 원고들에게 별지 목록 기재 부동산에 관하여 20○○. ○.
○. 매매를 원인으로 한 주식회사 ◆◆ 보관 ○○○○타운 분양계약
자 대장상의 분양계약자명의변경절차를 이행하라.
2. 소송비용은 피고의 부담으로 한다.
라는 판결을 구합니다.

청 구 원 인

1. 원고들은 소외 망 김◎◎의 재산상속인들이고, 피고는 소외 주식회
사 ◆◆가 공사 중인 별지 목록 기재 부동산에 대하여 소외 주식회
사 ◆◆와 분양계약을 체결한 자입니다.
2. 피고는 20○○. ○. ○. 소외 주식회사 ◆◆와 별지 목록 기재 부동
산에 대하여 총 공급가액 금 ○○○원, 계약금 ○○○원, 중도금 총
6회 각 금 ○○○원, 잔금(입주예정일 납입) ○○○원로 정하여 아
파트분양계약을 체결한 사실이 있습니다.
3. 피고와 피고의 처는 원고들의 모인 소외 망 김◎◎와 이웃하여 거
주하면서 소외 망 김◎◎가 소외 망 이◎◎와 19○○. ○. ○. 협의
이혼하고, 혼자 원고들을 양육하면서 서울 ○구 ○○동 ○○에서 ○
○집이라는 상호로 식당을 경영하던 중 알게 되어 형님, 동생하면서
의형제까지 맺고 절친하게 지냈던 자들입니다.
4. 그리하여 피고와 피고의 처는 원고들의 모인 소외 망 김◎◎가 식
당을 경영하면서 약간의 현금을 가지고 있다는 것을 알게 되었고,

피고는 액면 금 ○○○원, 금 ○○○원의 각 약속어음을 소외 망 김◎◎에게서 각 어음 할인하면서 그 액면금 상당액을 대여하였으나, 위 각 약속어음의 부도로 피고는 위 돈을 소외 망 김◎◎에게 변제하지 못하였으며, 그 외에도 피고는 소외 망 김◎◎에게 차용증 없이 금 ○○○원을 차용하는 등 피고와 소외 망 김◎◎는 계속적으로 금전거래를 하였습니다.

5. 그러나 피고는 소외 망 김◎◎에게 위 대여금을 변제하지 아니할 뿐 아니라 소외 망 김◎◎의 차용증 작성요구에도 응하지 아니하고 있던 중 소외 망 김◎◎는 피고가 당시 소외 주식회사 ◆◆로부터 별지 목록 기재 부동산에 대하여 아파트분양을 받은 사실을 알게 되어 그 동안 피고가 이미 지급한 금 ○○○원은 피고가 소외 망 김◎◎에게 부담하고 있던 채무의 원금과 이자를 변제하는 것으로 하고 나머지 중도금과 잔금, 그리고 피고가 이 사건 별지 목록 기재 부동산을 분양 받을 때 소외 ○○○○할부금융(주)로부터 대출받은 금 ○○○원은 소외 망 김◎◎가 변제하기로 약정하고 20○○. ○. ○. 피고와 소외 망 김◎◎는 위 분양권을 소외 망 김◎◎에게 양도한다는 내용의 포기각서를 작성하였습니다.

6. 그 뒤 소외 망 김◎◎는 나머지 중도금과 ○○○○할부금융(주)의 대출금을 피고의 명의로 모두 불입(분양계약자 명의가 피고이므로 피고 명의로 납부할 수밖에 없었음.)하고 입주시 잔액을 완납하면서 위 아파트에 입주할 날을 기다리던 중 갑작스런 발병으로 20○○. ○. ○. ○○:○○경 사망하게 되었습니다. 그러므로 소외 망 김◎◎의 재산상속인인 원고들은 피고에게 이 사건 별지 목록 기재 부동산의 분양계약자명의변경절차의 이행을 요구하였으나, 피고는 지금까지 이를 아무런 이유 없이 거부하고 있습니다.

7. 따라서 원고들은 별지 목록 기재 부동산에 관하여 20○○. ○. ○. 매매를 원인으로 한 주식회사 ◆◆ 보관 ○○○○타운 분양계약자 대장상의 분양계약자명의를 피고로부터 원고들로 변경하기 위하여 이 사건 청구에 이르게 된 것입니다.

입 증 방 법

1. 갑 제1호증   기본증명서

   (단, 2007.12.31. 이전 사망한 경우 제적등본)

1. 갑 제2호증의 1 내지 3   가족관계증명서

   (또는, 상속관계를 확인할 수 있는 제적등본)

1. 갑 제3호증   분양계약서

1. 갑 제4호증   포기각서

1. 갑 제5호증   분양금납입내역확인서

1. 갑 제6호증의 1 내지 3   각 대출금상환영수증

첨 부 서 류

1. 위 입증방법   각 2통

1. 소장부본   1통

1. 송달료납부서   1통

20○○. ○. ○.

위 원고 1. 이○○

          2. 이○○

        원고들은 미성년자이므로

법정대리인 후견인 ◉◉◉(서명 또는 날인)

○○지방법원 귀중

□ **손해배상(자)청구의 소(월급생활자 사망, 보험가입한 승용차)**

소 장

원 고   1. 김○○(주민등록번호)

2. 박①○(주민등록번호)

3. 박②○(주민등록번호)

4. 최○○(주민등록번호)

원고 2, 3은 미성년자이므로 법정대리인 친권자 모 김○○

원고들의 주소:○○시 ○○구 ○○길 ○○ (우편번호)

전화·휴대폰번호:

팩스번호, 전자우편(e-mail)주소:

피 고   ◇◇화재해상보험주식회사

○○시 ○○구 ○○길 ○○(우편번호)

대표이사 ◇◇◇

전화·휴대폰번호:

팩스번호, 전자우편(e-mail)주소:

손해배상(자)청구의 소

청 구 취 지

1. 피고는 원고 김○○에게 금 107,365,776원, 원고 박①○, 원고 박
   ②○에게 각 금 68,577,184원, 원고 최○○에게 금 7,000,000원
   및 각 이에 대한 2000. 6. 15.부터 이 사건 소장부본 송달일까지
   는 연 5%의, 그 다음날부터 다 갚는 날까지는 연 15%의 각 비율
   에 의한 돈을 지급하라.

2. 소송비용은 피고의 부담으로 한다.

3. 위 제1항은 가집행 할 수 있다.

   라는 판결을 구합니다.

청 구 원 인

1. 당사자들의 지위

   가. 원고 김○○는 이 사건 교통사고로 사망한 소외 망 박●●의
       처, 원고 박①○, 원고 박②○는 소외 망 박●●의 자녀들로서

상속인이고, 원고 최○○는 소외 망 박◉◉의 어머니입니다.

나. 피고 ◇◇화재해상보험주식회사는 이 사건 가해차량인 소외 이
◈◈ 소유의 서울○○바○○○○호 승용차에 관하여 자동차보험
계약을 체결한 보험자입니다.

2. 손해배상책임의 발생

가. 교통사고의 발생

(1) 발생일시: 2000. 6. 15. 22:30경

(2) 발생장소: ○○시 ○○구 ○○길 ○ ○○빌딩 앞 4차선도로상
횡단보도

(3) 사고차량: 서울○○바○○○○호 승용차

(4) 운전자 겸 소유자: 소외 이◈◈

(5) 피 해 자: 소외 망 박◉◉

(6) 피해상황: 위 도로에 설치된 횡단보도를 보행자신호에 따라
건너던 피해자 소외 망 박◉◉는 신호를 무시하고 달리는 소
외 이◈◈가 운전하는 위 승용차가 충격 되어 뇌진탕 등의 상
해를 입고 같은 날 23:50경 ○○병원에서 사망하였음.

나. 피고의 손해배상책임

소외 이◈◈는 신호를 무시한 채 사고차량을 운전한 결과로 피
해자 소외 망 박◉◉를 사망하게 하였으므로 민법 제750조에
의한 손해배상책임이 있는바, 피고는 위 사고차량에 대하여 자
동차보험계약을 체결한 보험자로서 상법 제726조의2에 의하여
손해배상책임이 있습니다.

3. 손해배상책임의 범위

가. 소외 망 박◉◉의 일실수입

소외 망 박◉◉가 이 사건 사고로 상실한 가동능력에 대한 금
전적 총평가액 상당의 일실수입은 다음 (1)과 같은 사실을 기초
로 하여 다음 (2)와 같은 월 5/12%의 비율로 계산한 중간이자
를 공제하는 단리할인법(호프만식 계산법)에 따라 이 사건 사고
당시의 현가로 계산한 금 191,317,302원입니다.

(1) 기초사실

  (가) 성별 : 남자

     생년월일 : 1956. 10. 18.생

     연령 : 사고당시 43세 7개월 남짓

     기대여명 : 31.21년

  (나) 직업 경력 : 위 망인은 1990. 5. 15.부터 소외 ◎◎주식회사에서 근무하여 왔고, 사고 당시 영업과장으로 근무하고 있었음.

  (다) 정년 및 가동연한 : 위 망인의 소외 ◎◎주식회사에서의 정년은 만 55세가 되는 다음날이고, 그 다음날부터 위 망인이 만 60세가 되는 2016. 10. 17.까지는 도시일용노동에 종사하여 그 임금 상당의 수입을 얻을 수 있었을 것임.

  (라) 가동능력에 대한 금전적 평가

    - 정년시까지 : 위 망인은 2000. 1. 1.부터 2000. 3. 31.까지 근로소득으로 합계 금 6,900,000원을 지급 받았는바, 장차 승급에 따라 그 수입이 증가되리라고 예상되므로 위 망인은 적어도 2000. 1. 1.부터 2000. 3. 31.까지의 근로소득을 매월로 환산한 금 2,300,000원(금 6,900,000원÷3월) 상당의 월급여를 받을 수 있음.

    - 정년 이후 가동연한까지 : 대한건설협회 작성의 2003년 상반기 적용 건설업임금실태조사보고서 중 보통인부의 2003. 1월 현재 1일 시중노임단가 금 50,683원을 기초로 한 월급여 금 1,115,026원{금 50,683원(시중노임단가)×22일(월평균가동일수)} 상당을 얻을 수 있다고 봄이 상당함.

  (마) 생계비 : 수입의 1/3

(2) 기간 및 계산(계산의 편의상 월 미만과 원 미만은 버림. 다음부터 같음)

  ① 기간: 2000. 6. 15.부터 2011. 10. 19.까지(11년 4개월 남짓)

계산 : 금 2,300,000원×2/3×107.5674(136개월에 대한 호프만수치)=금 164,936,679원

② 기간: 2011. 10. 20.부터 2016. 10. 17.까지(4년 11개월 남짓)

계산: 금 1,115,026원×2/3×35.4888{143.0562(사고시부터 60세까지 196개월에 대한 호프만수치)-107.5674(사고시부터 정년까지 136개월에 대한 호프만수치)=35.4888}=금 26,380,623원

③ 합계 : ①+②=금 191,317,302원

나. 일실퇴직금

소외 망 박◉◉의 이 사건 사고로 인한 일실퇴직금 손해는 다음 (1)과 같은 사실을 기초로 하여 다음 (2)와 같은 월 5/12%의 비율로 계산한 중간이자를 공제하는 단리할인법(호프만식 계산법)에 따라 이 사건 사고 당시의 현가로 계산한 금 8,202,844원입니다.

(1) 기초사실

(가) 입사일 : 1990. 5. 25.

(나) 정년에 따른 퇴직예정일 및 근속기간 : 정년인 2011. 10. 19.까지 21년 4개월 남짓

(다) 이 사건 사고로 인한 퇴직일 및 근속기간 : 2000. 6. 15. 까지 10년 남짓

(라) 퇴직금의 근거와 산정방식 : 소외 ◎◎주식회사는 근로기준법의 규정에 따라 근속년수 1년에 1월분의 평균임금을 퇴직금으로 지급하고 있음.

(마) 보수월액: 금 2,300,000원(※원칙적으로는 퇴직 당시의 평균임금을 기초로 하여야 하나 편의상 보수월액으로 하였음)

(바) 사고시까지의 계산상 퇴직금: 월급여 금 2,300,000원 ×(10+22/365)년(1990. 5. 25.부터 2000. 6. 15.까지)= 금 23,138,630원

(2) 계산

  (가) 정년퇴직시 예상퇴직금: 금 2,300,000원 × (21+148/365)
      = 금 49,232,602원

  (나) 정년퇴직시 예상퇴직금의 사고당시 현가
      금 49,232,602원×0.6366(사고시부터 정년퇴직시까지
      11년 5월에 대한 호프만수치, 1/{1+0.05×(11+5/12)}=
      금 31,341,474원

  (다) 사고시까지의 계산상 퇴직금공제 : 금 31,341,474원-금
      23,138,630원=금 8,202,844원

라. 소외 망 박○○의 위자료

소외 망 박○○는 이 사건 사고로 사망하는 순간 견딜 수 없는 정신적 고통을 겪었을 것이므로 피고는 소외 망 박○○에게 위자료로 금 30,000,000원을 지급함이 상당하다 할 것입니다.

마. 상속관계

위와 같이 소외 망 박◉◉가 이 사건 사고로 입은 손해액은 합계 금 229,520,146원{금 191,317,302원(일실수입) + 금 8,202,844원(일실퇴직금)+금 30,000,000원(위자료)}인바, 이 손해배상채권은 위 망인의 처인 원고 김○○에게 금 98,365,776원(위 손해액×상속지분 3/7), 위 망인의 아들 원고 박①○, 망인의 딸 원고 박②○에게는 각 금 65,577,184원(위 손해액×상속지분 2/7)이 상속되었습니다.

바. 원고들의 위자료

원고들도 소외 망 박○○의 사망으로 인하여 크나큰 정신적 고통을 받았을 것임은 경험칙상 명백하므로 위 망인의 처인 원고 김◉◉에게 금 7,000,000원, 위 망인의 자녀인 원고 박①○, 원고 박②○에게 각 금 3,000,000원, 위 망인의 어머니인 원고 최○○에게 금 7,000,000원씩을 위자료로 지급함이 상당하다 할 것입니다.

사. 장례비 : 금 2,000,000원

　　지출자 : 원고 김○○

4. 결론

이와 같이 피고는 원고 김○○에게 금 107,365,776원(상속분 금 98,365,776원+위자료 금 7,000,000원+장례비 금 2,000,000원), 원고 박①○, 원고 박②○에게 각 금 68,577,184원(상속분 금 65,577,184원+위자료 금 3,000,000원), 원고 최○○에게 금 7,000,000원(위자료)씩을 지급할 책임이 있다 할 것인바, 원고들은 피고로부터 위 돈의 지급과 아울러 이에 대한 소외 망 박◉◉가 사망한 사고일인 2000. 6. 15.부터 이 사건 소장부본 송달일까지는 민법에서 정한 연 5%의, 그 다음날부터 다 갚는 날까지는 소송촉진등에관한특례법에서 정한 연 15%의 각 비율에 의한 지연손해금의 지급을 받고자 이 사건 청구에 이른 것입니다.

입 증 방 법

　1. 갑 제1호증　　　　　　　　　기본증명서

　　　(단, 2007.12.31. 이전 사망한 경우 제적등본)

　1. 갑 제2호증　　　　　　　　　가족관계증명서

　　　(또는, 상속관계를 확인할 수 있는 제적등본)

　1. 갑 제3호증　　　　　　　　　주민등록등본

　1. 갑 제4호증　　　　　　　　　자동차등록원부

　1. 갑 제5호증　　　　　　　　　교통사고사실확인원

　1. 갑 제6호증　　　　　　　　　사망진단서

　1. 갑 제7호증　　　　　　　　　근로소득원천징수영수증

　1. 갑 제8호증의 1, 2　　　　　월간거래가격표지 및 내용

　1. 갑 제9호증의 1, 2　　　　　한국인표준생명표 표지 및

　　　　　　　　　　　　　　　　내용

첨 부 서 류

1. 위 입증방법   각 1통
1. 법인등기사항증명서   1통
1. 소장부본   1통
1. 송달료납부서   1통

                    20○○.   ○.   ○.
                    위 원고   1. 김○○(서명 또는 날인)
                             2. 박①○
                             3. 박②○
                             4. 최○○(서명 또는 날인)
                    원고 2, 3은 미성년자이므로
                법정대리인 친권자 모 김○○(서명 또는 날인)
○○지방법원   귀중

□ 부당이득반환 청구의 소(착오송금으로 인한)

소   장

원   고   ○○○ (주민등록번호)
         ○○시 ○○구 ○○길 ○○(우편번호)
         전화·휴대폰번호:
         팩스번호, 전자우편(e-mail)주소:
피   고   ◇◇◇
         주소불명

부당이득반환 청구의 소

청 구 취 지

1. 피고는 원고에게 500,000원 및 이에 대한 이 사건 소장 부본 송달

다음날부터 다 갚는 날까지 연 15%로 계산한 돈을 지급하라.

2. 소송비용은 피고가 부담한다.

3. 위 제1항은 가집행 할 수 있다.

라는 판결을 구합니다.

청 구 원 인

1. 사건내역

원고는 2014. 3. 8경 소외 최OO 명의의 계좌(제일은행 123-456-789)로 500,000원을 송금시키려 하였으나 착오로 피고 명의의 계좌(제일은행 122-456-789)로 잘못 송금하게 되었습니다. 현재 피고와 연락이 되지 않고 있습니다.

2. 피고의 부당이득

피고는 원고의 착오로 인해 법률상 원인 없이 청구금액 상당의 이득을 취했으며 이로 인해 원고는 손해를 보았으므로 부당이득의 반환의무가 있습니다.

3. 사실조회 신청

원고는 피고의 성명과 전화번호 외 송달가능한 주소 등 인적사항을 알지 못합니다. 이에 소송유지 및 향후 강제집행 등을 위해 피고인적사항에 대한 사실조회를 동시에 신청하는 바입니다.

4. 결 어

따라서 피고는 원고에게 500,000원 및 이에 대하여 본 사건 소장 부본 송달된 다음날부터 모두 지급할 때 까지 소송촉진등에관한특례법상 연 15%의 비율로 계산한 돈을 지급할 의무가 있습니다.

입 증 방 법

1. 갑 제1호증   송금영수증 사본   1통.

첨 부 서 류

1. 위 입증방법   1통.

1. 소장 부본	1통.
1. 사실조회 신청서	1통.
1. 송달료 납부 영수증	1통.

○○지방법원　귀중

□ 임차보증금반환청구의 소(임대차기간 1년 만료, 다세대 주택)

소　　　　　장

원　　고　　○○○ (주민등록번호)
　　　　　　○○시 ○○구 ○○길 ○○(우편번호)
　　　　　　전화휴대폰번호:
　　　　　　팩스번호, 전자우편(e-mail)주소:
피　　고　　◇◇◇ (주민등록번호)
　　　　　　○○시 ○○구 ○○길 ○○(우편번호)
　　　　　　전화휴대폰번호:
　　　　　　팩스번호, 전자우편(e-mail)주소:

임차보증금반환청구의 소

청　구　취　지

1. 피고는 원고에게 금 30,000,000원 및 이에 대한 이 사건 소장부본 송
　달 다음날부터 다 갚는 날까지 연 12%의 비율에 의한 돈을 지급하라.
2. 소송비용은 피고의 부담으로 한다.
3. 위 제1항은 가집행 할 수 있다.
　라는 판결을 구합니다.

청 구 원 인

1. 원고는 피고와 피고 소유의 ○○시 ○○구 ○○길 ○○ 소재 ○○연립 301호를 계약기간은 1년, 임차보증금은 금 30,000,000원으로 하고, 월 임차료는 금 200,000원을 매월 15일 지급하기로 약정하여 임차하였습니다.

2. 위 임대차계약은 20○○. ○. ○. 임대차기간이 만료되었고 원고는 피고에게 기간이 만료되기 전부터 이사를 하겠다고 통보하였음에도 기간만료 후 수개월이 지난 지금까지 새로운 임차인이 나타나지 않는다는 이유로 위 임차보증금을 반환해주지 않고 있어 이사를 하지 못하고 있습니다.

3. 따라서 원고는 피고로부터 위 임차보증금 30,000,000원 및 이에 대한 이 사건 소장부본 송달 다음날부터 다 갚는 날까지 소송촉진등에관한특례법에서 정한 연 12%의 비율에 의한 지연손해금을 지급 받고자 부득이 이 사건 청구에 이른 것입니다.

입 증 방 법

1. 갑 제1호증	임대차계약서
1. 갑 제2호증	보증금영수증
1. 갑 제3호증	통고서(내용증명우편)

첨 부 서 류

1. 위 입증방법	각 1통
1. 소장부본	1통
1. 송달료납부서	1통

20○○. ○. ○.

위 원고   ○○○   (서명 또는 날인)

○○지방법원 귀중

3. 형성의 소

① '형성의 소'란 법률관계의 변동을 요구하는 소송을 말합니다.

② 즉, '원고와 피고는 이혼한다'라는 판결이 확정되면 지금까지 부부였던 원고와 피고 간에는 이혼이라는 효과가 형성되는 것과 같은 효과가 나타나는 소송입니다.

③ 형성의 소에는 제3자 이의소송, 사해행위취소등 청구소송, 공유물분할 청구소송 등이 있습니다.

■ **형성의 소장 작성례**

□ **제3자이의의 소(아들의 채권자가 집행한 경우)**

소　　장

원　　고　　○○○ (주민등록번호)
　　　　　　○○시 ○○구 ○○로 ○○(우편번호 ○○○○○)
　　　　　　전화·휴대폰번호:
　　　　　　팩스번호, 전자우편(e-mail)주소:

피　　고　　◇◇◇ (주민등록번호)
　　　　　　○○시 ○○구 ○○로 ○○(우편번호 ○○○○○)
　　　　　　전화·휴대폰번호:
　　　　　　팩스번호, 전자우편(e-mail)주소:

제3자이의의 소

청 구 취 지

1. 피고가 소외 ●●●에 대한 공증인가 ○○법률사무소 20○○증서 제○○○○호 집행력 있는 공정증서에 기하여 별지목록 기재 동산

에 대하여 20○○. ○. ○. 한 강제집행은 이를 불허한다.

2. 소송비용은 피고의 부담으로 한다.

라는 판결을 구합니다.

청 구 원 인

1. 별지목록 기재 동산에 대하여 피고가 소외 ◉◉◉를 상대로 공증인 가 ○○법률사무소 20○○증 제○○○○호 집행력 있는 공정증서에 기하여 20○○. ○. ○. 귀원 소속 집행관이 압류집행을 하고 매각 기일이 같은 해 11. 3. 10시로 지정되었습니다.

2. 그런데 소외 ◉◉◉는 원고의 아들로서 소외 성명불상인 여자와 동 거하면서 원고와 별개의 세대를 구성하여 살다가 소외 성명불상인 여자가 도망가자 몸만 원고의 집에 들어와 원고와 함께 살게 되었습 니다. 그러므로 이 사건 별지목록 기재 동산 중 소외 ◉◉◉ 소유의 동산은 하나도 없고 모두 원고가 평생동안 모은 재산들입니다.

3. 그럼에도 20○○. ○. ○. 11:55에 소속 집행관은 별지목록 기재 동산을 원고가 부재중일 때 소외 ◉◉◉의 동산으로 오인하여 집행 하였던 것입니다.

4. 따라서 이 사건 별지목록 기재의 동산은 원고의 소유임이 명백하여 피고의 소외 ◉◉◉에 대한 동산압류집행조서등본에 기한 별지목록 기재의 동산에 대한 집행은 부당한 것이므로 청구취지와 같은 판결 을 구하고자 이 사건 청구에 이른 것입니다.

입 증 방 법

1. 갑 제1호증   동산압류집행조서등본
1. 갑 제2호증   동산매각기일통지서

첨 부 서 류

1. 위 입증방법   각 1통

1. 소장부본   1통
1. 송달료납부서   1통

20○○. ○. ○.

위 원고 ○○○ (서명 또는 날인)

○○지방법원 ○○지원 귀중

[별 지]

물 건 목 록

품명	수량(대)
○○ 에어컨(23평형)	1
○○지펠 냉장고(676l)	1
○○ 16인치 스탠드 선풍기	1

물건소재지 : ○○시 ○○구 ○○로 ○○ 1층 점포내. 끝.

□ 사해행위취소 등 청구의 소(사해행위취소 및 원상회복, 채무병합청구)

소   장

원   고   ○○○ (주민등록번호)

           ○○시 ○○구 ○○로 ○○(우편번호)

           전화·휴대폰번호:

           팩스번호, 전자우편(e-mail)주소:

피   고   1. 김◇◇ (주민등록번호)

              ○○시 ○○구 ○○로 ○○(우편번호)

              전화·휴대폰번호:

              팩스번호, 전자우편(e-mail)주소:

             2. 이◇◇ (주민등록번호)

○○시 ○○구 ○○로 ○○(우편번호)

전화·휴대폰번호:

팩스번호, 전자우편(e-mail)주소:

사해행위취소 등 청구의 소

청 구 취 지

1. 피고 김◇◇와 피고 이◇◇ 사이에 별지 목록 기재 부동산에 관하여 20○○. ○. ○. 체결한 매매계약을 취소한다.
2. 피고 이◇◇는 원고에 대하여 위 부동산에 관하여 ○○지방법원 ○○○등기소 20○○. ○. ○○. 접수 제○○○○호로 마친 소유권이전등기의 말소등기절차를 이행하라.
3. 피고 김◇◇는 원고에게 금 15,000,000원 및 이에 대한 이 사건 소장 부본 송달일 다음날부터 다 갚는 날까지 연 15%의 비율로 계산한 돈을 지급하라.
4. 소송비용은 피고들의 부담으로 한다.
5. 위 제3항은 가집행 할 수 있다.
 라는 판결을 구합니다.

청 구 원 인

1. 원고는 20○○. ○. ○. 피고 김◇◇에게 금 15,000,000원을 변제기 20○○. ○○. ○.로 정하여 빌려 준 사실이 있습니다. 한편, 피고 김◇◇는 ○○시 ○○구 ○○동 ○○ 대 762㎡(다음부터 위 부동산이라 함)외에 별다른 재산이 없고 오히려 채무가 많은 상태이면서 20○○. ○. ○. 피고 이◇◇에게 시가 금 83,000,000원 상당의 위 부동산을 매매대금 50,000,000원에 매도하고 20○○. ○. ○○. ○○지방법원 ○○○등기소 20○○. ○. ○○. 접수 제○○○○호로 소유권이전등기를 해주었습니다. 그렇다면 피고 김◇◇와 피고 이◇◇ 사이의 위 매매계약은 채권자인 원고를 해함을 알고 한 법률행

위로서 사해행위에 해당한다고 할 것입니다.

2. 따라서 피고 김◇◇와 피고 이◇◇ 사이의 위 부동산에 관한 매매 계약은 사행행위로서 취소되어야 할 것이고, 이에 따른 원상회복으로, 피고 이◇◇는 위 부동산에 관하여 자신 명의의 위 소유권이전 등기의 말소등기절차를 이행하여야 할 것입니다. 또한 피고 김◇◇는 원고에게 위 대여금 15,000,000원 및 이에 대하여 이 사건 소장 부본 송달일 다음날부터 다 갚는 날까지 소송촉진 등에 관한 특례법이 정한 연 15%의 비율로 계산한 돈을 지급할 의무가 있다고 할 것입니다.

입 증 방 법

1. 갑 제1호증   차용증서
1. 갑 제2호증   부동산등기사항전부증명서
1. 갑 제3호증   토지대장등본

첨 부 서 류

1. 위 입증방법   각 1통
1. 소장부본   2통
1. 송달료납부서   1통

20○○.　○.　○.

위 원고　○○○　(서명 또는 날인)

○○지방법원　귀중

□ 공유물분할청구의 소(대금분할)

소　　　　　장

원　　고　　○○○ (주민등록번호)

　　　　　○○시 ○○구 ○○길 ○○(우편번호 ○○○○○)

　　　　　전화·휴대폰번호:

　　　　　팩스번호, 전자우편(e-mail)주소:

피　　고　　1. 김◇◇ (주민등록번호)

　　　　　　○○시 ○○구 ○○길 ○○(우편번호 ○○○○○)

　　　　　　전화·휴대폰번호:

　　　　　　팩스번호, 전자우편(e-mail)주소:

　　　　　2. 이◇◇ (주민등록번호)

　　　　　　○○시 ○○구 ○○길 ○○(우편번호 ○○○○○)

　　　　　　전화·휴대폰번호:

　　　　　　팩스번호, 전자우편(e-mail)주소:

공유물분할청구의 소

청 구 취 지

1. 별지목록1 기재의 부동산을 경매하고, 그 매각대금에서 경매비용을 공제한 금액을 분할하여 별지목록2 기재의 공유지분 비율에 따라 원·피고들에게 각 배당한다.
2. 소송비용은 피고들이 부담한다.

라는 판결을 구합니다.

청 구 원 인

1. 원고는 피고들과 별지목록1 기재의 부동산을 20○○. ○. ○. 경매 절차에서 공동으로 매수신청하여 매각허가결정을 받아 별지목록2 기재 지분으로 공유하고 있으며, 위 부동산에 관하여 공유자 사이에는 분할하지 않는다는 특약을 한 바 없습니다.

2. 그 뒤 원고는 20○○. ○. 초순경 별지목록1 기재의 부동산을 팔아서 매각대금을 지분대로 분할하려고 하였으나 피고들은 이 요구에

응하지 않고 있습니다.

3. 위와 같이 원고와 피고들 사이에 공유물분할에 관한 합의가 이루어 지지 아니하고, 이 사건 부동산은 성질상 현물로 분할할 수 없으므로 별지목록1 기재의 부동산을 경매하여 그 매각대금을 공유지분비율에 따라 분할을 하는 것이 최선이라고 생각합니다.

4. 따라서 원고는 별지목록1 기재의 부동산을 경매에 붙여서 그 매각대금 중에서 경매비용을 공제한 다음 별지목록2 기재의 공유지분비율에 따라 원·피고들에게 배당되도록 하여 공유관계를 해소하기 위하여 이 사건 청구에 이른 것입니다.

입 증 방 법

1. 갑 제1호증　　　　　　　　부동산등기사항증명서
1. 갑 제2호증　　　　　　　　토지대장등본
1. 갑 제3호증　　　　　　　　공유에 관한 계약서
1. 갑 제4호증　　　　　　　　통고서
1. 갑 제5호증　　　　　　　　지적도등본

첨 부 서 류

1. 위 입증방법　　　　　　　　각 1통
1. 소장부본　　　　　　　　　　2통
1. 송달료납부서　　　　　　　　1통

2000.　○.　○.

위 원고　○○○　(서명 또는 날인)

○○지방법원　귀중

[2] 소장의 작성방법

1. 필수적 기재사항

① 소장에 기재해야 하는 필수 기재사항은 다음과 같습니다(민사소송법 제249조 및 제274조제1항).

   1. 당사자의 성명·명칭 또는 상호와 주소
   2. 법정대리인의 성명과 주소
   3. 사건의 표시
   4. 청구 취지
   5. 청구 원인
   6. 덧붙인 서류의 표시
   7. 작성한 날짜
   8. 법원의 표시

2. 청구취지

① '청구취지'란 원고가 소송을 제기해 얻길 원하는 판결의 내용을 말하는 것으로서 소의 결론부분입니다. 따라서 청구취지는 판결의 기준이 됩니다.

② 예를 들어, 신청인이 원하는 것이 전세보증금 5,000만원을 돌려받길 원하는 것이라면 '피고는 원고에게 5,000만원을 지급하라.'가 청구취지가 됩니다.

③ 또한 판사가 5,000만원을 지급해야 할 의무가 있다고 판단되어도 원고가 청구취지에서 1,000만원의 지급을 구하고 있다면 판결은 1,000만원을 지급하라고 결정됩니다. 때문에 청구취지는 정확하게 기재해야 합니다.

3. 청구원인

① 청구원인은 원고가 주장하는 권리 또는 법률관계의 성립원인으로

소송을 제기하게 된 이유를 자세하게 기재하면 됩니다.

② 청구원인은 6하 원칙에 따라 일목요연하고, 자세하게 작성합니다.

③ 덧붙인 서류의 표시

  1. 입증방법

    - 입증방법은 소장을 제출할 때 첨부하는 증거서류를 말하는데, 당사자가 주장한 사실을 뒷받침하는 증거자료를 하나씩 기재하면 됩니다.

    - 증거부호의 표시는 원고가 제출하는 것은 갑 제 호증이라고 기재합니다.

  2. 첨부서류

    - '첨부서류'란 소장에 첨부하는 서류들의 명칭과 통수를 기재하는 것을 말합니다.

    - 입증방법으로 제시하는 서류의 명칭과 제출하는 통수를 기재하면 되고, 증거방법 등을 열거해 두면 제출 누락을 방지하고 법원에서도 확인하기 쉬우며 후일 문제를 일으킬 염려가 없습니다.

4. 임의적 기재사항

임의적으로 소장에 기재할 수 있는 것은 공격방법에 관한 것입니다. 즉 자신의 주장과 요청사항 등이 정당함을 주장하고 사실상 주장을 증명하기 위한 증거방법도 함께 기재할 수 있습니다(민사소송법 제274조 제1항 제4호 및 제2항).

5. 사건의 표시방법

① 사건의 표시는 자신의 요청사항이 한마디로 명확하게 나타나도록 기재하는 것입니다.

② 예를 들어 임금을 청구하는 소송을 제기하려는 것이면 임금청구의 소, 전세보증금을 반환받기를 원해 제기한 소송이면 전세보증금반환 청구의 소 등으로 기재하면 됩니다.

Chapter 2. 소송의 제기 및 진행은 어떤 절차를 밟아야 하나요?

[1] 소송 제기

1. 소 제기

① 소송은 소장을 해당 관할법원에 제출함으로써 제기합니다.

② 재판장은 소장심사를 하여 흠이 있는 경우 보정명령을 하며, 원고가 정해진 기간 이내에 흠을 보정하지 않은 경우 소장은 각하됩니다.

③ 소장이 제출되면 법원은 부본을 바로 피고에게 송달하며 송달이 안 될 경우 주소보정명령을 내립니다. 원고가 일반적인 통상의 조사를 다했으나 송달이 불가능한 경우에는 최후의 방법으로 공시송달을 신청할 수 있습니다.

2. 소장의 제출

소송은 법원에 소장을 제출함으로써 제기합니다(민사소송법 제248조).

3. 관할

3-1. 보통재판적 소재지

소송은 피고의 보통재판적이 있는 곳의 법원이 관할합니다(민사소송법 제2조).

1. 사람: 피고의 주소지 또는 거소지(민사소송법 제3조)
2. 대사(大使)·공사(公使), 그 밖에 외국의 재판권 행사대상에서 제외되는 대한민국 국민이 주소지 또는 거소지가 없는 경우: 대법원이 있는 곳(민사소송법 제4조)
3. 법인, 그 밖의 사단 또는 재단: 사무소 또는 영업소 소재지(만약

사무소와 영업소가 없는 경우에는 주된 업무담당자의 주소)(민사소송법 제5조)

4. 국가: 해당 건과 관련해 국가를 대표하는 관청 또는 대법원이 있는 곳(민사소송법 제6조)

3-2. 특별재판적 소재지

「민사소송법」은 특별한 경우 보통재판적이 없는 곳에서도 소송을 진행할 수 있도록 특별재판적을 규정하고 있습니다.

1. 사무소 또는 영업소에 계속해서 근무하는 사람이 채무자일 경우 그 사무소 또는 영업소가 있는 곳을 관할하는 법원(민사소송법 제7조)

2. 재산권에 관한 소송을 제기하는 경우에는 거소지 또는 의무이행지의 법원(민사소송법 제8조)

3. 어음·수표에 관한 소송을 제기하는 경우에는 지급지의 법원(민사소송법 제9조)

4. 선원에게 재산권에 관한 소송을 제기하는 경우에는 선적이 있는 곳의 법원(민사소송법 제10조 제1항)

5. 군인·군무원에게 재산권에 관한 소송을 제기하는 경우에는 군사용 청사가 있는 곳 또는 군용 선박의 선적이 있는 곳의 법원(민사소송법 제10조 제2항)

6. 대한민국에 주소가 없는 사람 또는 주소를 알 수 없는 사람에게 재산권에 관한 소송을 제기하는 경우에는 청구의 목적 또는 담보의 목적이나 압류할 수 있는 피고의 재산이 있는 곳의 법원(민사소송법 제11조)

7. 사무소 또는 영업소가 있는 사람에게 그 사무소 또는 영업소의 업무와 관련이 있는 소송을 제기하는 경우에는 그 사무소 또는 영업소가 있는 곳의 법원(민사소송법 제12조)

8. 선박 또는 항해에 관한 일로 선박소유자, 그 밖의 선박이용자에게 소송을 제기하는 경우에는 선적이 있는 곳의 법원(민사소송법 제13조)

9. 선박채권(船舶債權), 그 밖에 선박을 담보로 한 채권에 관한 소송을 제기하는 경우에는 선박이 있는 곳의 법원(민사소송법 제14조)

10. 회사, 그 밖의 사단이 사원에게 소송을 제기하는 경우에는 그 소송이 사원의 자격으로 말미암은 것이면 회사, 그 밖의 사단의 보통재판적이 있는 곳의 법원(민사소송법 제15조제1항)

11. 사원이 다른 사원에게 소송을 제기하는 경우에는 그 소송이 사원의 자격으로 말미암은 것이면 회사, 그 밖의 사단의 보통재판적이 있는 곳의 법원(민사소송법 제15조 제1항)

12. 사단 또는 재단이 그 임원에게 소송을 제기하는 경우에는 회사, 그 밖의 사단의 보통재판적이 있는 곳의 법원(민사소송법 제15조 제2항)

13. 회사가 그 발기인 또는 검사인에게 소송을 제기하는 경우에는 회사, 그 밖의 사단의 보통재판적이 있는 곳의 법원(민사소송법 제15조 제2항)

14. 회사, 그 밖의 사단의 채권자가 사원에게 소송을 제기하는 경우 그 소송이 사원의 자격으로 말미암은 것이면 회사, 그 밖의 사단의 보통재판적이 있는 곳의 법원(민사소송법 제16조)

15. 회사, 그 밖의 사단, 재단, 사원 또는 사단의 채권자가 그 사원·임원·발기인 또는 검사인이었던 사람에게 소송을 제기하는 경우에는 회사, 그 밖의 사단의 보통재판적이 있는 곳의 법원(민사소송법 제17조)

16. 사원이었던 사람이 사원에게 소송을 제기하는 경우에는 회사, 그 밖의 사단의 보통재판적이 있는 곳의 법원(민사소송법 제17조)

17. 불법행위에 관한 소송을 제기하는 경우에는 불법행위지의 법원 (민사소송법 제18조 제1항)

18. 선박 또는 항공기의 충돌이나 그 밖의 사고로 말미암은 손해 배상에 관한 소송을 제기하는 경우에는 사고선박 또는항공기가 맨 처음 도착한 곳의 법원(민사소송법 제18조 제2항)

19. 해난구조(海難救助)에 관한 소송을 제기하는 경우에는 구제된 곳 또는 구제된 선박이 맨 처음 도착한 곳의 법원(민사소송법 제19조)

20. 부동산에 관한 소송을 제기하는 경우에는 부동산이 있는 곳의 법원(민사소송법 제20조)

21. 등기·등록에 관한 소송을 제기하는 경우에는 등기 또는 등록할 공공기관이 있는 곳의 법원(민사소송법 제21조)

22. 상속(相續)에 관한 소송 또는 유증(遺贈), 그 밖에 사망으로 효력이 생기는 행위에 관한 소송을 제기하는 경우에는 상속이 시작된 당시 피상속인의 보통재판적이 있는 곳의 법원(민사소송법 제22조)

23. 상속채권, 그 밖의 상속재산의 부담에 관한 소송을 제기하는 경우(사망으로 효력이 생기는 행위에 관한 소송 제외) 상속재산 의 전부 또는 일부가 상속이 시작된 당시 피상속인의 보통재판 적이 있는 곳의 법원관할구역 안에 있으면 그 법원(민사소송법 제23조)

24. 특허권, 실용신안권, 디자인권, 상표권, 품종보호권(이하 "특허 권등"이라 함)을 제외한 지식재산권과 국제거래에 관한 소를 제 기하는 경우에는 「민사소송법」 제2조 내지 제23조의 규정에 따 른 관할법원 소재지를 관할하는 고등법원이 있는 곳의 지방법 원(민사소송법 제24조 제1항)

25. 특허권등의 지식재산권에 관한 소를 제기하는 경우에는 「민사 소송법」 제2조부터 제23조까지의 규정에 따른 관할법원 소재지 를 관할하는 고등법원이 있는 곳의 지방법원 또는 서울중앙지

방법원(민사소송법 제24조 제2항·제3항)

※ 서울고등법원이 있는 곳의 지방법원은 서울중앙지방법원으로 한정(민사소송법 제24조 제1항·제2항 단서)

26. 하나의 소장에 여러 개의 청구를 하는 경우에는 여러 개 가운데 하나의 청구에 대한 관할권이 있는 법원(민사소송법 제25조 제1항)

27. 여러 사람이 공동소송인으로서 당사자가 되는 경우에는 여러 소송인 가 운데 한 명의 관할 법원(민사소송법 제25조제2항)

[2] 재판장의 소장심사 및 보정명령

1. 소장심사 대상

① 소장의 기재사항

소장에는 당사자와 법정대리인, 청구 취지와 원인이 기재되어야 합니다(민사소송법 제249조 제1항).

② 보정명령

재판장은 소장심사를 한 후 다음과 같은 경우에는 상당한 기간을 정하고, 그 기간 이내에 흠을 보정하도록 명령합니다(민사소송법 제254조 제1항 및 제3항).

1. 소장에 기재사항이 제대로 기재되어 있지 않은 경우

2. 소장에 법률의 규정에 따른 인지를 붙이지 않은 경우

3. 소장에 인용한 서증(書證)의 등본 또는 사본을 붙이지 않은 경우

③ 재판장은 필요하다고 인정하는 경우 원고가 청구하는 이유에 대응하는 증거방법을 구체적으로 적어 내도록 명할 수 있습니다(민사소송법 제254조 제3항).

2. 소장의 각하

① 원고가 정해진 기간 이내에 흠을 보정하지 않은 경우 재판장은 명령으로 소장을 각하합니다(민사소송법 제254조제2항).

② 각하명령에 대해서는 즉시항고를 할 수 있습니다(민사소송법 제254조 제3항).

[3] 송달 및 주소보정

1. 소장부본의 송달

① 법원은 특별한 사정이 없으면 소장의 부본을 피고에게 바로 송달합
니다(민사소송법 제255조 제1항 및 민사소송규칙 제64조 제1항).

② 소장 부본은 우편 또는 집행관에 의해 송달됩니다(민사소송법 제
176조 제1항).

2. 주소보정

① 송달을 실시한 결과 다음과 같은 사유로 송달불능이 된 경우 신청
인은 송달 가능한 주소로 보정을 해야 합니다.

  1. 수취인불명 : 수취인의 주소나 성명의 표기가 정확하지 않은 경우

  2. 주소불명 또는 이사불명 : 번지를 기재하지 않았거나, 같은 번
  지에 호수가 많아서 주소를 찾을 수 없는 경우 및 이사를 한
  경우

② 신청인은 보정명령서를 받은 후 정확히 주소 등을 재확인해 보정서
를 제출합니다.

③ 주소보정서 양식

주소보정서

사건번호   20   가   (차)   [담당재판부: 제   (단독)부]

원고(채권자)

피고(채무자)

  위 사건에 관하여 아래와 같이 피고(채무자)   의 주소를 보정
합니다.

주소변동유무	□ 주소변동 없음		종전에 적어낸 주소에 그대로 거주하고 있음
	변동있음	□ 주소 (주민등록상 주소가 변동)	
		□ 송달장소 (주민등록상 주소는 변동 없음)	
송달신청	송달료필요	□ 재송달신청	종전에 적어 낸 주소로 송달
		□ 특별송달신청 (특별송달료는 지역에 따라 차이가 있을 수 있음)	□ 통합송달(주간+야간+휴일)
			□ 주간송달
			□ 야간송달
			□ 휴일송달
			□ 종전에 적어 낸 주소로 송달
			□ 새로운 주소로 송달
			□ 송달장소로 송달
	□ 공시송달신청		주소를 알 수 없으므로 공시송달을 신청함 (첨부서류:)
20 . . . 원고			

[주소 보정 요령]

1. 상대방의 주소가 변동되지 않은 경우에는 주소변동 없음란의 □에 "✔" 표시를 하고, 송달이 가능한 새로운 주소가 확인되는 경우에는 주소변동 있음란의 □에 "✔" 표시와 함께 새로운 주소를 적은 후 이 서면을 주민등록표 초본 등 소명자료와 함께 법원에 제출하시기 바랍니다.(상대방의 주소가 변동되지 않은 경우에도 주민등록표 초본 등 소명자료 제출이 필요함)

2. 법인 대표자의 주소로 송달장소를 보정할 경우에는 주소변동 있음란의 □에 "✔" 표시와 함께 새로운 송달장소를 적은 후 이 서면을 대표자의 주민등록표 초본 등의 소명자료와 함께 법원에 제출하시기 바랍니다.

3. 상대방이 종전에 적어 낸 주소에 그대로 거주하고 있으면 재송달신청란의 □에 "✔" 표시를 하여 이 서면을 주민등록표 초본 등 소명자료와 함께 법원에 제출하시기 바랍니다.

4. 수취인부재, 폐문부재 등으로 송달되지 않는 경우에 특별송달(집행관송달 또는 법원경위송달)을 희망할 때에는 특별송달신청란의 □에 "✔" 표시를 하고, 통합송달·주간송달·야간송달·휴일송달 중 희망하는 란의 □에도 "✔" 표시를 한 후, 이 서면을 주민등록표 초본 등의 소명자료와 함께 법원에 제출하

시기 바랍니다(특별송달에 필요한 송달료 추가납부와 관련된 문의는 재판부 또는 접수계로 하시기 바랍니다).

5. 통합송달은 채권자가 복수의 송달방법(주간송달, 야간송달 및 휴일송달)을 한 번에 신청할 수 있는 집행관송달 방식을 말합니다.

6. 공시송달을 신청하는 때에는 공시송달신청란의 □에 "✔"표시를 한 후 주민 등록 말소자등본 기타 공시송달요건을 소명하는 자료를 첨부하여 제출하시기 바랍니다.

7. 지급명령신청사건의 경우에는 사건번호의 '(차)', '채권자', '채무자' 표시에 ○표를 하십시오.

8. 읍·면사무소 또는 동주민센터 등에 이 서면 또는 주소보정권고 등 법원에서 발행한 문서를 제출하여 상대방의 주민등록표 초본 등의 교부를 신청할 수 있습니다.(주민등록법 제29조

※ 주소보정명령을 받은 사례

[질문] 저는 부동산 매입 후 소유권이전등기만을 남겨놓은 상황이었는데, 매도자가 그만 사고로 사망했습니다. 상속인들은 망자와 저와의 매매계약을 인정하지 않으며 소유권이전등기를 해주지 않기에 소송을 제기하게 되었습니다. 그런데 제가 아는 주소는 망자의 주소 뿐이고 상속인들의 주소는 알지 못하는 상황입니다. 연락도 잘 안 됩니다. 소장 부본이 송달이 안 되어서 주소보정명령을 받았는데 어떻게 해야 하나요?

[답변] 주소보정명령서를 가지고 동사무소를 방문해 상속인들의 주소를 알아보시기 바랍니다. 법원의 명령서가 있을 경우에는 동사무소에서 주민등록등본 및 초본을 발급해 줍니다.

발급받은 주민등록등본 등을 가지고 주소보정서를 제출하시기 바랍니다. 만약 주소보정서를 제출했음에도 송달이 안 되어 다시 재송달, 특별송달 등의 과정을 거쳤음에도 불구하고 상속인을 찾을 수 없다면 공시송달을 신청해 보시기 바랍니다.

공시송달은 본인이 할 수 있는 모든 방법을 동원했음에도 상대방에게 송달이 되지 않은 경우에 신청할 수 있는 최후의 방법으로 법원이 허가하면 법원게시판 게시·관보·공보 또는 신문 게재·전자통신매체를 이용한 공시를 거쳐 송달이 인정되는 제도입니다.

④ 재송달

같은 주소지로 다시 송달을 하는 방법인 재송달을 신청하는 경우는 다음과 같습니다.

1. 수취인부재

2. 폐문부재

3. 수취인거절

4. 고의로 송달을 거부한 경우

   ※ 주민등록등본 등 소명자료와 함께 법원에 제출해야 합니다.

⑤ 특별송달

- 특별송달은 주말송달, 야간송달, 휴일송달 등으로 송달하는 방법이며, 우편집배원이 아닌 법원의 집행관이 송달합니다.

- 재송달을 했음에도 수취인부재, 폐문부재 등으로 송달되지 않는 경우에는 특별송달을 신청합니다.

- 주민등록등본 등 소명자료와 함께 법원에 제출해야 합니다.

3. 공시송달

① 원고가 일반적인 통상의 조사를 다했으나 피고의 주소, 거소, 영업소, 사무소와 근무장소, 기타 송달장소 중 어느 한 곳도 알지 못해 송달이 불가능한 경우에 하는 송달 방법으로 다른 송달방법이 불가능한 경우에 한해 인정되는 최후의 송달방법입니다.

② 원고는 송달받을 사람의 최후 주소지를 확인할 수 있는 자료(주민등록 등·초본)와 신청인이 송달받을 사람의 주거 발견에 상당한 노력을 한 사실 및 그럼에도 불구하고 이를 찾아낼 수 없었던 사실에 관해 신빙성 있는 소명자료(집행관에 의한 특별송달 결과 등)를 첨부해 신청합니다.

③ 공시송달은 다음 중 어느 하나의 방법으로 그 사유를 공시하는 것을 말합니다(민사소송규칙 제54조 제1항).

1. 법원게시판 게시

2. 관보·공보 또는 신문 게재

3. 전자통신매체를 이용한 공시

4. 공시송달의 효력발생시기

④ 첫 공시송달은 실시한 날부터 2주가 지나야 효력이 생깁니다(민사소송법 제196조 제1항 본문). 다만, 같은 당사자에게 하는 그 뒤의 공시송달은 실시한 다음 날부터 효력이 생깁니다(민사소송법 제196조 제1항 단서).

⑤ 외국에 있는 상대방에 대한 공시송달은 2개월이 지나야 효력이 생깁니다(민사소송법 제196조2항).

[4] 전자소송의 경우

1. 전자소송의 진행절차

① 전자소송에 대해서도 일반소송과 관할 등 일반적인 내용은 같습니다. 다만, 전자소송의 경우 문서의 제출, 송달 등이 전자적 방식으로 이루어지므로 전자소송의 특수성이 있습니다.

② 전자소송에서의 소제기는 다음과 같이 이루어집니다.

실지명의 확인 가능한 전자서명 인증서로 로그인 사인 후 소장을 작성하고 전자서명한 수 제출합니다(당사자, 대리인 모두 이용가능) 단, HWP, WORD 문서 형식의 소장을 미리 작성한 후 첨부하여 제출하는 기능은 지원하지 않습니다.

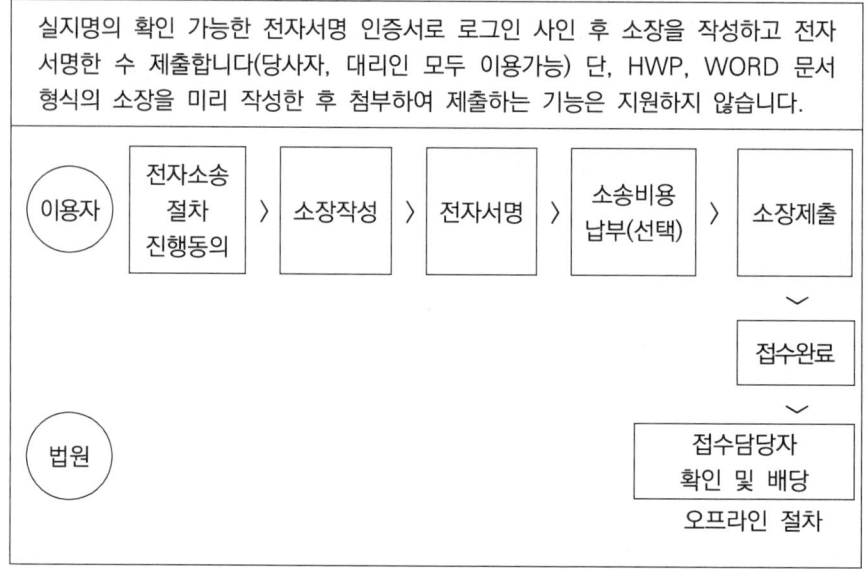

2. 전자문서의 작성·제출

① 등록사용자는 전자소송 홈페이지에서 요구하는 사항을 빈칸 채우기 방식으로 입력한 후, 나머지 사항을 해당란에 직접 입력하거나 전자문서를 등재하는 방식으로 소송서류를 작성·제출할 수 있습니다(민사소송 등에서의 전자문서 이용 등에 관한 법률 제8조, 민사소송 등에서의 전자문서 이용 등에 관한 규칙 제11조 제1항).

② 전자소송절차 진행에 동의한 등록사용자는 제출된 전자문서를 확인할 의무가 있습니다. 전자문서를 제출한 날부터 1주일이 경과하거나 기일이 끝날 때까지 이의를 제기하지 않은 경우에는 제출하고자한 문서와 전자소송시스템에 등재된 전자문서 사이의 동일성에 관해 이의를 제기할 권리를 잃게 됩니다(민사소송 등에서의 전자문서 이용 등에 관한 규칙 제17조 제1항).

3. 전자문서의 접수

① 전산정보처리시스템을 이용하여 제출된 전자문서는 전산정보처리시스템에 전자적으로 기록된 때에 접수된 것으로 봅니다. 다만, 「민사소송 등에서의 전자문서 이용 등에 관한 법률」 제8조의2제4항에 따라 등재한 경우에는 등재를 신청한 때에 접수된 것으로 봅니다(민사소송 등에서의 전자문서 이용 등에 관한 법률 제9조 제1항).

② 법관·사법보좌관 또는 법원서기관·법원사무관·법원주사·법원주사보(이하 "법원사무관 등"이라 함)은 전자문서가 접수된 경우 즉시 그 문서를 제출한 등록사용자에게 접수사실을 전자적 방법으로 통지해야 합니다(민사소송 등에서의 전자문서 이용 등에 관한 법률 제9조제4항).

4. 전자적 송달 또는 통지

① 전자적 송달 또는 통지는 다음과 같이 이루어집니다.

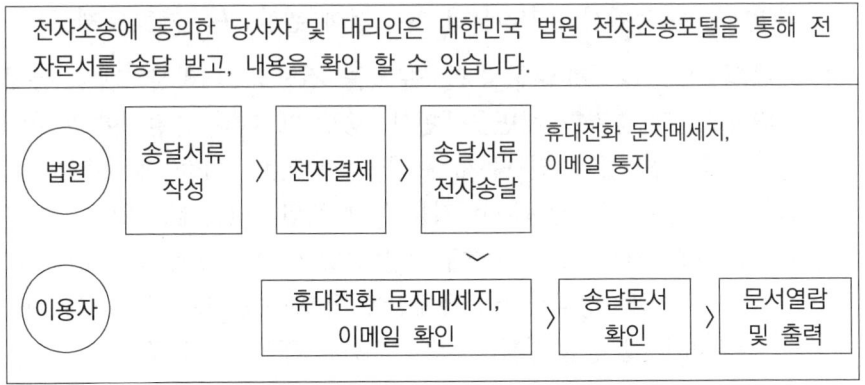

② 전자문서 등재사실의 통지는 등록사용자가 전자소송시스템에 입력한 전자우편주소로 전자우편을 보내고, 휴대전화번호로 문자메시지나 이에 준하는 메시지(이하 "문자메시지등"이라 함)를 보내는 방법으로 합니다. 다만, 문자메시지등은 등록사용자의 요청에 따라 보내지 않을 수 있습니다(민사소송 등에서의 전자문서 이용 등에 관한 법률 제11조제3항 및 민사소송 등에서의 전자문서 이용 등에 관한 규칙 제26조제1항).

③ 전자적 송달은 송달받을 자가 등재된 전자문서를 확인한 때에 송달된 것으로 봅니다. 다만, 그 등재사실을 통지한 날부터 1주 이내에 확인하지 않는 경우에는 등재사실을 통지한 날부터 1주가 지난 날에 송달된 것으로 봅니다(민사소송 등에서의 전자문서 이용 등에 관한 법률 제11조 제4항).

④ 전산정보처리시스템의 장애로 인해 송달받을 자가 전자문서를 확인할 수 없는 기간은 위 기간에 산입하지 않습니다(민사소송 등에서의 전자문서 이용 등에 관한 법률 제11조제5항).

⑤ 통지를 받은 등록사용자는 전자소송시스템에 접속하여 등재된 전자문서를 확인 또는 출력할 수 있습니다(민사소송 등에서의 전자문서 이용 등에 관한 규칙 제26조제4항). 또한, 전자소송시스템을 이용하여 송달한 전자문서 정본에 의해 출력한 서면은 정본의 효력이 있습니다(민사소송 등에서의 전자문서 이용 등에 관한 규칙 제26조제5항).

⑥ 다음의 어느 한 경우에는 전자문서를 전산정보처리시스템을 통해 출력하고, 그 출력한 서면을 「민사소송법」에 따라 송달해야 합니다(민사소송 등에서의 전자문서 이용 등에 관한 법률 제12조제1항, 민사소송 등에서의 전자문서 이용 등에 관한 규칙 제29조).

  1. 군사용의 청사 또는 선박에 속하여 있는 사람 또는 교도소·구치소 또는 국가경찰관서의 유치장에 체포·구속 또는 유치(留置)된 사람에게 할 송달(민사소송법 제181조 또는 제182조)

2. 전쟁에 나간 군대, 외국에 주둔하는 군대에 근무하는 사람 또는 군에 복무하는 선박의 승무원에게 할 송달(민사소송법 제192조)

3. 송달받을 자가 전자소송절차 진행동의를 하지 않았거나, 국가·지방자치단체·그 밖에 그에 준하는 자가 아닌 경우(민사소송 등에서의 전자문서 이용 등에 관한 법률 제11조제1항)

4. 전자소송시스템 또는 정보통신망에 장애가 발생한 경우(민사소송 등에서의 전자문서 이용 등에 관한 규칙 제14조제1항)

5. 전자문서화가 곤란하거나 부적합한 경우(민사소송 등에서의 전자문서 이용 등에 관한 규칙 제15조제1항)

6. 송달받을 자가 책임질 수 없는 사유로 전자소송시스템에 등재된 전자문서를 확인할 수 없다는 점을 소명하여 출력서면의 송달을 신청한 경우

7. 그 밖에 재판장 등(재판장, 수명법관, 수탁판사, 조정담당판사 또는 조정장)이 출력서면의 송달이 필요하다고 인정하는 경우

⑦ 법원사무관 등은 전자문서를 출력한 서면을 전자우편(우체국 창구나 정보통신망을 통해 전자적 형태로 접수된 통신문 등을 발송인이 의뢰한 형태로 출력·봉함하여 수취인에게 배달하는 제도)을 이용해 송달할 수 있습니다(민사소송 등에서의 전자문서 이용 등에 관한 규칙 제29조제4항 및 우편법 시행규칙 제25조제1항제12호).

5. 제출된 전자문서의 보완

① 재판장 등(재판장, 수명법관, 수탁판사, 조정담당판사 또는 조정장)은 전자문서로 변환·제출된 서류의 판독이 곤란하거나 그 밖에 원본을 확인할 필요가 있을 때에는 이를 제출한 자에게 상당한 기간을 정해 판독이 가능한 전자문서를 다시 제출하거나 원본을 제출할 것을 명할 수 있습니다(민사소송 등에서의 전자문서 이용 등에 관한 규칙 제18조제1항).

② 보완명령에 따른 경우 최초에 전자문서를 제출했을 때에 전자문서가 제출된 것으로 보고, 이 명령에 따르지 않은 경우에는 해당서류를 제출하지 않은 것으로 봅니다(민사소송 등에서의 전자문서 이용 등에 관한 규칙 제18조제2항).

③ 등록사용자가 전자소송시스템을 이용해 소송서류를 제출한 후에는 전자소송시스템에서 이를 삭제하거나 수정된 내용으로 다시 등재할 수 없습니다. 이 때 등록사용자는 법원사무관 등에게 해당 소송서류의 삭제나 등재사항의 수정을 요청할 수는 있습니다(민사소송 등에서의 전자문서 이용 등에 관한 규칙 제18조제3항).

④ 전자소송에서 제출하는 전자문서의 파일형식, 구성방식, 용량, 전자적 송달을 받을 공공기관 및 지방공사 등에 관해 자세한 내용은 「민사소송 등에서의 전자문서 이용 등에 관한 업무처리지침」에서 볼 수 있습니다.

Chapter 3. 피고의 답변서 제출 및 반소제기

[1] 피고의 답변서 제출

1. 답변서 제출통보

법원은 소장의 부본을 송달할 때에 피고가 원고의 청구를 다투는 경우에는 답변서를 제출하라는 취지를 피고에게 알립니다(민사소송법 제256조제2항 및 제1항).

※ 답변서 제출방법

[질문] 저는 작년에 대부업체에서 돈을 빌린 적이 있었는데 모두 변제했다고 생각하고 있었습니다. 당시 변제 후 받은 영수증도 아직 가지고 있습니다. 그런데 얼마 전 대부업체에서 독촉전화가 오더니 대여금청구로 기재된 소장까지 받게 되었습니다. 이제 어떻게 해야 하나요?

[답변] 법원에서 소장과 함께 답변서를 제출하라는 취지의 서류를 보냈을 것입니다. 원고의 주장을 법정에서 다투길 원할 경우 소장의 부본을 송달받은 날부터 30일 이내에 답변서를 제출하면 됩니다. 기한 내에 답변서를 제출하지 않으면 원고의 청구대로 변론없이 판결이 날 수 있으니 기한 내에 제출하시기 바랍니다.

대한민국 법원 나홀로소송 사이트를 방문하시면 답변서를 작성하실 수 있도록 프로그램이 마련되어 있습니다. 사건번호 등을 확인하시고 답변서를 작성해 제출하면 됩니다.

이 때 청구취지에 대한 답변 및 청구원인에 대한 답변은 별도로 기재해야 하는데 언제, 누가(누구와 함께), 어디서, 어떤 방법으로 변제를 했고, 첨부할 증명자료는 무엇인지 등을 자세하게 기재하면 됩니다. 또한 증명자료도 첨부해야 합니다.

답변서의 작성 예시는 대한법률구조공단 사이트에 다양하게 기재되어 있으니 도움을 받는 것도 방법입니다.

---

2. 답변서의 작성

① 답변서에는 다음의 사항을 적어야 합니다(민사소송법 제256조제4항, 제274조제1항, 제2항 및 민사소송규칙 제65조제1항).

  1. 당사자의 성명·명칭 또는 상호와 주소

  2. 대리인의 성명과 주소

  3. 사건의 표시

  4. 공격 또는 방어의 방법 : 주장을 증명하기 위한 증거방법

  5. 상대방의 청구와 공격 또는 방어의 방법에 대한 진술 : 상대방의 증거방법에 대한 의견 기재

  6. 덧붙인 서류의 표시

  7. 작성한 날짜

  8. 법원의 표시

  9. 청구 취지에 대한 답변

  10. 소장에 기재된 개개의 사실에 대한 인정 여부 및 증거방법

  11. 항변과 이를 뒷받침하는 구체적 사실 및 증거방법

3. 답변서의 첨부서류

① 답변서에는 증거방법 중 입증이 필요한 사실에 관한 중요한 서증의 사본을 첨부해야 합니다(민사소송규칙 제65조제2항).

② 당사자가 가지고 있는 문서로 답변서에 인용한 것은 그 등본 또는 사본을 붙여야 합니다(민사소송법 제256조 제4항 및 제275조제1항).

③ 문서의 일부가 필요한 경우에는 그 부분에 대한 초본을 붙이고, 문서가 많을 때에는 그 문서를 표시하면 됩니다(민사소송법 제256조제4항 및 제275조제2항).

④ 첨부서류는 상대방이 요구하면 그 원본을 보여 주어야 합니다(민사소송법 제256조제4항 및 제275조제3항).

4. 답변서 제출기한

① 피고는 소장의 부본을 송달받은 날부터 30일 이내에 답변서를 제출해야 합니다(민사소송법 제256조 제1항 본문).

② 다만, 피고가 공시송달의 방법에 따라 소장의 부본을 송달받은 경우에는 그렇지 않습니다(민사소송법 제256조 제1항 단서).

5. 보정명령

재판장은 답변서의 기재사항 등이 제대로 기재되어 있지 않은 경우 법원서기관·법원사무관·법원주사 또는 법원주사보로 하여금 방식에 맞는 답변서의 제출을 촉구하게 할 수 있습니다(민사소송규칙 제65조제3항).

6. 답변서의 송달

법원은 답변서의 부본을 원고에게 송달합니다(민사소송법 제256조제3항).

7. 답변서 미제출의 효과

① 법원은 피고가 답변서를 제출하지 않은 경우 청구의 원인이 된 사실을 자백한 것으로 보고 변론 없이 판결할 수 있습니다(민사소송법 제257조제1항 본문).

② 다만, 직권으로 조사할 사항이 있거나 판결이 선고되기까지 피고가 원고의 청구를 다투는 취지의 답변서를 제출한 경우에는 그렇지 않습니다(민사소송법 제257조제1항 단서).

③ 자백하는 취지의 답변서 제출의 경우
피고가 청구의 원인이 된 사실을 모두 자백하는 취지의 답변서를 제출하고 따로 항변을 하지 않은 경우 법원은 변론 없이 판결할 수 있습니다(민사소송법 제257조제2항).

④ 선고 기일 통지
법원은 피고에게 소장의 부본을 송달할 때에 변론 없이 판결을 선고할 기일을 함께 통지할 수 있습니다(민사소송법 제257조 제3항).

8. 각종 답변서 작성례

□ 답변서(건물 등 철거)

답 변 서

사 건   20○○가단○○○ 건물 등 철거

원 고   ○○○

피 고   ◇◇◇

위 사건에 관하여 피고의 소송대리인은 아래와 같이 답변합니다.

청구취지에 대한 답변

1. 원고의 청구를 기각한다.
2. 소송비용은 원고가 부담한다.
   라는 재판을 구합니다.

청구원인에 대한 답변

1. 사실관계의 정리

원고는 피고가 이 사건 건물의 소유자라고 주장하나 이는 사실과 다릅니다.

① 피고는 1984. 8. 24.경 소외 이00으로부터 이 사건 건물과 그 대지를 매수하기로 계약하였습니다. (을 제1호증 매매계약서 참조)

② 당시 이 사건 건물은 위 이00이 신축하여 소유하고 있던 미등기 건물이었습니다.

③ 피고는 위 이00과의 위 매매계약에 기하여 이 사건 건물을 인도받아 현재까지 살고 있습니다.

④ 한편, 위 이00은 1995년 경 사망하였는바, 이 사건 대지는 위 이00의 직계비속인 소외 이@@이 상속하였고, 그 무렵 이 사건 건물 역시 위 이@@에게 상속되었다 할 것입니다.

⑤ 2004년 경 피고는 당시까지 토지와 건물에 대한 등기이전을 하지 못한 관계로 이 사건 건물을 보수하기 위하여 토지의 소유자로 등기되어있던 위 이@@의 승낙이 필요하였고, 위 이@@의 승낙을 받아 이 사건 건물을 개보수 하였습니다. {을 제2호증 확인서(이@@) 참조}

⑥ 그 이후 2013. 1. 14.경 이 사건 토지는 강제경매에 의해 원고가 매수하였습니다.

2. 원고 주장의 부당성

가. 관습법상 법정지상권의 존재

(1) 관습법상 법정지상권은 ① 토지와 건물이 동일인의 소유에 속하였다가, ② 그 토지소유자와 건물소유자가 다르게 되었을 경우, ③ 위 건물에 대한 철거 특약이 없을 것을 조건으로 성립하게 됩니다.

(2) 이 사건 건물의 경우 최초 이 사건 건물을 신축한 위 망 이00이 원시취득한 이래로 미등기상태로 계속 존재하고 있어 현재까지도 위 이00의 상속인인 위 이@@의 소유라 할 것이고, 이 사건 토지의 경우에도 위 이@@이 위 이00로부터 상속하여 소유하고 있다가 2013년 경 강제경매에 의해 원고에게로 소유권이 이전된 것이므로, 관습법상 법정지상권의 첫 번째 성립요건인 ① 토지와 건물이 동일인의 소유에 속하였다는 것과 ② 그 토지소유자와 건물소유자가 다르게 되었을 것이라는 요건을 충족한다 할 것입니다.

또한, 강제경매로 인하여 이 사건 토지의 소유권이 이전된 이상 건물소유자와 토지소유자 사이에 이 사건 건물에 대한 철거 합의가 있는 것을 불가능하므로, 이를 이유로 ③ 위 건물에 대한 철거 특약이 없을 것이라는 요건도 충족합니다.

(3) 따라서 이 사건 건물에 대하여 현재 법정지상권이 성립되어 있다 할 것입니다.

나. 피고의 점유 권원

(1) 피고는 과거 이 사건 건물과 토지를 위 망 이00로부터 매수하기로 계약하였고, 현재까지 점유·사용하고 있으므로 소유권이전등기청구권의 소멸시효는 중단된 상태라 할 것입니다.

(2) 또한 소외 이@@은 위 망 이00의 상속인으로 피고와 위 망 이00 사이의 매매계약에 따른 채무를 승계하고 있다 할 것이고, 비록 이 사건 토지에 대한 소유권이전등기청구는 이행불능에 빠졌지만, 이 사건 건물에 대하여는 여전히 피고가 위 매매계약에 따른 채권에 기하여 이 사건 건물을 점유·사용하고 있는 것인바, 민법 제213조 단서에 기하여 이 사건 건물 및 토지를 점유할 권리가 있다 할 것입니다.

다. 보론 - 피고의 관습법상 법정지상권 등기 및 이전 계획

(1) 현재 이 사건 건물의 대외적 소유권자는 위 이@@이라 할 것이고, 위 이@@은 이 사건 건물에 대한 관습법상 법정지상권을 취득한 상태입니다.

(2) 한편, 피고는 위 이@@로부터 이 사건 건물에 대한 소유권이전을 청구할 수 있는 채권을 보유하고 있고, 이 사건 건물의 유지를 위한 법정지상권도 함께 이전을 청구할 권리를 가지고 있습니다.

(3) 위와 같은 이유로 현재 피고는 이 사건 건물에 대한 소유권보존등기를 경료하여 위 이@@로부터 소유권이전을 받고, 아울러 관습법상 법정지상권까지 함께 등기하여 이전받을 계획에 있으나, 이 사건 건물이 장기간 미등기로 존재하고 있던 건물이어서 건축 허가 등의 업무처리에 어려움이 있어 지연되고 있는 상황입니다.

3. 맺음말

요컨대, 이 사건 건물과 토지는 위 이@@의 소유였다가 강제경매로 인하여 소유권자가 달라진 상황으로, 이 사건 건물에 대한 관습법상 법정지상권이 성립되어 있어, 원고의 이 사건 청구는 이유 없다 할 것입니다.

입 증 방 법

1. 을 제1호증   매매차계약서 사본
1. 을 제2호증   확인서(이@@)

첨 부 서 류

1. 위 입증방법   각 1통
2. 위임장   1통
3. 납부서   1통
4. 소장부본   1통

20○○.   ○○.   ○○.

위 피고   ◇◇◇ (서명 또는 날인)

○○지방법원 제○○민사단독   귀중

□ **답변서(수표금청구에 대한 부인)**

답 변 서

사   건   20○○가소○○○○ 수표금
원   고   ○○○
피   고   ◇◇◇

　위 사건에 관하여 피고는 아래와 같이 답변합니다.

청구취지에 대한 답변

1. 원고의 청구를 기각한다.

2. 소송비용은 원고의 부담으로 한다.
라는 판결을 구합니다.

청구원인에 대한 답변

1. 원고는 피고가 위 수표를 원고로부터 냉장고를 구입하고 그 대금으로 교부하였다고 주장하나, 피고는 원고로부터 냉장고를 구입한 사실도 없으며 원고에게 위 수표를 교부한 사실도 없습니다.

2. 원고가 주장하는 위 냉장고는 피고가 구입한 것이 아니고 소외 ◈◈◈가 구입한 것이고, 피고는 소외 ◈◈◈의 부탁에 의하여 원고가 운영하는 가게에 함께 동행한 것에 불과하며, 이 사건 수표의 배서도 소외 ◈◈◈가 한 것입니다.

3. 그럼에도 불구하고 이를 피고에게 청구하는 것은 부당하다고 할 것이며, 설령 피고가 위 수표를 교부하였다고 하여도 위 냉장고를 구입한 것은 19○○. ○. ○.이고 위 수표의 지급기일은 19○○. ○. ○.이므로 법률상 이미 그 소멸시효가 완성되어 피고가 이를 지급할 의무가 없다 할 것입니다.

입 증 방 법

1. 을 제1호증   물품계약서

첨 부 서 류

1. 위 입증방법   1통

20○○.   ○.   ○.
위 피고   ◇◇◇ (서명 또는 날인)

○○지방법원 제○○민사단독   귀중

□ 답변서(임차료청구에 대한 항변)

답 변 서

사 건 20○○가소○○ 임차료 등

원 고 ○○○

피 고 ◇◇◇

위 사건에 관하여 피고는 아래와 같이 답변합니다.

청구취지에 대한 답변

1. 원고의 청구를 기각한다.
2. 소송비용은 원고의 부담으로 한다.

라는 판결을 구합니다.

청구원인에 대한 답변

원고의 청구원인 사실 중,

1. 이 사건 건물이 원래 소외 김◉◉의 소유였다가 그 뒤 소외 ■■■가 상속한 사실,
2. 또한 피고의 남편 망 이◆◆가 임대료 월 금 70,000원씩 주고 임차하여 사용하다가 사망한 뒤 그의 처인 피고가 계속 사용하고 있다는 원고의 주장은 이를 인정하나, 위 건물을 소외 제3자에게 전대하였다거나, 월 임차료가 10개월 연체되었다는 원고의 주장은 전혀 사실이 아니거나 피고가 모르는 사실입니다.

20○○. ○. ○.

위 피고 ◇◇◇ (서명 또는 날인)

○○지방법원 제○○민사단독 귀중

□ **답변서(소유권이전등기청구에 대한 부인)**

답 변 서

사 건   20○○가합○○○○ 소유권이전등기

원 고   ○○○

피 고   ◇◇◇

　위 사건에 관하여 피고는 다음과 같이 답변합니다.

청구취지에 대한 답변

1. 원고의 청구를 기각한다.
2. 소송비용은 원고의 부담으로 한다.

라는 판결을 구합니다.

청구원인에 대한 답변

1. 원고와 피고가 20○○. ○. ○. 이 사건 부동산에 대한 매매계약을 체결한 사실만 인정하고 나머지 사실관계는 모두 부인합니다.
2. 원고는 이 사건 부동산의 매매대금 중 계약금 20,000,000원만 피고에게 지급한 뒤 중도금 및 잔금을 그 지급기한인 20○○. ○. ○.을 넘은 시점인 현재까지 지급하지 않고 있습니다.
3. 원고가 중도금 및 잔금에 대해 채무를 이행하지 않는 이상 피고가 원고에게 이 사건 부동산에 대한 이전등기절차를 이행할 아무런 이유가 없는 것입니다. 따라서 원고의 청구를 기각하고 소송비용은 원고의 부담으로 하는 판결을 내려주시기 바랍니다.

20○○.   ○.   ○.

위 피고   ◇◇◇ (서명 또는 날인)

○○지방법원 제○민사부　귀중

□ 답변서(손해배상(자)에 대한 항변)

답 변 서

사　건　20○○가단○○○○ 손해배상(자)
원　고　○○○
피　고　◇◇보험주식회사

　위 사건에 관하여 피고는 원고의 청구에 대하여 아래와 같이 답변합니다.

청구취지에 대한 답변

1. 원고의 청구를 기각한다.
2. 소송비용은 원고의 부담으로 한다.
　라는 재판을 구합니다.

청구원인에 대한 답변

1. 원고의 주장
　원고는 20○○. ○. ○. ○○:○○경 소외 ◆◆◆ 운전의 경남 ○고 ○○○○호 승용차가 ○○시 ○○구 ○○길 소재 ○○숯불갈비 앞에서 공사용 가드레일을 들이받아 그 파편이 원고에게 튕기면서 다발성 좌상, 미골탈구, 추간판탈출증 등의 상해를 입게 하였으므로 위 승용차의 보험자인 피고로서는 원고의 손해를 배상할 책임이 있다고 주장하고 있습니다.

2. 채무의 부존재
　가. 위와 같은 원고의 주장과는 달리 이 사건 사고로 인하여 원고가 입은 상해는 장기간의 치료를 요하거나 후유장해를 남기는 상해가 아니라 경미한 좌상에 불과하였습니다.
　나. 이에 피고는 이 사건 소제기 전에 원고의 치료요청에 따라 원고

가 입은 손해의 전부인 치료비 전액 금 3,133,970원을 지급함
으로써 이 사건 사고로 인한 배상책임을 모두 이행하였습니다.
(피고는 추후 신체감정 및 형사기록이 송부되는 대로 원고가
주장하고 있는 사고발생 경위, 일실수입, 치료비 및 위자료에
대하여 적극적으로 다툴 예 정입니다)

3. 결 어

피고는 그 지급책임이 있는 범위내의 모든 채무를 이행하였으므로
원고의 이 사건 청구는 마땅히 기각되어야 할 것입니다.

2000.   O.   O.

위 피고   ◇◇보험주식회사

대표이사 ◇◇◇ (서명 또는 날인)

○○지방법원 제○○민사단독   귀중

□ **답변서(임차보증금반환청구에 대한 부인)**

답 변 서

사   건   2000가단○○○ 임차보증금반환

원   고   ○○○

피   고   ◇◇◇

위 사건에 관하여 피고는 다음과 같이 답변합니다.

청구취지에 대한 답변

1. 원고의 청구를 기각한다.
2. 소송비용은 원고의 부담으로 한다.
라는 판결을 구합니다.

청구원인에 대한 답변

1. 원고가 이 사건 건물의 임차인이었던 사실과 임대차계약기간이 종료한 사실은 인정하나 나머지 사실은 부인합니다.

2. 원고의 주장에 대한 검토

   가. 원고는 20○○. ○. ○. 소외 ◉◉◉와 이 사건 건물에 대하여 임차기간 2년, 임차보증금 30,000,000원으로 정하여 임대차계약을 체결하고 당일 주민등록전입신고를 한 대항력 있는 임차인이므로 소외 ◉◉◉로부터 이 사건 건물을 매수한 피고는 임차보증금을 지급할 의무가 있다고 주장하고 있습니다.

   나. 그러나 이 사건 건물에 대한 건축물대장의 기재에 의하면 다세대 주택임을 알 수 있습니다. 대법원의 판례에 의하면 다세대 주택의 경우에는 주민등록전입신고를 할 때 호수의 기재가 있어야 대항력 있는 유효한 주민등록이라고 보고 있습니다. 따라서 원고는 대항력이 없는 임차인이므로 피고에게는 임차보증금을 지급할 의무가 없다고 할 것입니다.

3. 결론

   이상과 같은 이유로 원고의 청구를 기각한다는 판결을 구합니다.

입 증 방 법

   1. 을 제1호증   건축물대장등본
   1. 을 제2호증   주민등록표등본(원고)

첨 부 서 류

   1. 위 입증방법   각 1통

   20○○. ○. ○.

   위 피고   ◇◇◇ (서명 또는 날인)

○○지방법원 제○○민사단독   귀중

9. 전자소송의 경우

① 전자소송에 대해서도 일반소송과 답변서 제출에 관한 일반적인 내용은 같습니다. 다만, 일반소송과 달리 답변서의 제출이 전자문서의 방식으로 이루어지므로 전자소송의 특수성이 있습니다.

② 전자소송에서의 답변서 제출은 다음과 같이 이루어집니다.

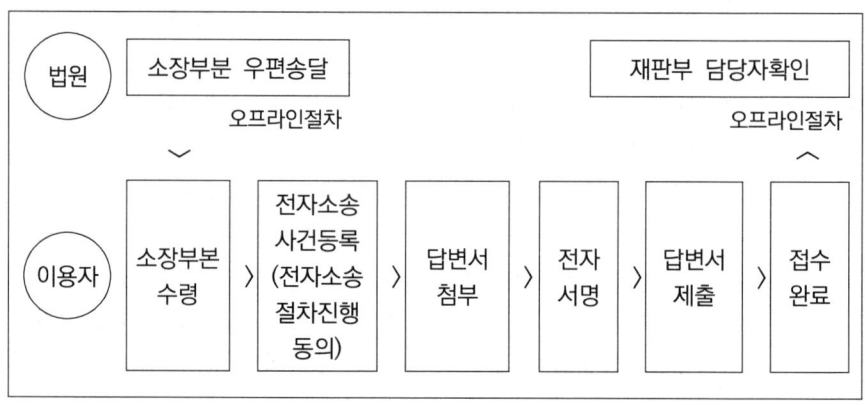

[2] 피고의 반소 제기

1. 반소의 개념

① '반소'란 소송의 계속 중에 피고가 원고에게 본소청구 또는 이에 대한 방어방법과 견련관계가 있는 새로운 청구를 하기 위해 동일한 절차에서 제기하는 소송을 말합니다.

② 예를 들면 A가 B에게 물품의 매매대금을 요구하는 소송을 제기했는데 물품을 받지 않은 B는 A에게 물품을 인도 받지 않았다고 주장하는 것이 방어 방법입니다. 그런데 반소는 물품을 받지 않은 B가 A에게 물품인도를 청구하는 소송을 제기해 본소와 함께 심판받도록 하는 것을 말합니다.

※ 반소 제기 사례

[질문] 친구에게 전세금을 빌려주었으나 받지 못하고 있던 중 친구가 당장 돈을 갚는 대신 일단 자신의 집에 들어와 살고 있으면 돈이 생기는 대로 갚겠다고 하여 친구와 채권적 전세계약을 체결한 후 입주를 했습니다. 2009. 5. 5. 입주를 하면서 전입신고와 함께 확정일자를 받았고, 2009. 5. 11. 근저당설정등기를 마친 뒤 현재까지 거주하고 있습니다. 그런데 2009. 5. 8. 자로 설정된 근저당권자가 경매를 실행해 경락을 받은 매수인이 제게 집을 비우라고 소송을 제기한 상태입니다. 그러나 저는 전세보증금을 받지 못한 채로 나갈 수 없어 전세보증금을 달라고 했으나 매수인은 계속 거절하고 있습니다. 이제 저는 어떻게 해야 하나요?

[답변] 일단 그러한 취지로 답변서를 제출한 후 전세보증금 청구소송을 반소로 제기하는 방법을 생각해 보시기 바랍니다.
건물명도소송의 판결은 '명도하라'와 '명도하지 않아도 된다' 둘 중 하나로 결정이 되므로 전세보증금을 달라는 피고의 청구는 본소에서는 판단받지 못합니다.
"반소"란 소송의 계속 중에 피고가 원고에게 본소청구 또는 이에 대한 방어방법과 견련관계가 있는 새로운 청구를 하기 위해 동일한 절차에서 제기하는 소를 말합니다. 따라서 건물명도 청구소송의 반소로 전세

> 보증금 청구소송을 제기하면 본소와 함께 피고의 요청사항도 법원의 판단을 받을 수 있습니다.

2. 반소의 요건

① 본소와의 관련성
- 반소의 목적이 된 청구가 본소의 청구 또는 방어의 방법과 서로 관련이 있어야 합니다(민사소송법 제269조 제1항 단서).
그러나 원고가 본소로 대여금 청구를 했는데 반소로 바로 그 대여금의 부존재의 확인을 구하는 것과 같이 원고의 청구기각신청 이상의 아무런 적극적 내용이 포함되어 있지 않은 경우는 반소로서의 청구 이익이 없어 허용되지 않으므로 주의하시기 바랍니다.
- 반소의 목적이 된 청구가 다른 법원의 관할에 속하지 않아야 합니다(민사소송법 제269조 제1항 단서).

② 본소 절차를 현저히 지연시키지 않을 것
피고는 소송절차를 현저히 지연시키지 않는 경우에만 반소를 제기할 수 있습니다(민사소송법 제269조 제1항 본문).

③ 본소의 변론종결 전일 것
피고는 변론 종결 때까지 본소가 진행 중인 법원에 반소를 제기할 수 있습니다(민사소송법 제269조 제1항 본문).

3. 반소장 작성례

☐ **반소장(퇴직금청구)**

반 소 장

사   건   20○○가소○○○ 손해배상(기)
피고(반소원고)   ◇◇◇ (주민등록번호)

○○시 ○○구 ○○길 ○○(우편번호 ○○○○○)

전화·휴대폰번호:

팩스번호, 전자우편(e-mail)주소:

원고(반소피고)　　　○○주식회사

○○시 ○○구 ○○길 ○○(우편번호 ○○○○○)

대표이사 ◉◉◉

전화·휴대폰번호:

팩스번호, 전자우편(e-mail)주소:

위 사건에 관하여 피고(반소원고)는 아래와 같이 반소를 제기합니다.

퇴직금청구의 소

반 소 청 구 취 지

1. 원고(반소피고)는 피고(반소원고)에게 금 ○○○원 및 이에 대한 20
○○. ○○. ○○.부터 20○○. ○○. ○○.까지는 연 6%의, 그 다음
날부터 다 갚는 날까지는 연 20%의 각 비율에 의한 돈을 지급하라.

2. 소송비용은 원고(반소피고)가 부담한다.

3. 위 제1항은 가집행 할 수 있다.

라는 판결을 구합니다.

반 소 청 구 원 인

1. 피고(반소원고)는 ○○시 ○○구 ○○길 ○○-○에 소재한 원고(반소
피고)회사에 20○○. ○. ○. 입사하여 20○○. ○○. ○. 퇴사할 때
까지 ○○점 매장 및 ◎◎점 매장에서 의류를 판매하는 일에 종사
하였습니다.

2. 피고(반소원고)는 매월 금 ○○○원 정도의 월급과 400%의 수당을
원고(반소피고)회사로부터 지급 받았습니다. 그리고 판매실적에 따
라 판매수당을 지급 받았습니다.

3. 그러나 피고(반소원고)가 20○○. ○○. ○. 퇴직할 당시 원고(반소

피고)회사로부터 퇴직금을 지급 받지 못하였으며, 그 퇴직금은 금 ○○○원입니다. 또한, 단체협약서에 퇴직금의 지급시기에 관하여 별도로 정해진 바가 없으며, 근로기준법 제37조 소정의 금품청산제도는 근로관계가 종료된 후 사용자로 하여금 14일 내에 근로자에게 임금이나 퇴직금 등의 금품을 청산하도록 하는 의무를 부과하는 한편, 이를 불이행하는 경우 형사상의 제재를 가함으로써 근로자를 보호하고자 하는 것이지 사용자에게 위 기간 동안 임금이나 퇴직금 지급의무의 이행을 유예하여 준 것이라고 볼 수는 없으므로 피고(반소원고)는 퇴직금청구권을 퇴직한 다음날부터 행사할 수 있다고 봄이 타당합니다.

4. 따라서 피고(반소원고)는 원고(반소피고)회사에게 위 퇴직금 ○○○원 및 이에 대한 퇴직한 날의 다음날인 20○○. ○○. ○○.부터 20○○. ○○. ○○.까지는 상법에서 정한 연 6%의, 그 다음날부터 다 갚는 날까지는 근로기준법 제37조 및 동법 시행령 제17조에서 정한 연 20%의 각 비율에 의한 지연손해금의 지급을 구하기 위하여 이 사건 반소청구에 이르게 된 것입니다.

입 증 방 법

1. 을 제1호증   단체협약서
1. 을 제2호증   체불금품확인원

첨 부 서 류

1. 위 입증방법   각 1통
1. 반소장부본   1통
1. 송달료납부서   1통

20○○. ○. ○.

위 피고(반소원고) ◇◇◇ (서명 또는 날인)

○○지방법원 ○○지원 제○○민사단독 귀중

[관련판례 1]

소멸시효의 기산점인 「권리를 행사할 수 있을 때」라 함은 권리를 행사함에 있어서 이행기 미도래, 정지조건 미성취 등 법률상의 장애가 없는 경우를 말하는 것인데, 근로기준법 제36조(현행 제37조) 소정의 금품청산제도는 근로관계가 종료된 후 사용자로 하여금 14일 내에 근로자에게 임금이나 퇴직금 등의 금품을 청산하도록 하는 의무를 부과하는 한편, 이를 불이행하는 경우 형사상의 제재를 가함으로써 근로자를 보호하고자 하는 것이지 사용자에게 위 기간 동안 임금이나 퇴직금지급의무의 이행을 유예하여 준 것이라고 볼 수는 없으므로, 이를 가리켜 퇴직금청구권의 행사에 대한 법률상의 장애라고 할 수는 없고, 따라서 퇴직금청구권은 퇴직한 다음날부터 이를 행사할 수 있다고 봄이 타당히디(대법원 2001. 10. 30. 선고 2001다24051판결).

[관련판례 2]

피고회사가 상인이라면 피고회사가 그 근로자들과 체결한 근로계약은 그의 영업을 위한 보조적 상행위라 할 것이므로 그 보조적 상행위에 따른 임금 및 퇴직금지급채무는 상사채무라 할 것이고 따라서 그 지연손해금은 상법에서 정한 연 6%의 이율을 적용할 수 있다(대법원 1977. 4. 12. 선고76다497 판결, 1976. 6. 22. 선고 76다28 판결).

[관련판례 3]

본소가 취하된 때에는 피고는 원고의 동의 없이 반소를 취하할 수 있는데(민사소송법 제271조), 이 규정은 원고가 반소의 제기를 유발한 본소는 스스로 취하해놓고 그로 인하여 유발된 반소만의 유지를 상대방에게 강요한다는 것은 공평치 못하다는 이유에서 원고가 본소를 취하한 때에는 피고도 원고의 동의 없이 반소를 취하할 수 있도록 한 규정이므로, 본소가 원고의 의사와 관계없이 부적법하다 하여 각하됨으로써 종료된 경우에까지 유추적용 할 수 없고, 원고의 동의가 있어야만 반소취하의 효력이 발생한다 할 것이다(대법원 1984. 7. 10. 선고 84다카298 판결).

[관련판례 4]

항소심에서의 반소제기는 상대방의 심급의 이익을 해할 우려가 없는 경우 또는 상대방의 동의를 받은 경우에 제기할 수 있고, 상대방이 이의를 제기하지 아니하고 반소의 본안에 관하여 변론을 한 때에는 반소제기에 동의한 것으로 보게 됨(민사소송법 제412조).

항소심에서의 반소 제기에는 상대방의 동의를 얻어야 함이 원칙이나, 반소청구의 기초를 이루는 실질적인 쟁점에 관하여 제1심에서 본소의 청구원인 또는 방어방법과 관련하여 충분히 심리되어 항소심에서의 반소 제기를 상대방의 동의 없이 허용하더라도 상대방에게 제1심에서의 심급의 이익을 잃게 하거나 소송절차를 현저하게 지연시킬 염려가 없는 경우에는 상대방의 동의 여부와 관계없이 항소심에서의 반소 제기를 허용하여야 할 것임(대법원 1999. 6. 25. 선고 99다6708 판결).

□ 반소장[손해배상(기)]

반 소 장

사 건	20○○가소○○○ 손해배상(기)
피고(반소원고)	◇◇◇ (주민등록번호)

　　　　　　○○시 ○○구 ○○길 ○○(우편번호 ○○○○○)

　　　　　　　　　전화·휴대폰번호:

　　　　　　　　　팩스번호, 전자우편(e-mail)주소:

원고(반소피고) 　　　○○주식회사

　　　　　　○○시 ○○구 ○○길 ○○(우편번호 ○○○○○)

　　　　　　　　　대표이사 ◉●◉

　　　　　　　　　전화·휴대폰번호:

　　　　　　　　　팩스번호, 전자우편(e-mail)주소:

　위 사건에 관하여 피고(반소원고)는 아래와 같이 반소를 제기합니다.

퇴직금청구의 소

반 소 청 구 취 지

1. 원고(반소피고)는 피고(반소원고)에게 금 ○○○원 및 이에 대한 20○○. ○○. ○○.부터 20○○. ○○. ○○.까지는 연 6%의, 그 다음 날부터 다 갚는 날까지는 연 20%의 각 비율에 의한 돈을 지급하라.

2. 소송비용은 원고(반소피고)가 부담한다.

3. 위 제1항은 가집행 할 수 있다.

라는 판결을 구합니다.

반 소 청 구 원 인

1. 피고(반소원고)는 ○○시 ○○구 ○○길 ○○-○에 소재한 원고(반소피고)회사에 20○○. ○. ○. 입사하여 20○○. ○○. ○. 퇴사할 때까지 ○○점 매장 및 ◎◎점 매장에서 의류를 판매하는 일에 종사하였습니다.

2. 피고(반소원고)는 매월 금 ○○○원 정도의 월급과 400%의 수당을 원고(반소피고)회사로부터 지급 받았습니다. 그리고 판매실적에 따라 판매수당을 지급 받았습니다.

3. 그러나 피고(반소원고)가 20○○. ○○. ○. 퇴직할 당시 원고(반소피고)회사로부터 퇴직금을 지급 받지 못하였으며, 그 퇴직금은 금 ○○○원입니다. 또한, 단체협약서에 퇴직금의 지급시기에 관하여 별도로 정해진 바가 없으며, 근로기준법 제37조 소정의 금품청산제도는 근로관계가 종료된 후 사용자로 하여금 14일 내에 근로자에게 임금이나 퇴직금 등의 금품을 청산하도록 하는 의무를 부과하는 한편, 이를 불이행하는 경우 형사상의 제재를 가함으로써 근로자를 보호하고자 하는 것이지 사용자에게 위 기간 동안 임금이나 퇴직금 지급의무의 이행을 유예하여 준 것이라고 볼 수는 없으므로 피고(반소원고)는 퇴직금청구권을 퇴직한 다음날부터 행사할 수 있다고 봄이 타당합니다.

4. 따라서 피고(반소원고)는 원고(반소피고)회사에게 위 퇴직금 ○○○원 및 이에 대한 퇴직한 날의 다음날인 20○○. ○○. ○○.부터 20○○. ○○. ○○.까지는 상법에서 정한 연 6%의, 그 다음날부터 다 갚는 날까지는 근로기준법 제37조 및 동법 시행령 제17조에서 정한 연 20%의 각 비율에 의한 지연손해금의 지급을 구하기 위하여 이 사건 반소청구에 이르게 된 것입니다.

입 증 방 법

1. 을 제1호증   단체협약서
1. 을 제2호증   체불금품확인원

첨 부 서 류

1. 위 입증방법   각 1통
1. 반소장부본   1통
1. 송달료납부서   1통

20○○. ○. ○.

위 피고(반소원고) ◇◇◇ (서명 또는 날인)

○○지방법원 ○○지원 제○○민사단독 귀중

□ **반소장(건물인도에 대하여 임차보증금청구)**

반 소 장

사 건   20○○가단○○○ 건물인도
피고(반소원고)   ◇◇◇ (주민등록번호)
               ○○시 ○○구 ○○길 ○○(우편번호)
               전화·휴대폰번호:
               팩스번호, 전자우편(e-mail)주소:
원고(반소피고)   ○○○ (주민등록번호)
               ○○시 ○○구 ○○길 ○○(우편번호)
               전화·휴대폰번호:
               팩스번호,   전자우편(e-mail)주소:

위 사건에 관하여 피고(반소원고)는 다음과 같이 반소를 제기합니다

임차보증금반환청구의 소

반 소 청 구 취 지

1. 원고(반소피고)는 피고(반소원고) 에게 금 21,000,000원 및 이에 대한 이 사건 반소장부본 송달 다음날부터 다 갚는 날까지 연 12% 의 비율에 의한 돈을 지급하라.
2. 소송비용은 원고(반소피고)가 부담한다.
3. 위 제1항은 가집행 할 수 있다.
   라는 판결을 구합니다.

반 소 청 구 원 인

1. 원고(반소피고)(이하 '원고'라 합니다.)가 20○○. ○○. ○.자로 ○○ 지방법원 20○○타경○○○호 근저당권실행을 위한 경매절차에서 이 사건 주택을 매수하여 20○○. ○○. ○○. 매각대금을 완납하고 소유자가 된 사실은 인정합니다.
2. 그러나 피고(본소원고)(이하 '피고'라 합니다)는 20○○. ○. ○. 소 외 ◆◆◆와 그의 소유 이 사건 주택에 대해 임차보증금 21,000,000원, 임대차기간은 2년으로 하는 주택임대차계약을 체결 하고 같은 해 ○○. ○. 이 사건 주택의 지번으로 주민등록을 전입 하여 대항력을 취득한 뒤 현재까지 거주하고 있습니다.
3. 피고가 임대차계약을 체결하고 주민등록을 전입할 당시 이 사건 주 택에는 어떠한 담보물권, 가처분, 가압류 등이 설정된 사실이 없었 으므로 피고는 주택임대차보호법상의 완전한 대항력을 취득하였다 고 할 것인바, 이 사건 부동산을 경매절차에서 매수하여 소유권을 취득한 원고라 할지라도 위 임차보증금 21,000,000원을 반소원고 에게 지급하기 전에는 이 사건 주택의 인도를 요구할 권리가 없음 은 물론입니다.

4. 한편, 피고는 위 임대차기간이 만료되었고 분양 받은 아파트에 입주하여야 할 형편이므로 이 사건 주택을 비워두고 열쇠만 채워둔 상태인바, 이 사건 반소장부본의 송달로써 인도이행제공통지에 갈음하고자 합니다.

5. 따라서 피고는 원고에 대하여 위 임차보증금 21,000,000원 및 이에 대한 이 사건 반소장부본 송달 다음날부터 다 갚는 날까지 연 12%의 비율에 의한 지연손해금을 지급 받고자 이 사건 반소에 이르게 된 것입니다.

입 증 방 법

1. 을 제1호증   임대차계약서
1. 을 제2호증   주민등록표등본
1. 을 제3호증   부동산등기사항증명서

첨 부 서 류

1. 위 입증방법   각 1통
1. 반소장부본   1통
1. 송달료납부서   1통

20○○.　○.　○.

위 피고(본소원고)　◇◇◇ (서명 또는 날인)

○○지방법원 ○○지원 제○○민사단독 　귀중

□ **반소장(임차보증금반환청구)**

반 　소 　장

사　　　건　　20○○가단○○○ 건물명도

피고(반소원고)　　◇◇◇ (주민등록번호)

　　　　　　　　○○시 ○○구 ○○길 ○○(우편번호 ○○○○○)

　　　　　　　　전화·휴대폰번호:

　　　　　　　　 팩스번호, 전자우편(e-mail)주소:

원고(반소피고)　　○○○ (주민등록번호)

　　　　　　　　○○시 ○○구 ○○길 ○○(우편번호 ○○○○○)

　　　　　　　　전화·휴대폰번호:

　　　　　　　　 팩스번호, 전자우편(e-mail)주소:

위 사건에 관하여 피고(반소원고)는 다음과 같이 반소를 제기합니다.

임차보증금반환청구의 소

청 구 취 지

1. 원고(반소피고)는 피고(반소원고) 에게 금 21,382,368원 및 이에 대한 건물명도일부터 다 갚는 날까지 연 5%의 비율에 의한 돈을 지급하라.
2. 반소에 관한 소송비용은 원고(반소피고)가 부담한다.
3. 위 제1항은 가집행 할 수 있다.

라는 판결을 구합니다.

청 구 원 인

1. 피고(반소원고)의 임대차보증금반환청구권의 발생

　가. 피고(반소원고, 다음부터 '피고'라고만 함)는 20○○. 10. 20. 소외 ◆◆◆ 소유의 ○○시 ○○구 ○○길 ○○ 소재 주택(다음부터 '이 사건 주택'이라고만 함) 1층부분에 관하여, 소외 ◆◆ ◆와 임대차보증금 24,000,000원, 임대차기간 ○○개월로 정하여 주택임대차계약을 체결하고(을 제1호증 임대차계약서 참조),

그 무렵 이 사건 주택에 입주하여 20○○. 10. 31. 전입신고를 마쳤고(을 제2호증 주민등록표등본 참조), 20○○. 4. 8.자로 확정일자를 받았습니다. 그 뒤 피고는 20○○. 6. 12. 이 사건 주택에 관하여 소외 ◆◆◆와 임대차보증금을 금 26,000,000원으로 증액하기로 하고 위 임대차계약을 갱신하였습니다(을 제3호증 임대차계약서 참조).

나. 한편, 이 사건 주택에 관하여는 20○○. 9. 28. ○○지방법원 20○○타경○○○호 근저당권실행에 의한 경매개시결정에 의하여 경매가 진행되었는바, 이 사건 주택은 소외 ◆◆◆에게 매각되어 20○○. 10. 17. 위 소외 ◆◆◆에게 소유권이전등기가 되었다가, 20○○. ○. ○. 다시 원고(반소피고, 다음부터 '원고'라고만 함)에게 매매를 원인으로 그 소유권이 이전되었습니다(을 제4호증의 1, 2 각 부동산등기부등본 참조).

다. 그리고 피고는 위 나.항의 경매절차에서 금 26,000,000원의 임대차보증금 중 금 2,167,632원을 배당 받았습니다(을 제5호증 배당표 참조).

라. 그런데 주택임대차보호법상 대항력과 우선변제권을 아울러 가지고 있는 주택임차인은 경매절차에서 임차보증금 전액에 대하여 배당요구를 하였더라도 임차보증금 전액을 배당 받을 수 없었던 때에는 임차보증금 중 경매절차에서 배당 받을 수 있었던 금액을 공제한 잔액에 관하여 경매절차의 매수인에게 대항하여 이를 반환 받을 때까지 임대차관계의 존속을 주장할 수 있다고 봄이 상당하다고 할 것인데(대법원 1997. 8. 22. 선고 96다53628 판결 참조), 위에서 본 바와 같이 피고는 주택임대차보호법상 대항력과 우선변제권을 아울러 가지고 있었습니다.

마. 따라서 원고는 임차주택의 양수인으로서, 피고가 원고에 대하여 대항력을 가지는 금 24,000,000원 중 피고가 배당 받은 금 2,617,632원을 공제한 금 21,382,368원의 임대차보증금을 반환해야 할 의무가 있다 할 것입니다.

2. 결론

그렇다면 원고는 피고에게 위 임차보증금 잔액 금 21,382,368원 및 이에 대한 건물명도일부터 다 갚는 날까지 민법에서 정한 연 5%의 비율에 의한 지연손해금을 지급할 의무가 있다 할 것이므로, 피고는 이를 구하기 위하여 이 사건 반소청구를 하기에 이르렀습니다.

입 증 방 법

1. 을 제1호증   임대차계약서(증액되기 전)
1. 을 제2호증   주민등록표등본
1. 을 제3호증   임대차계약서(증액된 이후)
1. 을 제4호증의 1,2   각 부동산등기사항증명서
1. 을 제5호증   배당표

첨 부 서 류

1. 위 입증방법   각 1통
1. 반소장부본   1통
1. 송달료납부서   1통

2000.   ○.   ○.
위 반소원고(본소피고)   ◇◇◇ (서명 또는 날인)

○○지방법원 ○○지원 제○민사단독 귀중

□ **반소장(하자보수비청구)**

반 소 장

사 건	20○○가단○○○○ 물품대금

피고(반소원고)　　◇◇◇ (주민등록번호)

　　　　　　　　○○시 ○○구 ○○길 ○○(우편번호)

　　　　　　　　전화·휴대폰번호:

　　　　　　　　팩스번호, 전자우편(e-mail)주소:

원고(반소피고)　　○○○ (주민등록번호)

　　　　　　　　○○시 ○○구 ○○길 ○○(우편번호)

　　　　　　　　전화·휴대폰번호:

　　　　　　　　팩스번호, 전자우편(e-mail)주소:

　위 사건에 관하여 피고(반소원고)는 다음과 같이 반소를 제기합니다.

하자보수비청구의 반소

반 소 청 구 취 지

1. 원고(반소피고)는 피고(반소원고)에게 금 5,000,000원 및 이에 대한 이 사건 반소장부본 송달 다음날부터 다 갚는 날까지 연 12%의 비율에 의한 돈을 지급하라.
2. 소송비용은 원고(반소피고)가 부담한다.
3. 위 제1항은 가집행 할 수 있다.
라는 판결을 구합니다.

반 소 청 구 원 인

1. 원고(반소피고)가 20○○. ○. ○.자로 이 사건 공작기계를 제작, 납품하여 이에 따른 물품대금 20,000,000원 중에서 피고(반소원고)가 금 10,000,000원을 지급하고 나머지 금10,000,000원의 물품대금에 대하여 원고(반소피고)가 이를 청구함에 대하여
2. 피고(반소원고)는 20○○. ○. ○.자로 이 사건 공작기계를 납품 받아 피고(반소원고)의 공장에 설치하여 가동한 바, 잦은 고장으로 인하여 무려 10여 차례의 수리를 하였고 더욱이 피고(반소원고)의 고

장수리 요청을 원고(반소피고)가 응하지 않은 관계로 다른 업체에 맡겨 수리한 수리비용이 금 5,000,000원이 됩니다.

3. 또한, 피고(반소원고)는 이 사건 공작기계의 잦은 고장으로 인하여 수출용 부품제조에 막대한 차질이 생겨 다른 업체의 공작기계를 임차하여 사용한 바, 그 임차비용으로 금 10,000,000원을 지출하는 손해를 입었습니다.

4. 따라서 피고(반소원고)는 이 사건 공작기계의 하자로 인하여 합계 금 15,000,000원의 재산상 손실을 입었으므로 원고(반소피고)가 청구하는 물품대금의 잔여금액 금 10,000,000원을 지급할 의무가 없으며 오히려 피고(반소원고)가 입은 재산상의 손해 금 5,000,000원의 지급을 구하고자 이 사건 반소청구에 이르게 된 것입니다.

입 증 방 법

1. 을 제1호증   공작기계제작·납품계약서
1. 을 제2호증의 1 내지 10   각 수리비영수증
1. 을 제3호증   공작기계 임대차 계약서

첨 부 서 류

1. 위 입증방법   각 1통
1. 반소장부본   1통
1. 송달료납부서   1통

20○○.   ○.   ○.

위 피고(반소원고) ◇◇◇ (서명 또는 날인)

○○지방법원 제○민사단독   귀중

□ **반소장(부당이득금반환청구)**

반 소 장

사　　　　건　　 20○○가단○○○○ 소유권이전등기

피고(반소원고)　　◇◇◇ (주민등록번호)

　　　　　　　　　　○○시 ○○구 ○○길 ○○(우편번호)

　　　　　　　　　　전화휴대폰번호:

　　　　　　　　　　팩스번호, 전자우편(e-mail)주소:

원고(반소피고)　　○○○ (주민등록번호)

　　　　　　　　　　○○시 ○○구 ○○길 ○○(우편번호)

　　　　　　　　　　전화휴대폰번호:

　　　　　　　　　　팩스번호, 전자우편(e-mail)주소:

위 사건에 관하여 피고(반소원고)는 다음과 같이 반소를 제기합니다.

부당이득금반환청구의 소

반 소 청 구 취 지

1. 원고(반소피고)는 피고(반소원고)에게 금 15,000,000원 및 이에 대한 20○○. ○. ○○.부터 이 사건 소장부본 송달일까지는 연 5%의, 그 다음날부터 다 갚는 날까지는 연 12%의 각 비율에 의한 돈을 지급하라.
2. 소송비용은 원고(반소피고)가 부담한다.
3. 위 제1항은 가집행 할 수 있다.

라는 판결을 구합니다.

청 구 원 인

1. 원고(반소피고)의 피고(반소원고)에 대한 채무

가. 피고(반소원고, 다음부터 피고라고만 함) ◇◇◇는 20○○. ○. ○.경 남편인 소외 망 ◈◈◈가 사망한 뒤, 여자 혼자의 힘으로는 거친 농사일을 계속할 수 없어, 유산인 포도원을 금 23,000,000원에 소외 ◆◆◆에게 매도하고 그 대금 중 금 22,500,000원을 원고(반소피고, 다음부터 원고라고만 함)○○○에게 주면서 ○○시내의 적당한 대지를 매수하여 달라고 부탁하였습니다.

나. 이에 원고는 피고로부터 위 돈을 수령하여 이 돈으로 소외 ◎◎◎로부터 ○○시 ○○구 ○○동 ○○ 대 100㎡를 소외 ◉◉◉와 함께 매수하였습니다. 이때 원고가 피고에게는 아무런 상의도 없이 자신의 명의로 매매계약을 체결하였음을 나중에 알게 된 피고가 원고에게 항의하자, 소유권이전등기시에는 이를 피고명의로 이전하여 줄 것이니 아무 걱정하지 말라고 하였습니다.

다. 그런데 원고는 20○○. ○. ○.경 위 ○○시 ○○구 ○○동 ○○ 대 100㎡를 피고 몰래 금 27,000,000원에 매도하고는 그 대금을 피고에게 지급하지 않아 피고가 원고를 횡령 등의 피의사실로 고소하기에 이르렀습니다.

라. 그 뒤 위 고소사건을 수사하는 과정에서 원고는 자신의 횡령행위를 모두 시인하고, 위 대지의 매매대금 중 일부인 금 12,000,000원을 지급하면서 위 매매대금 중 나머지 금 15,000,000원은 추후에 지급하기로 하여 피고가 고소를 취소하여 주었으나, 원고는 나머지 금액을 아직껏 피고에게 지급하지 않고 있습니다.

2. 그렇다면 원고는 피고에게 대지매매대금 중 나머지인 금 15,000,000원을 지급할 의무가 있다고 할 것이므로, 피고는 원고로부터 금 15,000,000원 및 이에 대한 위 대지를 매도한 날의 다음날인 20○○. ○. ○○.부터 이 사건 소장부본 송달일까지는 민법에서 정한 연 5%의, 그 다음날부터 다 갚는 날까지는 소송촉진등에

관한특례법에서 정한 연 12%의 각 비율에 의한 돈을 지급 받고자
이 사건 반소에 이른 것입니다.

첨 부 서 류

1. 반소장부본   1통
1. 송달료납부서   1통

20○○.   ○.   ○.
위 반소원고(본소피고)   ◇◇◇ (서명 또는 날인)

○○지방법원 ○○지원 제○민사단독   귀중

4. 반소 제기 시의 비용 산정

4-1. 인지첩부

① 반소장에 첨부해야 할 인지액은 다음의 본소에 첨부하는 인지액과
  같습니다(민사소송 등 인지법 제4조제1항 및 제2조제1항).

소 가	인 지 대
소가 1천만원 미만	소가 × 50 / 10,000
소가 1천만원 이상 1억원 미만	소가 × 45 / 10,000 + 5,000
소가 1억원 이상 10억원 미만	소가×40 / 10,000 + 55,000
소가 10억원 이상	소가× 35 / 10,000 + 555,000

② 인지액이 1천원 미만이면 그 인지액은 1천원으로 하고, 1천원 이상이
  면 100원 미만은 계산하지 않습니다(민사소송 등 인지법 제2조제2항).

4-2. 인지를 붙이지 않는 경우

① 본소와 소송목적이 동일한 경우에는 반소에 붙일 인지액에서 본소
  의 인지액을 뺀 금액을 붙이도록 되어 있습니다(민사소송 등 인지
  법 제4조제2항 제1호).

② 예를 들어, 본소가 '소유권이전등기이행청구'이고 반소가 '소유권확인청구'와 같이 소송목적이 동일한 경우에는 인지를 붙이지 않아도 됩니다.

4-3. 송달료 납부

송달료는 민사 제1심 단독사건과 합의사건의 경우 (1회 송달료 ×당사자수 × 15회분)으로 계산해 납부하면 됩니다(송달료규칙의 시행에 따른 업무처리요령 별표 1).

5. 반소의 제기

① 반소장 제출

소송은 법원에 소장을 제출함으로써 제기됩니다(민사소송법 제248조 및 제270조).

② 이송

본소가 단독사건인 경우 피고가 반소로 합의사건에 속하는 청구를 한 때에는 법원은 직권 또는 당사자의 신청에 따른 결정으로 본소와 반소를 합의부에 이송해야 합니다(민사소송법 제269조 제2항 본문). 다만, 반소에 관해 피고가 관할위반이라고 항변하지 않고 변론하거나 변론준비기일에 진술하면 본소의 담당부가 관할권을 가집니다(민사소송법 제30조 및 제269조제2항 단서).

③ 취하

본소가 취하된 경우 피고는 원고의 동의 없이 반소를 취하할 수 있습니다(민사소송법 제271조).

Chapter 4. 변론은 어떤 절차로 진행하나요?

[1] 쟁점정리기일 및 변론준비절차(입증책임)

> ※ 입증책임의 문제
>
> [질문] 저는 이웃인 A의 간곡한 부탁으로 30,000,000원을 빌려주었는데, 내심 집이 A의 명의이니 설마 그 돈 못갚겠느냐는 마음이 있었습니다. 그런데 변제일이 지나 독촉을 해도 돈을 갚지 않던 A가 갑자기 이혼 후 분할소송으로 집을 아내에게 명의이전 했다고 합니다. A의 행위를 사해행위로 보아 취소소송을 제기하고 싶은데 가능할까요?
>
> [답변] 판례는 이혼에 따른 재산분할이 채권자에 대한 담보가 감소되는 결과가 되더라도 특별한 사정이 없는 한 사해행위로서 취소되어야 할 것은 아니므로, 재산분할이 상당한 정도를 벗어나는 과대한 것이라고 볼 만한 특별한 사정에 대한 입증책임은 채권자에게 있다고 판시하고 있습니다.
>
> 따라서, A를 상대로 사해행위 취소소송을 제기할 수는 있으나 A의 이혼에 따른 재산분할이 적정 수준을 벗어나 과대하게 이루어 진 것임을 입증할만한 증거를 원고가 제시해야 하므로 이러한 증거를 준비할 수 있는지 먼저 확인해 보시기 바랍니다.
>
> 〈대법원 2001. 2. 9. 선고 2000다63516 판결〉

1. 쟁점정리기일의 개념

① '쟁점정리기일'이란 변론기일방식을 따르며 양쪽 당사자가 법관을 조기에 대면해 사건의 쟁점을 확인하는 날을 말합니다.

② 원칙적으로 재판장이 가능한 최단기간 안의 날로 쟁점정리기일(제1회 변론기일)을 지정해 쌍방 당사자 본인이 법관 면전에서 사건의 쟁점을 확인하고 상호 반박하는 기회를 가질 수 있도록 마련된 제도입니다.

③ 쟁점정리기일을 통해 양쪽 당사자가 서로 다투는 점이 무엇인지 미리 분명하게 밝혀지면, 그 이후의 증거신청과 조사는 그와 같이 확인된 쟁점에 한정해 집중적으로 이루어집니다.

④ 재판장은 쟁점정리기일 이후에 해당 사건을 변론준비절차에 회부할
수 있습니다. 이는 양쪽 당사자의 주장내용이나 증거관계가 매우 복
잡하여, 별도의 준비절차를 통해 주장과 증거를 정리하고 앞으로의
심리계획을 수립하는 것이 필요하다고 판단되는 경우에 이루어집니다.

2. 변론준비절차

2-1. 개념

① '변론준비절차'란 변론기일에 앞서 변론이 효율적이고 집중적으로
실시될 수 있도록 당사자의 주장과 증거를 정리해 소송관계를 명확
하게 하는 절차를 말합니다.

② 변론준비절차는 서면에 의한 변론준비절차와 변론준비기일 방식으로
진행됩니다.

2-2. 서면에 의한 변론준비절차

① 서면에 의한 변론준비절차는 기간을 정해 당사자에게 준비서면, 그
밖의 서류를 제출하게 하고 이를 교환해서 주장사실을 증명할 증거
를 신청하게 하는 방법으로 진행합니다(민사소송법 제280조제1항).

② 기간 : 서면에 의한 변론준비절차는 4개월을 넘지 못합니다(민사소
송법 제282조 제2항).

2-3. 변론준비기일

① 변론준비기일은 변론준비절차를 진행하는 재판장, 수명법관, 촉탁판
사(이하 "재판장등"이라 함)가 서면에 의한 변론준비절차가 진행되
는 동안에 주장 및 증거를 정리하기 위해 필요하다고 인정하는 때
에 당사자를 출석하게 해 최종적으로 쟁점을 정리하는 기일을 말합
니다(민사소송법 제282조제1항).

② 당사자는 변론준비기일이 끝날 때까지 변론준비에 필요한 주장과

증거를 정리해 제출해야 합니다(민사소송법 제282조제4항).

③ 변론준비절차를 진행하는 경우 재판장등은 법원사무관등으로 하여금 그 이름으로 준비서면, 증거신청서 및 그 밖의 서류의 제출을 촉구하게 할 수 있습니다(민사소송규칙 제70조의3 제1항).

④ 제3자의 출석 : 당사자는 재판장등의 허가를 얻어 변론준비기일에 제3자와 함께 출석할 수 있습니다(민사소송법 제282조제3항).

⑤ 진행방법

- 변론준비기일에는 당사자가 말로 변론의 준비에 필요한 주장과 증거를 정리해 진술하거나, 법원이 당사자에게 말로 해당사항을 확인해 정리해야 합니다(민사소송규칙 제70조의2).

- 법원은 다음과 같은 경우 원고 또는 피고가 제출한 소장·답변서, 그 밖의 준비서면에 적혀 있는 사항을 진술한 것으로 보고 출석한 상대방에게 변론을 명할 수 있습니다(민사소송법 제148조 제1항 및 제286조).

  1. 원고 또는 피고가 변론준비기일에 출석하지 않은 경우
  2. 출석하고서도 변론하지 않은 경우

- 당사자가 변론준비기일에 상대방이 주장하는 사실을 명백히 다투지 않은 경우에는 그 사실을 자백한 것으로 봅니다(민사소송법 제150조 제1항 본문 및 제286조). 다만, 변론 전체의 취지로 보아 그 사실에 대해 다툰 것으로 인정되는 경우에는 그렇지 않습니다(민사소송법 제150조제1항 단서 및 제286조).
  당사자가 변론기일에 출석하지 않은 경우에는 그 사실을 자백한 것으로 봅니다(민사소송법 제150조제3항 본문·제1항 및 제286조). 다만, 공시송달의 방법으로 기일통지서를 송달받은 당사자가 출석하지 않은 경우에는 그렇지 않습니다(민사소송법 제150조제3항 단서·제1항 단서 및 제286조).

- 상대방이 주장한 사실에 대해 알지 못한다고 진술한 경우에는

그 사실을 다툰 것으로 추정됩니다(민사소송법 제150조제2항 단서 및 제286조).

⑥ 기간 : 변론준비절차는 서면에 의한 변론준비절차까지 포함해 모두 6개월을 넘지 못합니다(민사소송법 제284조제1항제1호).

2-4. 종결

① 재판장등은 다음 중 어느 하나에 해당하면 변론준비절차를 종결하고 변론기일을 지정할 수 있습니다(민사소송법 제284조제1항 본문 및 제2항).

　　1. 사건을 변론준비절차에 부친 뒤 6월이 지난 경우

　　2. 당사자가 정해진 기간 이내에 준비서면 등을 제출하지 않거나 증거의 신청을 하지 않은 경우

　　3. 당사자가 변론준비기일에 출석하지 않은 경우

② 다만, 변론의 준비를 계속해야 할 상당한 이유가 있는 경우에는 그렇지 않습니다(민사소송법 제284조제1항 단서).

2-5. 종결의 효과

① 변론준비기일에 제출하지 않은 공격방어방법은 다음 중 어느 하나에 해당해야만 변론에서 제출할 수 있습니다(민사소송법 제285조제1항).

　　1. 그 제출로 인해 소송이 현저히 지연되지 않는 경우

　　2. 중대한 과실 없이 변론준비절차에서 제출하지 못했다는 것을 소명한 경우

　　3. 법원이 직권으로 조사할 사항인 경우

② 그러나 소장 또는 변론준비절차 전에 제출한 준비서면에 적힌 사항은 변론준비기일에 제출하지 않았다 하더라도 변론에서 주장할 수 있습니다(민사소송법 제285조제3항 본문). 다만, 변론준비절차에서 철회되거나 변경된 경우에는 변론에서 주장할 수 없습니다(민사소송법 제285조 제3항 단서).

3. 입증책임

3-1. 개념

'입증책임'이란 소송에 나타난 일체의 증거자료에 의해서도 법원이 그 존부 여하를 결정할 수 없는 경우 이를 어느 당사자에게 불리하게 판단하지 않는 한 재판을 할 수 없게 됩니다. 이와 같은 경우에 당사자의 일방이 입을 불이익을 입증책임이라 합니다.

3-2. 입증책임의 분배

어느 당사자에게 불이익하게 그 사실의 존부를 인정할 것이냐의 결정을 입증책임의 분배라고 하는데, 일반적으로 권리관계의 발생·변경·소멸 등의 법률효과를 주장하는 자가 입증책임을 집니다.

3-2-1. 원고에게 입증책임이 있는 경우

① 사용자에게 손해배상 청구를 하기 위해서는 사용자가 해당 근로로 근로자의 신체상의 재해가 발생할 수 있음을 알았거나 알 수 있었음에도 불구하고 별다른 안전조치를 취하지 않은 과실이 인정되어야만 하고, 이러한 과실의 존재는 손해배상을 청구하는 근로자가 입증해야 합니다.

② 미성년자의 불법행위와 감독의무자의 의무위반이 상당인과관계가 있으면 감독의무자는 일반불법행위자로서 손해배상책임을 지지만, 이 경우에 그러한 감독의무위반사실 및 손해발생과의 상당인과관계의 존재는 원고가 입증해야 합니다.

③ 대여금 청구소송에서 이혼에 따른 재산분할이 채권자에 대한 공동담보가 감소되는 결과가 되더라도 특별한 사정이 없는 한 사해행위로서 취소되어야 할 것은 아니므로, 재산분할이 상당한 정도를 벗어나는 과대한 것이라고 볼 만한 특별한 사정에 대한 입증책임은

채권자(원고)에게 있습니다.

④ 의료사고에 의한 손해배상 소송에서 의료상의 주의의무 위반과 손해의 발생이 있고 그 사이에 인과관계가 있어야 하므로, 먼저 환자 측에서 일반인의 상식에 바탕을 두고 일련의 의료행위 과정에 의료상의 과실 있는 행위가 있었고 그 행위와 손해의 발생 사이에 다른 원인이 개재되지 않았다는 점을 입증해야 합니다.

3-2-2. 피고에게 입증책임이 있는 경우

① 물건의 점유자(원고)는 소유의 의사로 점유한 것으로 추정되므로 점유자가 취득시효를 주장하는 경우 스스로 소유의 의사를 입증할 책임은 없고, 오히려 점유자의 취득시효의 성립을 부정하는 자(피고)에게 그 입증책임이 있습니다.

② 방송 등 언론매체가 사실을 적시하여 개인의 명예를 훼손하는 행위를 한 경우 그 목적이 오로지 공공의 이익을 위한 것일 때에는 적시된 사실이 진실이라는 증명이 있거나 그 증명이 없다 하더라도 행위자가 그것을 진실이라고 믿었고 또 그렇게 믿을 상당한 이유가 있으면 위법성이 없다고 보아야 할 것이나, 그에 대한 입증책임은 어디까지나 명예훼손 행위를 한 방송 등 언론매체(피고)에게 있습니다.

③ 원고가 망자의 대여금 채무를 상속인에게 청구한 경우 상속인이 한정승인을 할 수 있는 요건인 '상속채무가 상속재산을 초과하는 사실을 중대한 과실 없이 상속개시가 있음을 안 날로부터 3개월 내에 알지 못하였다'는 점에 대한 입증책임은 상속인(피고)에게 있다고 할 것입니다.

④ 건물명도 청구소송에서 임대차계약의 성립 후 임대료를 지급했다는 입증책임은 임차인(피고)이 부담합니다.

⑤ 채무자가 자기의 유일한 재산인 부동산을 매각하여 소비하기 쉬운 금전으로 바꾸거나 타인에게 무상으로 이전해 주는 행위는 특별한

사정이 없는 한 채권자에 대해 사해행위가 된다고 볼 것이므로 채무자(피고)의 사해 의사는 추정되고, 이를 매수하거나 이전 받은 자가 악의가 없었다는 입증책임은 수익자(피고)에게 있습니다.

[관련판례 1]

방송 등 언론매체가 사실을 적시하여 개인의 명예를 훼손하는 행위를 한 경우에도 그것이 공공의 이해에 관한 사항으로서 그 목적이 오로지 공공의 이익을 위한 것일 때에는 적시된 사실이 진실이라는 증명이 있거나 그 증명이 없다 하더라도 행위자가 그것을 진실이라고 믿었고 또 그렇게 믿을 상당한 이유가 있으면 위법성이 없다고 보아야 할 것이나, 그에 대한 입증책임은 어디까지나 명예훼손 행위를 한 방송 등 언론매체에 있고 피해자가 공적인 인물이라 하여 방송 등 언론매체의 명예훼손 행위가 현실적인 악의에 기한 것임을 그 피해자측에서 입증하여야 하는 것은 아니다(대법원 2004. 2. 27. 선고 2001다53387 판결).

[관련판례 2]

「민법」제1019조 제3항은, " 제1항의 규정에 불구하고 상속인은 상속채무가 상속재산을 초과하는 사실을 중대한 과실 없이 제1항의 기간 내에 알지 못하고 단순승인(제1026조 제1호 및 제2호의 규정에 의하여 단순승인한 것으로 보는 경우를 포함한다.)을 한 경우에는 그 사실을 안 날부터 3월 내에 한정승인을 할 수 있다."고 규정하고 있고, 「민법」부칙(2002. 1. 14.) 제3항은, "1998년 5월 27일부터 이 법 시행전까지 상속개시가 있음을 안 자 중 상속채무가 상속재산을 초과하는 사실을 중대한 과실 없이 제1019조 제1항의 기간 내에 알지 못하다가 이 법 시행 전에 그 사실을 알고도 한정승인 신고를 하지 아니한 자는 이 법 시행일부터 3월 내에 제1019조 제3항의 개정규정에 의한 한정승인을 할 수 있다."고 규정하고 있는바, 상속인이 상속채무가 상속재산을 초과하는 사실을 중대한 과실 없이 「민법」제1019조 제1항의 기간 내에 알지 못하였다는 점은 위법 규정에 따라 한정승인을 할 수 있는 요건으로서 그 입증책임은 채무자인 피상속인의 상속인에게 있다(대법원 2003. 9. 26. 선고 2003다30517 판결).

[관련판례 3]

미성년자가 책임능력이 있어 그 스스로 불법행위책임을 지는 경우에도 그 손해가 당해 미성년자의 감독의무자의 의무위반과 상당인과관계가 있으면 감독의무자는 일반불법행위자로서 손해배상책임이 있다 할 것이지만, 이 경우에 그러한 감독의무위반사실 및 손해발생과의 상당인과관계의 존재는 이를 주장하는 자가 입증하여야 한다(대법원 2003. 3. 28. 선고 2003다5061 판결).

[관련판례 4]

융통어음의 발행자는 피융통자로부터 그 어음을 양수한 제3자에 대하여는 선의이거나 악의이거나, 또한 그 취득이 기한 후 배서에 의한 것이라 하더라도 대가 없이 발행된 융통어음이라는 항변으로 대항할 수 없으나, 피융통자에 대하여는 어음상의 책임을 부담하지 아니한다 할 것이고, 약속어음금 청구에 있어 어음의 발행인이 그 어음이 융통어음이므로 피융통자에 대하여 어음상의 책임을 부담하지 아니한다고 항변하는 경우 융통어음이라는 점에 대한 입증책임은 어음의 발행자가 부담한다(대법원 2001. 8. 24. 선고 2001다28176 판결).

[관련판례 5]

채무자가 자기의 유일한 재산인 부동산을 매각하여 소비하기 쉬운 금전으로 바꾸거나 타인에게 무상으로 이전하여 주는 행위는 특별한 사정이 없는 한 채권자에 대하여 사해행위가 된다고 볼 것이므로 채무자의 사해의 의사는 추정되는 것이고, 이를 매수하거나 이전 받은 자가 악의가 없었다는 입증책임은 수익자에게 있다(대법원 2001. 4. 24. 선고 2000다41875 판결).

[관련판례 6]

이혼에 따른 재산분할은 혼인중 쌍방의 협력으로 형성된 공동재산의 청산이라는 성격에 상대방에 대한 부양적 성격이 가미된 제도임에 비추어, 이미 채무초과 상태에 있는 채무자가 이혼을 하면서 배우자에게 재산분할로 일정한 재산을 양도함으로써 결과적으로 일반 채권자에 대한 공동담보를 감소시키는 결과로 되어도, 그 재산분할이 「민법」 제839조의2 제2항의 규정 취지에 따른 상당한 정도를 벗어나는 과대한 것이라고 인정할 만한 특별한 사정이 없는 한, 사해행위로서 취소되어야 할 것은 아니라고 할 것이고, 다만 상당한 정도를 벗어나는 초과부분에 대하여는 적법한 재산분할이라고 할 수 없기 때문에 이는 사해행위에 해당하여 취소의 대상으로 될 수 있을 것이고, 위와 같이 상당한 정도를 벗어나는 과대한 재산분할이라고 볼 만한 특별한 사정이 있다는 점에 관한 입증책임은 채권자에게 있다고 보아야 할 것이다(대법원 2001. 2. 9. 선고 2000다63516 판결).

[관련판례 7]

의료행위에 있어서의 잘못을 원인으로 한 불법행위책임이 성립하기 위하여서도 일반적인 경우와 마찬가지로 의료상의 주의의무 위반과 손해의 발생이 있고 그 사이에 인과관계가 있어야 하므로, 환자가 진료를 받는 과정에서 손해가 발생하였다면 의료행위의 특수성을 감안하더라도 먼저 환자측에서 일반인의 상식에 바탕을 두고 일련의 의료행위 과정에 의료상의 과실 있는 행위가 있었고 그 행위와 손해의 발생 사이에 다른 원인이 개재되지 않았다는 점을 입증하여야 한다 (대법원 1999. 4. 13. 선고 98다9915 판결).

[2] 준비서면의 작성방법

1. 개념

'준비서면'이란 당사자가 변론에서 하고자 하는 진술사항을 기일 전에 예고적으로 기재해 법원에 제출하는 서면을 말합니다.

2. 기재사항

① 준비서면에는 다음의 사항을 적고, 당사자 또는 대리인이 기명날인 또는 서명해야 합니다(민사소송법 제274조제1항 및 제2항).

    1. 당사자의 성명·명칭 또는 상호와 주소

    2. 대리인의 성명과 주소

    3. 사건의 표시

    4. 공격 또는 방어의 방법: 주장을 증명하기 위한 증거방법

    5. 상대방의 청구와 공격 또는 방어의 방법에 대한 진술: 상대방의 증거 방법에 대한 의견 기재

    6. 덧붙인 서류의 표시

    7. 작성한 날짜

    8. 법원의 표시

② 첨부서류

    - 당사자가 가지고 있는 문서로서 준비서면에 인용한 것은 그 등본 또는 사본을 붙여야 합니다(민사소송법 제275조제1항).

    - 문서의 일부가 필요한 경우에는 그 부분에 대한 초본을 붙이고, 문서가 많을 때에는 그 문서를 표시하면 됩니다(민사소송법 제275조제2항).

    - 첨부서류는 상대방이 요구하면 그 원본을 보여주어야 합니다(민사소송법 제275조제3항).

- 외국어로 작성된 문서에는 번역문을 붙여야 합니다(민사소송법 제277조).

③ 준비서면의 분량

- 준비서면의 분량은 30쪽을 넘어서는 안 됩니다(민사소송규칙 제69조의4 제1항 본문).

- 재판장 등은 위를 어긴 당사자에게 해당 준비서면을 30쪽 이내로 제출하도록 할 수 있습니다(민사소송규칙 제69조의4 제2항). 다만, 재판장 등이 당사자와 준비서면의 분량에 관한 합의가 이루어진 경우에는 그렇지 않습니다(민사소송규칙 제69조의4 제1항 단서 및 제70조 제4항).

- 준비서면에는 소장, 답변서 또는 앞서 제출한 준비서면과 중복·유사한 내용을 불필요하게 반복 기재해서는 안 됩니다(민사소송규칙 제69조의4 제3항).

3. 제출

① 새로운 공격방어방법을 포함한 준비서면은 변론기일 또는 변론준비기일의 7일 전까지 상대방에게 송달될 수 있도록 적당한 시기에 제출해야 합니다(민사소송법 제273조 및 민사소송규칙 제69조의3). 법원은 상대방에게 그 부본을 송달합니다(민사소송법 제273조).

② 요약준비서면

- 재판장은 당사자의 공격방어방법의 요지를 파악하기 어렵다고 인정하는 경우 변론을 종결하기에 앞서 당사자에게 쟁점과 증거의 정리 결과를 요약한 준비서면을 제출하도록 할 수 있습니다(민사소송법 제278조).

- 위에 따른 요약준비서면을 작성할 때에는 특정 부분을 참조하는 뜻을 적는 방법으로 소장, 답변서 또는 앞서 제출한 준비서면의 전부 또는 일부를 인용해서는 안 됩니다(민사소송규칙 제69조의5).

4. 준비서면의 기재 효과

① 준비서면에 기재하지 않은 사실은 상대방이 출석해야 변론에서 주장할 수 있습니다(민사소송법 제276조 본문).

② 다만, 서면으로 변론을 준비하지 않는 단독사건의 경우(민사소송법 제272조제2항 본문)에는 상대방이 출석하지 않아도 변론에서 주장할 수 있습니다(민사소송법 제276조 단서).

5. 각종 준비서면 작성례

□ 준비서면(대여금, 원고)

준 비 서 면

사 건   20○○가합○○○○○ 대여금
원 고   ○○○
피 고   ◇◇◇

위 사건에 관하여 원고는 다음과 같이 변론을 준비합니다.

다   음

1. 사실관계의 정리

가. 대여금 액수에 대하여

피고는 ○○구 ○○동에서 '○횟집'을 운영하였습니다. 그러던 중, 피고는 원고로부터 19○○년경 금 2,500만원, 19○○년경 금 3,500만원 합계 금 6,000만원을 빌렸습니다.

나. 다툼 없는 사실의 정리

피고는 19○○년경 금 2,500만원을 빌렸다는 것을 인정하고 있으나, 19○○년경 금 3,500만원을 빌렸다는 사실은 이를 부인하고 있으며, 피고가 오히려 원고에게 금 80,919,000원을

원금과 이자 조로 변제하였다고 주장하고 있습니다.

다. 따라서 이 사건의 쟁점은 피고가 19○○년경 금 3,500만원을 빌린 사실이 있는지, 피고가 원고에게 이자 및 원금의 상환조로 준 돈이 얼마인지라고 하겠습니다.

2. 금 3,500만원의 대여여부에 관하여

가. 피고의 주장

피고는 원고가 19○○년경 위 횟집의 전세보증금으로 투자한 금 2,800만원과 권리금 1,000만원을 합한 금액에서 금 300만원을 뺀 금 3,500만원에 이 사건 횟집을 인수하기로 피고와 합의하였으나 이를 이행하지 않았으므로, 결과적으로 피고는 채무를 지지 않고 있다는 것입니다.

나. 피고 주장의 부당성

원고는 피고가 먼저 빌려간 금 2,500만원의 원금은커녕 이자의 지급마저 게을리 하고 있자, 이를 독촉하던 차에 피고가 자신에게 금 3,500만원을 추가로 빌려준다면 소외 ◉◉◉에게 들고 있던 계금 5,400만원의 명의를 원고에게 이전시켜 주겠다고 기망하였습니다. 이에 원고는 소외 ◉◉◉로부터 피고가 위 계원으로 있는지 확인(수사기록 78면, 진술조서)을 하였고, 기존에 빌려주었던 금 2,500만원까지 확보하겠다는 욕심에 친구로부터 금 4,000만원을 차용하여 피고에게 금 3,500만원을 빌려 주었던 것입니다.

그러나 피고는 위 계금을 성실히 납부하지 않았고 원고는 빌려준 금 3,500만원을 위 계금으로 충당하지 못하게 된 것입니다.

3. 피고가 이자 및 원금상당의 금원을 변제하였는지

가. 피고의 주장

피고는 19○○. ○.경부터 19○○. ○.경까지 총액 금 80,919,000원을 갚았고 이것으로 이자뿐만이 아니라 원금까지 변제되었다고 주장하고 있습니다.

나. 피고 주장의 부당성

그러나 피고는 증거로 장부를 제출하고도 도대체 어느 부분이 피고의 주장 사실에 부합하는지 특정도 하지 않았으며, 게다가 위 장부와 사실확인서는 객관성도 없습니다.

원고는 총액 금 1,500여만원 정도를 피고로부터 받은 사실은 있으나 이는 어디까지나 이자조로 받은 것이지 원금이 상환된 것도 아닙니다. 이것은 각서상으로도 분명히 인정되고 있습니다.

4. 결 론

결국 피고의 주장은 어느 것도 이를 인정할 만한 정도로 입증되지 않은 허위의 진술에 지나지 않습니다. 오히려 원고는 금 6,000만원이나 되는 거금을 빌려주고도 6년이 지난 현재까지 원금은커녕 이자도 제대로 받지 못하였습니다. 특히 원고가 빌려준 금 3,500만원은 원고가 친구인 소외 ◎◎◎로부터 차용한 돈입니다. 원고는 친구의 빚 독촉에 못 이겨 동생 소외 ■■■의 집을 저당 잡혀 위 돈을 변제한 상태이며(수사기록 45면, 금전소비대차약정서), 생활고로 하루 하루 어려운 생활을 하던 중 자살까지 기도하였습니다. 따라서 원고의 권리회복을 위해 조속히 원고의 청구를 인용하여 주시기 바랍니다.

2000.   O.   O.

위 원고   OOO (서명 또는 날인)

OO지방법원 제OO민사부   귀중

□ **준비서면(보험금, 피고)**

준 비 서 면

사 건   2000가단OOOO 보험금

원　　고　　○○농업협동조합
피　　고　　◇◇보증보험(주)

위 사건에 관하여 피고는 다음과 같이 변론을 준비합니다.

다　　음

1. 원고의 주장

원고는 원고와 피고 사이에 체결된 20○○. ○. ○.자 이행(지급)보
증보험계약에 근거하여 이 사건 보험금을 청구한다는 취지입니다.

2. 원고의 주장에 대한 검토

가. 이 사건 보증보험계약의 체결

20○○. ○. ○. 원고와 피고는 소외 ■■산업 ■■■의 원고에
대한 "외상물품대금"을 지급보증하기로 하는 보증보험계약을 보
험기간을 20○○. ○. ○.부터 20○○. ○○. ○.로 하여 체결한
바 있습니다.(갑 제2호증의 1 참조.)

나. 보증보험약관의 규정

위 보증보험보통약관 제1조(보상하는 손해)의 규정에 의하면 피
고는 채무자인 보험계약자가 보험증권에 기재된 계약(다음부터
주계약이라 함)에서 정한 채무(이행기일이 보험기간 안에 있는
채무에 한함)를 이행하지 아니함으로써 채권자(다음부터 '피보
험자'라 함)가 입은 손해를 보험증권에 기재된 사항과 위 약관
에 따라 보상하기로 되어 있습니다.

다. 일부채권의 이행기일이 보험기간을 도과함

1) 그런데 원고 제출의 갑 제7호증의 1(판매 미수금원장) 중 제3
매째 미수금원장 기재를 보면 상환기일이 위에서 본 보험기간
만료일인 20○○. ○○. ○. 후로 된 부분이 있어 이는 이행
기일이 보험기간을 넘어섰기 때문에 위 약관규정에 따라 피고
는 보험금을 지급할 의무가 없습니다.

2) 이에 대하여 원고측 증인 ◎◎◎도 무이자 외상기간 30일을

인정한 것으로 증언하여 위 백미대금의 이행기일이 보험기간을 넘어선 것임이 명백합니다.

3. 결 론
따라서 원고의 청구는 이유 없으므로 기각되어 마땅합니다.

20○○. ○. ○.

위 피고   ◇◇보증보험(주)

대표이사 ◈◈◈ (서명 또는 날인)

○○지방법원 제○○민사단독   귀중

□ 준비서면(임차보증금반환, 원고)

준 비 서 면

사 건   20○○가합○○○○ 임차보증금반환

원 고   ○○○

피 고   ◇◇◇

위 사건에 관하여 원고는 다음과 같이 변론을 준비합니다.

다   음

1. 피고 주장에 대한 답변
   가. 피고는 원고가 이 사건 주택을 피고로부터 임차한 것이 아니라 이 사건 주택에 대해여 아무런 권한이 없는 소외 ◉◉◉와 사이에 임대차계약을 체결하였으므로 피고는 원고의 임차보증금 반환청구에 응할 수 없다고 합니다.
   나. 그러나 원래 피고는 19○○. ○. ○. 소외 ◉◉◉에게 금 504,000,000원에 이 사건 주택이 포함된 연립주택(○○빌라) 건물의 신축공사를 도급하였는바, 그 공사가 완공된 뒤에도 그

공사대금 중 금 273,537,400원을 지급하지 못하게 되자 200○. ○. ○. 위 연립주택 중 제101호(이 사건 주택)와 제102호에 대하여 소외 ◉◉◉에게 피고를 대리하여 이를 분양하거나 임대할 권리를 부여하고 그 분양대금으로 공사비에 충당하기로 약정하였던 것인데, 원고는 소외 ◉◉◉와 사이에 이 사건 주택에 대하여 200○. ○. ○. 임대차기간 2년, 임대차보증금은 금 ○○○원으로 하는 임대차계약을 체결하고 그 임대보증금을 완불한 뒤 200○. ○. ○.에 이 사건 주택에 입주하고 있는 것입니다.

2. 표현대리

가. 설사 소외 ◉◉◉에게 피고를 대리하여 이 사건 주택을 매각할 권리만 있을 뿐이고 이를 임대할 대리권이 없다고 하더라도 ① 소외 ◉◉◉에게 기본대리권이 존재하고, ②상대방으로서는 대리인에게 대리권이 있다고 믿고 또한 그렇게 믿을 만한 정당한 이유가 있는 경우라면 민법 제126조 표현대리가 성립되어 이 사건 임대차계약의 효력은 피고에게 미친다고 할 것입니다.

나. 즉, 피고는 소외 ◉◉◉에게 이 사건 주택의 분양대리권을 준 것이고 분양대리권에는 당연히 임대할 대리권도 포함하는 것이 일반적이라고 할 것인바, 피고는 소외 ◉◉◉에게 분양권을 주는 각서를 만들어 교부하였고 소외 ◉◉◉는 자신에게 임대할 권리가 있다고 말하였는바, 위 인증서를 확인한 원고로서는 소외 ◉◉◉에게 이 사건 주택을 임대할 대리권이 있다고 믿음에 아무런 과실이 없다고 할 것인즉, 소외 ◉◉◉의 대리행위가 설사 무권대리라고 할지라도 권한을 넘는 표현대리로서 유효하다고 할 것입니다.

2000.   ○.   ○.

위 원고   ○○○ (서명 또는 날인)

○○지방법원 제○민사부 귀중

□ 준비서면(건물인도, 피고)

준 비 서 면

사　　건　　20○○가단○○○○ 건물인도

원　　고　　○○○

피　　고　　◇◇◇

위 사건에 관하여 피고는 다음과 같이 변론을 준비합니다.

다　　　　　음

1. 주식회사■■가 이 사건 부동산을 취득하기까지의 과정

이 사건 부동산은 소외 망 ◇◇◇(피고의 아버지)의 소유였던 것으로 소외 망 ◇◇◇는 20○○.경 사업이 어려워져 소외 ◎◎보증보험주식회사, 소외 ◎◎상호저축은행 등에 상당한 부채를 지게 되었습니다. 그러다가 소외 ◎◎보증보험주식회사가 근저당권실행을 위한 경매신청을 하자 소외 망 ◇◇◇는 이 사건 부동산의 피담보채권액이 너무 많다고 판단하여 이 사건 부동산을 포기하고 경매절차에 넘어가는 것을 내버려두게 되었습니다.

때마침 소외 망 ◇◇◇의 동서이자 주식회사■■(다음부터 소외회사라고 함)의 대표이사인 소외 ■■■는 사업상의 이유로 부동산의 매수가 필요하게 되었습니다. 즉, 사업을 운영하는 데 필요한 자금을 은행 등으로부터 차용하는데 제공할 담보가 필요하였던 것이며 주거래은행인 소외 ◎◎은행에서 이를 적극 권유하며 소외 ■■■가 부동산을 매수할 경우 매수자금의 대여를 약속하였던 것입니다.

따라서 위와 같은 경매소식을 들은 소외 ■■■는 소외 망 ◇◇◇와 협의하여 이 사건 부동산을 소외회사가 매수하기로 하되, 소외 ■■■는 이 사건 부동산에 거주할 이유가 없으므로 소외 망 ◇◇◇의 가족의 편의를 위하여 그들이 계속 거주할 수 있도록 이 사건 부동산을 피고에게 비교적 저렴한 가격에 임대하기로 하였던 것입니다.

그리하여 피고는 20○○. ○. ○. 소외회사가 경매절차의 매수인이 되자, 이 사건 부동산을 임차하기로 확정하고 20○○. ○. ○○. 계약을 체결하고 계약서를 작성하였으며 당일 계약금으로 금 15,000,000원을 지급하였습니다. 이와 같이 임차보증금을 일부 지급한 이유는 소외회사가 경매절차에서 매수하여 별 문제가 없으면 소유권자가 될 것이지만, 만약의 경우를 대비하여 소외회사 명의로 등기가 될 때까지 기다린 것입니다. 결국 소외회사는 20○○. ○○. ○. 매각대금을 완납하여 이 사건 부동산의 소유권자가 되었고, 피고는 위 사실을 확인한 뒤 잔금 35,000,000원을 지급하였습니다.

2. 임차보증금의 수수에 관하여

위와 같이 피고는 소외회사로부터 이 사건 부동산을 임차한 것인바, 원고는 피고가 소외회사의 대표이사인 소외 ■■■와 친척관계에 있다는 이유만으로 위 임대차계약이 허위라고 주장하고 있습니다. 원고주장의 요지는 결국 위 경매 당시 비교적 어린 나이였던 피고에게 위 임대차보증금을 지급할 만한 자력이 있었는가 하는 것과 20○○. ○○.경 ◉◉은행소속 직원인 소외 □□□이 임대차관계를 조사하러 왔을 때 피고의 어머니가 임대차관계가 없다는 확인서를 작성하여 주었다는 것인바, 우선 피고의 자력에 대하여 살펴보도록 하겠습니다.

물론 27세에 불과한 청년이 금 50,000,000원이라는 거금을 가지고 있었다는 사실은 사회적으로 볼 때 흔한 일은 아니라고 볼 수 있습니다. 그러나 이는 피고에게는 아버지인 소외 망 ◆◆◆가 있었다는 매우 당연하고도 간단한 사실만 고려한다면 충분히 이해가 갈 수 있는 것입니다. 피고의 아버지인 소외 망 ◆◆◆는 소외 ◎◎기업과 소외 ◎◎산업이라는 두 회사를 가지고 있었으며 소외 ◎◎산업의 대표이사로는 아들인 피고를 취임시킨 것입니다. 따라서 피고는 자연히 한 회사를 운영하는 재력가가 될 수 있었으며, 실제 이 사건 부동산의 임차보증금을 지급할 자력이 없었던 것은 아니었습니다. 원고측은 소외 망 ◆◆◆가 소외 ◎◎보증보험주식회사에 금 1,000여 만원을 변제하지 못하여 이 사건 부동산이 경매에 넘어간 상황에서 금 5,000만원이라는 금액을 소유할 수는 없던 것이라는 취지의 주장을 하고 있으나, 전술했던 바와 같이 이 사건 부동산에는 소외 ◎◎상호저축은행에 채권최고액 금 1억 8,000만원의 근저당권 등이 설정되어 있어 소외 망 ◈◈◈으로서는 차라리 이 사건 부동산을 포기하는 것이 나을 것이라는 판단을 내리게 된 것이고, 금 1,000여 만원도 없어 이 사건 부동산이 경매에 넘어가는 것을 지켜볼 수밖에 없었던 것이 아닙니다. 원고측은 경매를 신청한 소외 ◎◎보증보험주식회사의 청구금액이 금 1,000여 만원이라는 이유만으로 마치 금 1,000만원만 있었으면 이 사건 부동산이 경매에 넘어가지 않았을 것인데 그 금액도 없어 경매절차가 진행된 것이므로 금 5,000만원의 임차보증금이 있다는 것은 이해할 수 없는 것이라는 것처럼 주장하나 이는 사실관계를 오도하는 것에 불과하며, 사업체를 운영하는 소외 망 ◈◈◈으로서는 당시 사업이 어려워지고 있던 상태였으므로 만약을 위해 전세라도 얻을 만한 돈을 확보하여 놓을 수밖에 없었고, 그 돈을 피고가 관리하고 있었던 것입니다. 소외 망 ◈◈◈가 자신의 채무를 다 변제하지 못한 상황에서 위와 같이 돈을 빼돌린 것은 도덕적으로는 비난받을 만한 것이지만 실제로 사업이 부도날 위기에 처한 사람들이 이와 같이 적은 금액을 빼돌리는 것은 사회적으로 빈발하는 일인바, 이 사건에 있어서도 피고가 위 임차보증금정도를 확보하고 있던 것은 어찌 보면 너무도 당연한 것이라 할 수 있습니다. 또한 이 사건 부동산의 당시 임대시가는 금 7,000만원 정도였던 바, 만약 피고가 정말로 임대차계약서를 허위로 작성하여 그 금액을 편취하려 한 것이라면 그보다 훨씬 적은 금액인 금 5,000만원을 임대차보증금으로 할 이유는 전혀 없으며 이 또한 피고의 주장을 뒷받침한다 할 것입니다.

3. 임대차관계확인서에 관하여

원고측은 임대차관계확인서를 근거로 피고측이 허위로 이 사건 부동산의 임대차계약을 체결한 것이라고 하고 있습니다. 그러나 위 확인서는 소외 □□□가 200○. ○○. ○.경 피고의 어머니 소외 ◆◆◆가 혼자 집에 있는 것을 기화로 임의로 작성한 것입니다.

통상 금융기관의 임대차관계조사는 대출 및 근저당설정 이전에 이루어지고 있습니다. 그래야만 임차보증금을 고려하여 대출금을 결정할 수 있기 때문입니다. 그러나 소외 □□□는 임대차관계조사를 누락하였고, 결국 임차인이 없는 것을 전제하여 20○○. ○○. ○. 이 사건 부동산에 관하여 근저당설정등기가 이루어지자 뒤늦게 자신의 실수를 깨달은 것입니다. 따라서 소외 □□□는 위 실수를 만회하기 위하여 이보다 뒤인 20○○. ○○. ○○.에 노인인 소외 ◆◆◆가 혼자 집에 있는 시간인 한낮에 방문하여 소외 ◆◆◆에게 확인서를 들이밀고 "여기 산다는 내용이니 도장 좀 찍어달라"고 하여 소외 ◆◆◆로 하여금 날인하도록 하였습니다. 소외 ◆◆◆는 시각장애인으로서 글씨를 눈앞에 들이대도 잘 읽지 못하는바, 소외 □□□의 말만 믿고 날인하여 주었습니다. 따라서 위 임대차관계확인서는 허위로 작성된 것으로 신빙할 수 없는 것이라 할 것입니다.

4. 결 론

결국 원고측의 주장을 입증할 수 있는 자료로는 위 임대차관계확인서와 소외 망 ◆◆◆에게 채무가 많았다는 사실 정도가 있을 뿐입니다. 그러나 소극적 재산이 많다는 사실은 적극적 재산 또한 전혀 없다는 사실로 반드시 이어지는 것은 아니며 임대차관계확인서 또한 위와 같은 과정을 거쳐 작성된 것인바, 확정일자까지 받은 이 사건 부동산의 임대차계약서의 증명력을 깨뜨릴 수는 없다 할 것이며, 결국 이 사건 부동산의 임대차계약은 유효하여 피고는 임차보증금을 반환 받기 전에는 이 사건 부동산을 인도 할 의무가 없다고 할 것입니다.

20○○. ○. ○.

위 피고 ◇◇◇ (서명 또는 날인)

○○지방법원 제○○민사단독 귀중

□ 준비서면(계약금 등 반환, 원고)

준 비 서 면

사　건　20○○가단○○○○ 계약금 등 반환

원　고　○○○

피　고　◇◇◇

위 사건에 관하여 원고는 다음과 같이 변론을 준비합니다.

다　　　　음

1. 중도금수령거절

피고는 원고가 중도금을 약정한 시기에 지급하지 아니하므로 계약 해제 할 수밖에 없었다고 주장하나 이는 사실이 아닙니다.

원고와 피고는 20○○. ○. ○. 피고 소유의 ○○시 ○○동 ○○ 대 166㎡ 및 지상 주택을 대금 1억 2,000만원에 매매하기로 계약하고, 원고는 같은 날 피고에게 계약금 1,000만원을 지급하였고 같은 해 ○. ○○. 약속대로 피고의 집을 방문하여 중도금 5,000만원을 지급하려고 하였으나 집이 비어있는 관계로 중도금을 지급하지 못 하였고, 피고의 처 소외 ◇◇◇가 운영하는 같은 동 소재 ○○갈비 집으로 찾아가 중도금의 지급의사를 밝혔으나 피고의 처 소외 ◇◇ ◇는 피고가 중도금을 수령하지 말라고 했다면서 수령을 거부하였 습니다.

2. 계약금의 반환

피고는 20○○. ○○. ○. 원고에게 전화로 부동산가격이 올랐으므 로 매매가격을 조정할 것을 요청하였으며, 원고가 이에 대한 거부 의사를 표시하자 원고가 중도금을 제때 지급하지 아니한다는 이유 로 20○○. ○○. ○○. 계약금 중 금 500만원을 반환하며 계약해 제의 의사표시를 하였습니다.

3. 위약금의 지급책임

   이 사건 매매계약해제의 원인이 원고가 중도금을 약정된 시기에 지급하지 아니 하였기 때문이라는 피고의 주장은 사실과 다르므로 부인합니다. 피고는 원고와는 무관하게 일방적으로 부동산가격의 상승을 이유로 중도금의 수령을 거부하고 계약해제통지를 하였으므로 피고가 이 사건 부동산매매계약의 해제로 인한 위약의 책임을 부담하여야 하며 위약의 책임범위는 피고가 지급 받은 계약금 1,000만원 중 원고에게 반환하지 아니한 금 500만원 이외에도 계약서상 명시된 대로 매도인이 계약해제한 경우에 지급하기로 되어있는 계약금에 해당하는 금 1,000만원을 위약금으로 추가 지급하여야 할 것입니다

   20○○. ○. ○.
   위 원고   ○○○ (서명 또는 날인)

○○지방법원 제○민사단독 귀중

□ **준비서면(어음금, 피고)**

준 비 서 면

사   건   20○○가합○○○○ 어음금
원   고   ○○새마을금고
피   고   ◇◇◇

위 사건에 관하여 피고는 아래와 같이 변론을 준비합니다.

아   래

1. 원고금고의 20○○. ○. ○.자 소변경신청서의 대출금청구 가운데 20○○. ○. ○.에 2회에 걸쳐 금 150,000,000원씩 합계 금

300,000,000원을 피고에게 대출하였다는 점만 부인합니다.

2. 원고금고는 원고금고의 직원 소외 ◎◎◎ 등이 피고의 명의를 도용하여 대출 받는 방법으로 원고금고의 돈 370,000,000원을 횡령한 사실과 원고금고의 이사장 소외 ◉◉◉가 위 횡령금을 책임지고 상환하기로 약속한 사실은 시인하면서도, 소외 김◎◎가 부정대출 받은 돈 가운데 금 147,000,000원을 변제하고 나머지 금 240,000,000원은 소외 ◎◎◎가 원고금고로부터 대출 받아 정리하였으며, 위 20○○. ○. ○.자 금 300,000,000원의 대출금은 위 부정대출금과는 무관하다고 주장하고 있습니다(20○○. ○. ○.자 원고대리인의 준비서면 6의 다항 참조).

3. 피고는 사업에 실패하여 원고금고에 대한 채무 외에도 많은 빚을 지고 있고 그 때문에 피고의 주택 등 전 재산이 압류 또는 가압류된 상태여서 빚 정리를 하고 나면 한푼도 남지 않는 처지인데(오히려 부족함), 그러한 사정을 잘 알고 있는 원고금고가 피고 명의의 당좌수표(갑 제2호증 및 4호증)를 소지하고 있음을 기화로(피고로서는 위 금 300,000,000원이 아니더라도 어차피 남는 재산이 없다는 점에 착안하여), 위 부정대출금 정리를 위해 소외 ◉◉◉ 명의로 대출한 금 240,000,000원을 일부라도 환수할 작정으로 이 사건 소 제기에 이른 것으로 보입니다.

4. 피고가 위 당좌수표 2매를 원고금고에게 교부한 것은 오로지 상부기관의 감사 때문에 필요하다는 원고금고의 간청에 따른 것인데, 원고금고의 허위주장을 그대로 인정해주면 다른 채권자들을 해치는 결과를 가져오기 때문에 다투고 있을 뿐입니다.

피고가 원고의 무리한 간청을 거절하지 못했던 것은, 피고가 사업을 하는 동안 원고금고의 이사장 소외 ◉◉◉와 과장 소외 ◎◎◎ (실무 책임자로서 현재 ○○교도소 수감중임)로부터 어음할인 및 대출 등의 많은 도움을 받았고, 위 부정대출금에 대하여는 소외 ◉◉◉가 원고금고의 이사장 자격으로 책임을 지겠다는 각서(갑 제10호증의 1)까지 써 주었기 때문입니다.

5. 원고는 위 당좌수표에 대하여 소장에서는 수표금으로 청구를 하고, 원고금고의 상근이사 소외 ■■■는 증인으로 출석하여 위 당좌수표를 '피고가 할인하여 갔다'라고 진술한 바 있습니다.

그런데 위 수표금청구를 대여금청구로 변경하면서, 20○○. ○. ○. 차용금한도 금 800,000,000원, 거래기간 20○○. ○. ○.부터 20○○. ○. ○.까지' 라는 취지의 어음거래약정을 피고와 체결하고 그에 따라 약속어음 또는 당좌수표를 담보로 대출해준 돈이라고 주장합니다. 그러나 위 어음거래약정서(갑 제9호증의 1)는 원고금고가 감사대비를 위하여 필요한 서류라고 하면서 날인을 부탁하여서 '채무자본인'난에 피고가 서명 날인만 해준 것이고, 출금전표 이면(갑 제9호증의 3 및 제9호증의7)에도 역시 원고의 부탁대로 서명날인을 해준 것이지 실제로 위 금 300,000,000원을 대출 받거나 수령한 것이 아닙니다.

6. 피고가 원고에게, 위 금 300,000,000원 대출금에 대한 담보조로 받은 것이 약속어음인지 당좌수표인지를 밝혀달라고 석명을 구하자, 원고는 처음 대출 당시에는 액면 금 150,000,000원 짜리 약속어음 2매(자가○○○○○○○○ 및 자가○○○○○○○○)를 받았는데, 위 자가○○○○○○○○ 약속어음은 20○○. ○. ○. 갑 제4호증 당좌수표(마가○○○○○○○○, 액면 금 150,000,000원)와 교환하고, 위 자가○○○○○○○○ 약속어음은 피고가 20○○. ○. ○○.에 금 10,000,000원을 변제하여서 같은 해 ○○. ○. 액면 금 140,000,000원의 당좌수표(갑 제2호증)와 교환하여 위 2매의 당좌수표를 소지하게 되었다고 합니다.

　　가. 피고는 우선 원고에게, 약속어음을 당좌수표로 교환하게 된 이유가 무엇인지를 묻습니다. 그리고 원금 중 금 10,000,000원을 20○○. ○. ○○.에 변제 받았다는데 그 돈은 현금인지 수표인지, 수표라면 그 일련번호는 무엇인지 밝혀주실 것을 요구합니다(피고는 위 금 10,000,000원을 변제한 사실이 없습니다). 담보로 제공받는 약속어음은 일자를 백지로 하는 것이 통

례이고, 위 당좌수표에 대해서도 원고금고는 발행일자를 후에 보충하였다고 진술하고 있습니다.

나. 원고금고의 주장대로 피고가 위 자가○○○○○○○ 약속어음을 담보로 금 150,000,000원을 대출 받고 200○. ○. ○.부터 같은 해 ○. ○○.까지의 선이자 금 2,663,013원을 납부했다면, 대출 받은 지 5일밖에 안된 ○. ○○.에 굳이 원금 가운데 금 10,000,000원을 변제한다는 것도 극히 이례적인 일이라 하겠습니다. 위 금 10,000,000원은 소외 ◉◉◉이사장이나 소외 ◎◎과장이 원고금고에 상환한 돈이 아닌가 생각합니다.

다. 원고가 대출금에 대한 담보로 받았다고 주장하는 위 2매의 약속어음은 그 액면 금액부터 사실과 다릅니다.

위 자가 ○○○○○○○ 약속어음은 액면 금액이 금 150,000,000원이 아니라 금 50,000,000원으로(을 제2호증의 1 참조) 피고가 200○. ○. ○.경 발행하여 건축업을 하는 소외 ◆◆◆에게 빌려주었던 것이고, 위 자가○○○○○○○ 약속어음(을 제2호증의 2)은 피고가 같은 해 ○. ○.경 건축업자인 소외 ◆◆◆에게 액면 금액을 금 150,100,000원으로 기재하여 발행하였다가, 소외 ◆◆◆이 사용하기 편리하도록 액면 금액을 금 50,000,000원으로 쪼개어 발행해달라고 요구하여서 위 어음의 금액 금 150,000,000원을 지우고 그 위 여백에다가 '一金 오천만원'이라고 고쳐 써 주었더니 보기에 지저분하다고 하여서 새 어음용지로 발행해주고, 위 약속어음은 (어음용지가 아깝기 때문에) 액면 금액을 3,824,850원으로 다시 고쳐서 건축공사장 식대 지급에 사용하였습니다. 원고금고 주장의 허구성이 명백히 드러나는 대목입니다.

원고금고의 주장대로, 설사 위 금 300,000,000원에 대하여 피고와의 사이에 금전소비대차계약이 유효하게 성립되었다 하더라도, 소외 ◉◉◉이사장이나 소외 ◎◎과장 이를 전액 변제하였으므로 피고의 채무는 이미 소멸하였습니다.

                        20○○.   ○.   ○.

                        위 피고   ◇◇◇ (서명 또는 날인)

○○지방법원 ○○지원 제○민사부   귀중

□ 준비서면(임금, 원고)

준 비 서 면

사   건   20○○가소○○○○○ 임금
원고(선고당사자)   ○○○
피   고   1. ◇①◇
                  2. ◇②◇

　위 사건에 대하여 원고는 다음과 같이 준비서면을 제출합니다.

다   음

1. 소외 노동부에서 사실관계를 조사하여 발급한 체불임금확인서에 의하면 소외 ◉◉산업의 명의대표자는 피고 ◇①◇, 실질적인 사용주는 피고 ◇②◇로 되어 있으나 노동부 조사과정에서 원고가 알게 된 바에 의하면 피고 ◇①◇는 개인기업인 ◉◉산업의 대표로서 제조공구업을 하는 사업자이고, 피고 ◇②◇는 개인기업인 ◎◎농산의 대표자로서 ◎◎농산은 톱밥을 공급하는 회사로 피고들은 각자 다른 사업체로서 사업자등록증을 필하였으나 원고인 선정당사자 및 선정자들은 ◉◉산업에 고용되어 근로한 근로자이나 사업장에서 실질적으로 작업감독 및 지시를 한 것은 피고 ◇①◇입니다.(갑 제1호증 - 체불금품확인원)

　가. 원고인 ○○○(선정당사자) 및 선정자들이 근무한 ○○ ○○시 ○○○면 ○○리 ○○○-○ 소재 ◉◉산업의 건물에는 유일한

간판으로 ◉◉산업이라는 간판이 붙어 있으며 (위 주소지에 ◎◎농산과 같은 사업장의 간판은 건물 어디에도 없음) 근무할 당시에 직원들에게 외부에서 걸려오는 전화를 받을 때에 "◉◉산업입니다."라고 말하게 하였습니다.(갑 제2호증 - 소외 ■■■의 사실확인서)

　　나. 또 원고인 ○○○(선정당사자) 및 선정자들이 톱밥운반 일을 할 당시에 피고 ◇②◇가 거래처에 주도록 지시한 거래명세표를 보면 분명히 ◉◉산업 사업자 피고 ◇①◇라고 적혀 있거나 또는 ◉◉산업의 사업자 ◇②◇라고 적혀 있지 ◎◎농산이라는 상호는 거래명세표 어디에서도 볼 수가 없습니다.(갑 제3호증- 거래명세표)
　　　 따라서 원고는 명의대표자나 실질사용자에 관계없이 A산업의 근로자이지 B농산의 근로자는 아닙니다.

2. 그리고 피고가 톱밥운반일을 시킬 때 거래처에 주도록 지시한 거래명세표를 다시 한번 살펴보면 이 거래명세표에서 ◉◉산업의 사업자가 피고 ◇①◇로 되어있는 것이 있는가 하면 또 다른 거래명세표에는 사업자가 분명히 피고 ◇②◇로 되어있음을 통하여 형식적인 사업자등록 여부와 관계없이 ◉◉산업은 남매지간인 피고 ◇①◇와 피고 ◇②◇의 공동사업체임을 알 수 있습니다.

3. 그렇다면 원고인 선정당사자 및 선정자들은 남매지간인 피고들이 공동운영하는 A산업의 근로자로 근무하였으며 선정당사자 및 선정자 중 그 누구도 피고들로부터 현재에 이르기까지 노동부 발급 체불임금확인서에 나와 있는 바와 같은 체불임금을 지급 받은 바 없으므로 피고들은 연대하여 원고의 체불임금을 지급할 의무가 있다고 할 것입니다.

　　　　　　　　　20○○.　　○.　　○.
　　　　　　　　　위 원고　　○○○ (서명 또는 날인)

○○지방법원 ○○지원 제○○민사단독　귀중

[3] 증거의 신청 및 조사

※ 증거의 제출

[질문] 이웃이 주차를 하다 주차되어 있던 제 자동차의 옆문을 망가뜨렸습니다. 당시에는 사과를 하더니 다음날 찾아가 손해배상을 요구하자 자신은 그런 적이 없다고 도리어 화를 내는 것입니다. 다음날 전화로 통화를 하며 자신이 사고를 냈다고 고백하는 내용을 녹음해서 컴퓨터 파일로 만들었습니다. 하지만 만나면 자신은 그런 적이 없다고 우기고 있어 소송을 제기하려고 합니다. 이 녹음파일만 증거로 제출해도 되나요? 아니면 녹취록 같은 것을 별도로 만들어야 하나요?

[답변] 「민사소송규칙」에는 녹음테이프 등에 대한 증거조사는 녹음테이프 등을 재생해 검증하는 방법을 택하고 있으므로 일단 소송제기 시 증거로 컴퓨터 파일만 제출해도 됩니다(「민사소송규칙」 제121조제1항 및 제2항 참조).

그러나 녹취서, 그 밖에 그 내용을 설명하는 서면을 제출하도록 상대방이 요청하거나 법원이 명하는 경우에는 별도의 비용을 들여 속기사에 의해 녹취한 녹취록을 작성해 제출해야 함을 유의하시기 바랍니다(「민사소송규칙」 제121조제3항).

1. 증거 등의 신청

1-1. 개념

① '증거'란 법원이 법률의 적용에 앞서서 당사자의 주장사실의 진위를 판단하기 위한 재료를 말합니다.

② '입증'이란 원고의 주장이나 피고의 항변을 증명할 수 있는 증거를 제출하는 것을 말합니다.

③ 입증의 방법에는 여러 가지가 있으나 서증, 증인, 당사자 본인신문, 감정, 검증, 문서송부촉탁, 사실조회촉탁, 증거보전, 녹음녹취 등이 많이 사용됩니다.

1-2. 증거가 필요하지 않은 사실

① 법원에서 당사자가 자백한 사실과 뚜렷한 사실은 증명을 필요로 하지 않습니다(민사소송법 제288조 본문).

② 다만, 진실에 어긋나는 자백은 그것이 착오로 인한 것임을 증명한 경우에는 취소할 수 있습니다(민사소송법 제288조 단서).

1-3. 신청시기

① 당사자는 변론준비기일이 끝날 때까지 증거를 정리해 제출해야 합니다(민사소송법 제282조 제4항).

② 증거를 신청할 때에는 증거와 증명할 사실의 관계를 구체적으로 밝혀야 합니다(민사소송규칙 제74조).

1-4. 사실조회촉탁신청

'사실조회촉탁신청'이란 당사자가 법원에 사실조회신청서를 제출하면 법원이 공공기관·학교, 그 밖의 단체·개인 또는 외국의 공공기관에게 그 업무에 속하는 사항에 관해 필요한 조사 또는 보관 중인 문서의 등본·사본의 송부를 촉탁하는 것을 말합니다(민사소송법 제294조).

□ 사실조회촉탁신청서 작성례

사 실 조 회 촉 탁 신 청

사 건 20○○가단○○○○임차보증금반환
  [담당재판부 : 민사 제 ○단독]

원 고 ○ ○ ○
피 고 ○ ○ ○

  위 사건에 관하여 원고는 귀원의 보정명령에 의거하여 다음과 같이 사실조회를 신청합니다.

다   음

1. 사실조회 촉탁할 곳

   외교부

   주소: ○○시 ○○구 ○○로 ○○ (우편번호)

2. 사실조회의 목적

   피고 ○ ○ ○의 주민등록은 일본 현지이주말소 되어 있어 송달 가능한 국내주소를 알 수 없는바, 피고 ○ ○ ○이 현재 외국(일본)에 거주하고 있는지 여부와 외국에 거주할 경우 현재 소송서류 등의 송달이 가능한 주소를 밝히기 위함.

3. 조회할 사항 : 별지와 같습니다.

4. 첨부서류 : 주민등록초본(말소자초본) 1통

5. 참고사항 : 다른 임차인 소외 ○ ○ ○의 피고에 대한 임차보증금 청구소송이 귀원 민사 ○단독에 같은 사유로 계류 중입니다. (200○○가단○○○○)

200○.   ○.   ○.

위 원고   ○○○   (서명 또는 날인)

○○지방법원 제○민사부 귀중

[별 지]

사 실 조 회 촉 탁 할 사 항

○ 확인대상자

 성명 : ○ ○ ○ (○ ○ ○)

 주민등록번호 : ○○○○○○-○○○○○○○

 최후주소 : ○○시 ○○구 ○○로 ○○ (우편번호)

○ 사실조회 촉탁할 사항

1. 위 ○ ○ ○ 이 현재 외국(일본)에 거주하고 있는지 여부.

> 2. (외국에 거주하고 있다면) 위 ○ ○ ○ 이 거주하고 있는 나라에서
> 소송서류 등을 송달받을 수 있는 ○ ○ ○ 거주국의 구체적인 주소.
> 끝.

2. 증인신청

2-1. 증인신문

① 법원은 특별한 규정이 없으면 누구든지 증인으로 신문할 수 있습니다(민사소송법 제303조).

② 증인신문은 부득이한 사정이 없는 한 일괄하여 신청해야 합니다(민사소송규칙 제75조제1항).

③ 당사자신문을 신청하는 경우에도 일괄하여 신청해야 합니다(민사소송규칙 제75조제1항).

④ 증인신문을 신청할 경우에는 증인의 이름·주소·연락처·직업, 증인과 당사자의 관계, 증인이 사건에 관여하거나 내용을 알게 된 경위, 증인신문에 필요한 시간 및 증인의 출석을 확보하기 위한 협력방안을 밝혀야 합니다(민사소송규칙 제75조제2항).

⑤ 증인신청서 양식

증 인 신 청 서

1. 사건 : 20   가

2. 증인의 표시

이 름	○ ○ ○					
생년월일	1964. 1. 1.					
주 소	서울 ○○구 ○○동 123 4통 5반					
전화번호	자택	(02)555-777×	사무실	(02)777-99×	휴대폰	
원·피고 와의 관계	원고 처의 친구(고등학교 동창)					

3. 증인이 이 사건에 관여하거나 그 내용을 알게 된 경위
   이 사건 임대차계약을 체결할 당시 원고, 원고의 처와 함께 계약현장에 있었음

4. 신문할 사항의 개요
   ① 이 사건 임대차계약 당시의 정황
   ② 임대차 계약서를 이중으로 작성한 이유
   ③

5. 희망하는 증인신문방식(해당란에 "ν" 표시하고 희망하는 이유를 간략히 기재)
   ☑ 증인진술서 제출방식   □증인신문사항 제출방식
   □서면에 의한 증언방식
   이유 : 원고측과 연락이 쉽게 되고 증인진술서 작성 의사를 밝혔음

6. 그 밖에 필요한 사항

20 . . .

○고 소송대리인　　○○○ ㉑

○○지방법원 제○부 앞

1. 증인이 이 사건에 관여하거나 그 내용을 알게 된 경위는 구체적이고 자세하게 적어야 합니다.
2. 여러 명의 증인을 신청할 때에는 증인마다 증인신청서를 따로 작성하여야 합니다.
3. 신청한 증인이 채택된 경우에는 법원이 명하는 바에 따라 증인진술서나 증인신문사항을 미리 제출하여야 하고, 지정된 신문기일에 증인이 틀림없이 출석할 수 있도록 필요한 조치를 취하시기 바랍니다.

2-2. 각종 증인신청서 작성례

□ 증인신청서(증인여비 청구포기서 첨부)

증 인 신 청 서

사　　건　　20○○가단○○○○○ 손해배상(기)
원　　고　　○○○
피　　고　　◇◇◇

　위 사건에 관하여, 원고는 다음과 같이 증인신청을 합니다.

다　　　　　음

1. 증인의 표시
　성　명 : ■■■
　주　소 : ○○시 ○○구 ○○로 ○○ (우편번호 ○○○-○○○)
　주민등록번호 : ○○○○○○-○○○○○○○
　전화·휴대폰번호 :
　직　업 : 농업

2. 증인이 이 사건에 관여하거나 그 내용을 알게 된 경위

증인은 원고의 아버지 소외 ◉◉◉와 잘 아는 사이로 소외 ◉◉◉
가 만성질환으로 기도원에서 장기간 요양 중에 있었으므로 원고를
자주 찾아가 어려운 일이 있을 때 조언을 해주는 등 가까이 지내던
사이였으며, 원고가 피고의 부동산 중개사무실에서 주택을 임차하는
계약을 체결할 때 동행하여 부동산중개업자인 피고의 중개로 주택
을 임차하는 과정에 입회하였고, 그 뒤로도 원고를 자주 방문하여
임차주택에 문제가 생겨 분쟁이 있는 것을 알고 여러 번 원고와 피
고가 다투는 것을 목격하는 등 이 사건에 관하여 여러 사실을 알게
되었음.

3. 증인신문사항(별첨)

첨 부 서 류

1. 증인신문사항   4통
1. 증인여비포기서   1통

2000. 0. 0.

위 원고   ○○○ (서명 또는 날인)

○○지방법원 제○○민사단독   귀중

＜2000가단○○○○○＞

증인 ■■■에 대한 신문사항

1. 증인은 원고와 피고를 아는가요?

2. 증인은 원고와 교제하던 사이로서, 원고가 2000. 0. 0.경 ○○
구 ○○동 ○○○-○○, ○○빌라 B01호(다음부터 이 사건 부동산이
라 함)를 임차할 당시 원고와 함께 피고 부동산사무실에 찾아간 일
이 있지요?

3. 피고는 원고로부터 보증금 2,100만원 상당의 주택을 구하려 한다는 말을 듣고 이 사건 부동산을 보여주면서 "건축된 지 2년도 되지 않은 건물이고 보증금도 시세에 비하여 저렴하다"면서 적극적으로 임차할 것을 권유하던가요?

4. 증인은 당시 이 사건 부동산에 들어가 방안을 살펴보니 낡은 침대 1개만 놓여 있을 뿐 짐은 전혀 없고 살림하고 있는 집으로 보이지는 않던가요?

5. 피고는 원고 등과 자신의 사무실로 돌아온 뒤 원고가 이 사건 부동산을 임차하려면 돈이 부족하다고 하자 피고는 돈을 조금 더 마련하여 이 사건 부동산을 얻으라고 권유하였지요?

6. 원고가 마지못해 이에 응낙하자 피고는 다른 사람이 이 사건 부동산을 얻을 수도 있으니 우선 가계약금이라도 걸고 가라하여 원고는 3만원정도 가계약금을 피고에게 지급하였지요?

7. 원고는 증인과 함께 3일 뒤인 20○○. ○. ○○. 피고 사무실에 찾아가 집주인 소외 ◆◆◆를 처음 보았고 소외 ◆◆◆와 보증금 ○○○원. 기간 20○○. ○○. ○.부터 12개월로 하는 전세계약서를 작성하고 계약금 ○○○원을 피고를 통하여 소외 ◆◆◆에게 지급하였지요?

8. (갑 제1호증을 제시하며)이 계약서가 당시 피고가 작성한 계약서인가요?

9. 증인은 피고가 전세계약서를 작성하면서 또는 계약서작성전후에 이 사건 부동산의 등기부등본을 원고에게 보여주던가요?

10. 또한, 피고가 이 사건 부동산에 근저당권설정여부나 압류 등이 있는지에 대하여 구두로 또는 서면으로 설명서를 작성하여 원고에게 제시하던가요?

11. 위 계약서를 작성할 당시 피고의 부동산중개사사무실에는 증인을 포함하여 누가 있었나요?

12. 원고는 모자라는 보증금일부를 증인으로부터 도움을 받아 20○○. ○○. ○. 잔금을 지급하고 이 사건 부동산으로 이사하게 되었지요?

13. 원고가 이 사건 부동산에 입주할 당시 원고의 아버지 소외 ◉◉◉는 만성질환으로 기도원에서 장기간 요양 중에 있었고, 원고의 어머니 소외 ◎◎◎는 원고가 중3때에 집을 나가 당시 만 18세이던 원고가 어린 동생 2명을 부양하는 가장역할을 하고 있었지요?

14. 따라서 나이 어린 원고가 직접 뛰어다니며 전셋집을 구하고, 이삿짐을 꾸려 이사하였으며, 고교 1학년을 마치고 학업을 중단하고 식당 주방 일을 하면서 생계를 꾸려나가고 있었지요?

15. 피고는 원고로부터 보증금 잔금 ○○○원을 받아 집주인 소외 ◆◆◆에게 건네주고 중개수수료 금 ○○○원을 요구하여 이를 수령하였지요?

16. 원고가 이 사건 부동산에 이사한 뒤 1개월이 못되어 경기 ○○시에 거주하는 원고의 고모 소외 ●●●가 원고의 전셋집을 찾아오게 되었지요?

17. 소외 ●●●는 어린 조카들의 살림살이를 살펴본 뒤, 원고에게 이 사건 부동산의 등기부등본을 떼어 보았는지 물어보게 되었지요?

18. 원고가 소외 ●●●에게 부동산등기부등본이 무엇인지를 되묻자 소외 ●●●는 원고를 야단치면서 즉시 등기소에 찾아가 이 사건 부동산의 등기부등본을 발급 받아 오게 되어 비로소 근저당권이 설정된 사실과 2건의 압류등기가 되어 있는 사실을 알게 되었지요?

19. 이에 깜짝 놀란 원고가 다음날 피고사무실에 찾아가 "왜 근저당권 설정사실이나 압류가 있었다는 사실을 알려주지 않았느냐"고 항의 하자 피고는 이러한 근저당권설정이나 압류가 되어 있는 사실도 모르고 있다가 원고가 제시한 부동산등기부등본을 보고 집주인과 통화한 뒤 "근저당권은 집 지을 때 은행에서 빌린 돈이고, 압류는 곧 해결할 테니 걱정하지 말라."고 무마하려 하던가요?

20. 그럼에도 원고가 피고의 부동산사무실 앞 노상에서 거칠게 "계약을 취소할 테니 당장 보증금을 내노라"라고 항의하였고 원고의 계속적인 항의에 고령인 피고가 이를 견디다 못해 인천에 거주하는 집주인 소외 ◆◆◆를 자신의 사무실로 부르게 되었지요?

21. 피고의 사무실에서 3인이 대면한 뒤 원고는 집주인 소외 ◆◆◆에게 당장 이사갈 테니 돈을 돌려달라고 하자 피고는 원고를 달래면서 소외 ◆◆◆에게 " 2000. ○○. ○. - 2000. ○○. ○○. 그날까지 집주인이 직접 반환하기로 함. 2000. ○○. ○○.이전에 문제 있을 시는 집주인책임지기로 함."이라는 문구를 계약서 공란에 기재하도록 하고 지장까지 찍도록 하였지요?

22. 원고는 집주인 소외 ◆◆◆가 계약서 공란에까지 확인하여 주었으니 법적으로 전혀 걱정할 필요 없다고 생각하고 더 이상 피고에 대하여 문제를 삼지 않고 피고의 사무실에서 나오게 되었지요?

23. 원고는 집주인 소외 ◆◆◆가 계약서공란에 특약까지 하였으므로

보증금을 받는데 문제없을 것으로 생각하면서도 이미 이 사건 부동산에서 살고 싶은 마음이 없게 되어 피고의 사무실과 집 근처 여러 곳의 중개사사무실에 중개의뢰를 하게 되었지요?

24. 그러나 중개의뢰한 사무실에서 가끔 원고의 집에 전화가 오기도 하였고 집을 보러오는 사람도 있었지만 계약이 체결된 일은 없었지요?

25. 그 뒤에도 원고는 집주인 소외 ◆◆◆에게 여러 차례 전화하고 소외 ◆◆◆가 살고 있는 인천까지 여러 차례 찾아갔으나 대부분은 만나지 못하고 겨우 2~3일 기다린 끝에 소외 ◆◆◆를 만나 보증금을 빼달라고 요구하였음에도 소외 ◆◆◆는 그때마다 조금만 기다리면 해결하겠다고 하였음에도 결국 계약기간만료일인 20○○. ○○. ○○.을 지나게 되었지요?

26. 계약기간이 만료된 뒤 원고는 집주인 소외 ◆◆◆에게 이제 기간도 만료되었으니 보증금을 내놓으라고 요구하자 돈이 없어서 또는 다른 세입자가 들어오지 않아 보증금을 내줄 수 없다는 말만 되풀이 한 것이지요?

27. 그러다가 20○○년 말경부터 집주인 소외 ◆◆◆는 사업에 실패하고 행방을 감추게 되어 그때부터 소외 ◆◆◆와 연락할 수 없게 되었는데, 소외 ◆◆◆는 현재 미국으로 도망갔다고 하지요?

28. 원고는 주택임대차보호법내용도 잘 몰라 집주인의 채권자 소외 ◑◑◑가 20○○. ○○.경 집으로 찾아와 집주인 소외 ◆◆◆를 수소문하였고, 원고는 소외 ◆◆◆가 빚에 시달리고 있는 것을 알고 나중에야 주위사람들의 말을 듣고 확정일자를 받게 된 것이지요?

29. 원고는 당시 나이가 어려 법에 대하여는 잘 몰랐고 경제적으로 어

려운 나머지 집주인 소외 ◆◆◆를 상대로 소송을 제기하지 못한 것이지요?

30. 기타 참고사항.

- 끝 -

증 인 여 비 청 구 포 기 서

사　건　　20○○가단○○○○○ 손해배상(기)
원　고　　○○○
피　고　　◇◇◇

위 사건에 관하여 아래 증인은 20○○. ○. ○. ○○:○○ 출석하는 증인으로 채택되었는데, 증인은 출석여비의 청구를 포기합니다.

20○○.　○.　○.

증　인　　■■■ (서명 또는 날인)

○○지방법원 제○○민사단독　귀중

□ 증인신청서(항소심)

증 인 신 청 서

사　　　　건　　20○○나○○○○ 손해배상(기)
항 소 인(원고)　○○○
피항소인(피고)　◇◇◇

위 사건에 관하여 항소인(원고)은 그 주장사실을 입증하기 위하여 다음과 같이 증인을 신청합니다.

다   음

1. 증인의 표시

　성 명 : ■■■

　주 소 : ○○시 ○○구 ○○로 ○○ (우편번호 ○○○-○○○)

　주민등록번호 : ○○○○○○-○○○○○○○

　전화·휴대폰번호 :

　직 업 : 농업

2. 증인이 이 사건에 관여하거나 그 내용을 알게 된 경위

　증인은 원고의 이웃에 거주하는 사람으로서 평소 원고와 가까이 지내는 사이로 원고가 피고로부터 폭행을 당한 뒤 원고의 아들인 소외 박◉◉와 함께 피고의 집을 방문하였고, 피고의 처와 피고의 모가 원고의 병실을 찾아왔을 때 원고의 병실에 함께 있었음.

3. 입증취지

　원고가 피고로부터 폭행을 당했다는 점을 입증하기 위함.

4. 증인신문사항(별첨)

20○○. ○. ○.

위 항소인(원고) ○○○ (서명 또는 날인)

○○고등법원 제○민사부 귀중

<20○○나○○○○>

증인 ■■■ 신문사항

1. 증인은 항소인과 피항소인을 아는가요?

2. 증인은 이 사건 항소인의 부상이후 소외 박◉◉와 함께 피항소인의 집을 방문한 사실이 있지요?

3. 그 때 피항소인의 집에는 피항소인과 피항소인의 처, 피항소인의 어머니가 있었지요?

4. 소외 박◉◉가 '우리 어머니(항소인)는 현재 뼈가 골절되는 중상을 입었는데 다치게 한 사람이 누구냐?'고 하자, 피항소인은 '살짝 밀었을 뿐인데 어떻게 그렇게 되었다'면서 사과하고, 치료비는 자신이 책임지겠다고 하였지요?

5. 증인은 항소인이 병원에 입원하여 있을 때 피항소인의 처와 피항소인의 어머니가 병원에 입원하고 있던 항소인을 병 문안하러 찾아온 사실을 알고 있지요?

6. 기타 관련 사항.

- 끝 -

2-3. 증언에 갈음하는 서면

① 법원은 증인과 증명할 사항의 내용 등을 고려해 상당하다고 인정하는 경우에는 출석·증언에 갈음해 증언할 사항을 적은 서면을 제출하게 할 수 있습니다(민사소송법 제310조제1항).

② 법원은 상대방의 이의가 있거나 필요하다고 인정하는 경우에는 증언에 갈음해 증언할 사항을 적은 서면을 제출한 증인에게 출석하여 증언하게 할 수 있습니다(민사소송법 제310조제2항).

2-4. 증인진술서

① 법원은 효율적인 증인신문을 위해 필요하다고 인정하는 경우에는 증인을 신청한 당사자에게 증인진술서를 제출하게 할 수 있습니다(민사소송규칙 제79조제1항).

② 증인진술서에는 증언할 내용을 그 시간 순서에 따라 적고, 증인이 서명날인 해야 합니다(민사소송규칙 제79조제2항).

③ 증인진술서 부본의 제출

증인진술서의 제출명령을 받은 당사자는 법원이 정한 기한까지 원본과 함께 상대방의 수에 2(다만, 합의부에서는 상대방의 수에 3)를 더한 만큼의 사본을 제출해야 합니다(민사소송규칙 제79조제3항).

④ 증인진술서 부본 송달

법원서기관·법원사무관·법원주사 또는 법원주사보(이하 '법원사무관 등'이라 한다)는 증인진술서 사본 1통을 증인신문기일 전에 상대방에게 송달해야 합니다(민사소송규칙 제79조 제4항).

⑥ 증인신문사항

- 증인신문을 신청한 당사자는 증인신문사항을 적은 서면을 제출해야 합니다(민사소송규칙 제80조 제1항 본문). 다만, 증인진술서를 제출하는 경우로 법원이 증인신문사항을 제출할 필요가 없다고 인정하는 때에는 제출하지 않아도 됩니다(민사소송규칙 제80조 제1항 단서).

- 재판장은 제출된 증인신문사항이 다음에 해당하는 경우 증인신문사항의 수정을 명할 수 있습니다(민사소송규칙 제80조제3항 본문, 제95조제2항 및 제91조부터 제94조까지).

1. 개별적이고 구체적이지 않은 경우
2. 증인을 모욕하거나 증인의 명예를 해치는 내용의 신문이 포함된 경우
3. 유도신문이 포함된 경우
4. 반대신문의 경우 재판장의 허가없이 주신문에 나타나지 않은 사항에 관한 신문이 포함된 경우
5. 재주신문(再主訊問)의 경우 재판장의 허가없이 반대신문에 나타나지 않은 사항에 관한 신문이 포함된 경우

6. 증언의 증명력을 다투기 위한 신문에서 증인의 경험·기억 또는 표현의정확성 등 증언의 신빙성에 관련된 사항 및 증인의 이해 관계·편견 또는 예단 등 증인의 신용성에 관련된 사항과 무관한 내용의 신문이 포함된 경우

7. 의견 진술을 요구하는 신문

8. 증인이 직접 경험하지 않은 사항에 관한 진술을 요구하는 신문
다만, 위 3.부터 8.까지의 신문에 관해 정당한 사유가 있는 경우에는 수정을 명하지 않을 수 있습니다(민사소송규칙 제80조제3항 단서).

⑦ 증인신문사항 부본의 제출
증인신문을 신청한 당사자는 법원이 정한 기한까지 상대방의 수에 3 (다만, 합의부에서는 상대방의 수에 4)을 더한 통수의 증인신문사항의 기재서면을 제출해야 합니다(민사소송규칙 제80조 제1항 본문).

⑧ 증인신문사항 부본 송달
법원사무관등은 증인신문사항의 기재서면 1통을 증인신문기일 전에 상대방에게 송달해야 합니다(민사소송규칙 제80조 제2항).

3. 감정신청

3-1. 신청절차

① 감정을 신청할 경우 감정신청서와 감정을 요구하는 사항을 적은 서면을 함께 제출해야 합니다(민사소송규칙 제101조 제1항 본문).

② 다만, 부득이한 사유가 있는 경우에는 재판장이 정하는 기한까지 제출하면 됩니다(민사소송규칙 제101조 제1항 단서).

③ 감정신청서 양식

감 정 신 청

사　건　　20○○가합○○○○ 손해배상(기)

원　고　　○○○

피　고　　◇◇◇

　　위 사건에 관하여 원고는 그 주장사실을 입증하기 위하여 다음과 같이 감정을 신청합니다.

다　　　　　음

1. 감정의 목적

　이 사건 건물의 지반을 원상복구하고 파손된 건물을 원상회복하는데 소요되는 비용을 명백히 함에 있다.

2. 감정목적물

　○○시 ○○구 ○○동 ○○ 지상 원고소유 건물

3. 감정사항

　이 사건 건물 파손부분을 원상대로 복구하고 내려앉은 지반과 건물경사 상태를 원상회복하기 위하여 소요되는 경비

4. 감정인 선임의견

　법률에 의하여 등록하여 개업하고 있는 공인감정사를 선임하여 주시기 바랍니다.

20○○.　　○.　　○.

위 원고　　○○○ (서명 또는 날인)

○○지방법원 제○민사부　귀중

3-2. 감정신청서 등의 송달

① 법원은 감정신청서와 감정을 요구하는 사항을 적은 서면을 상대방에게 송달해야 합니다(민사소송규칙 제101조제2항 본문 및 제1항).

② 다만, 그 서면의 내용을 고려해 법원이 송달할 필요가 없다고 인정하는 경우에는 그렇지 않습니다(민사소송규칙 제101조제2항 단서).

3-3. 상대방의 의견서 제출

① 상대방은 신청인의 감정신청서와 감정을 요구하는 사항을 적은 서면에 관해 의견이 있는 경우 의견을 적은 서면을 법원에 제출할 수 있습니다(민사소송규칙 제101조제3항 전단 및 제1항).

② 재판장은 미리 의견 제출기한을 정할 수 있습니다(민사소송규칙 제101조 제3항 후단).

3-4. 법원의 감정사항 결정

① 법원은 신청인의 감정신청서와 감정을 요구하는 사항을 적은 서면을 토대로 하되, 상대방이 의견서를 제출한 경우에는 그 의견을 고려해 감정사항을 정해야 합니다. 이 경우 법원이 감정사항을 정하기 위해 필요한 경우 감정인의 의견을 들을 수 있습니다(민사소송규칙 제101조제4항 및 제1항).

② 법원은 감정에 필요한 자료를 감정인에게 보낼 수 있으며, 당사자는 감정에 필요한 자료를 법원에 내거나 법원의 허가를 받아 직접 감정인에게 건네줄 수 있습니다(민사소송규칙 제101조의2 제1항 및 제2항).

③ 감정인은 부득이한 사정이 없으면 위의 자료가 아닌 자료를 감정의 전제가 되는 사실 인정에 사용할 수 없습니다(민사소송규칙 제101조의2 제3항)

④ 법원은 감정인의 의견진술이 있는 경우 당사자에게 기한을 정해 그에 관한 의견을 적은 서면을 제출하게 할 수 있습니다(민사소송규칙 제101조의3 제1항)

⑤ 법원은 감정인의 서면 의견진술이 있는 경우에 말로 설명할 필요가

있다고 인정되면 감정인에게 법정에 출석하게 할 수 있습니다(민사
소송규칙 제101조의3 제2항).

4. 문서제출신청

4-1. 신청절차

① 문서제출신청은 당사자가 법원에 문서를 제출하는 방식 또는 문서
를 가진 사람에게 그것을 제출하도록 명할 것을 요청하는 신청을
말합니다(민사소송법 제343조).

② 문서제출신청은 서면으로 해야 하고, 서면에는 다음의 사항을 기재
해야 합니다(민사소송법 제345조, 민사소송규칙 제110조제1항).

1. 문서의 표시
2. 문서의 취지
3. 문서를 가진 사람
4. 증명할 사실
5. 문서를 제출해야 하는 의무의 원인

※ 문서제출신청서 양식

문 서 제 출 명 령 신 청

사 건   20○○가합○○○ 손해배상(기) 등
원 고   ○○○
피 고   ◇◇◇

　위 사건에 관하여 원고의 주장사실을 입증하기 위하여 아래의 문서
에 대하여 제출명령을 하여 줄 것을 신청합니다.

1. 문서의 표시 및 소지자
　피고가 소지하고 있는 원고와 피고간에 20○○. ○. ○. 체결한 물
품매매계약서 1통

---

2. 문서의 취지

20○○. ○. ○. 원고가 피고로부터 방망이 등 물품을 금 500만원을 주고 매수하였을 때 피고는 방망이 등을 매매대금과 동시이행으로 제공하기로 하는 내용의 계약문서입니다.

3. 입증취지

이 사건 매매계약에 의하여 원고는 매수인으로서 매매대금을 지급하였으므로 매도인인 피고의 의무불이행으로 인하여 원고에게 손해가 발생하였음을 입증하고자 합니다.

20○○.　○.　○.

위 원고　○○○ (서명 또는 날인)

○○지방법원 ○○지원 제○민사부　귀중

4-2. 문서제출의무

다음의 경우 문서를 가지고 있는 사람은 그 제출을 거부하지 못합니다(민사소송법 제344조 제1항 제1호, 제2호, 제3호 본문 및 제2항).

1. 당사자가 소송에서 인용한 문서를 가지고 있는 경우
2. 신청자가 문서를 가지고 있는 사람에게 그것을 넘겨 달라고 하거나 보겠다고 요구할 수 있는 사법상의 권리를 가지고 있는 경우
3. 문서가 신청자의 이익을 위해 작성된 경우
4. 신청자와 문서를 가지고 있는 사람 사이의 법률관계에 관해 작성된 경우
5. 오로지 문서를 가진 사람이 이용하기 위한 문서가 아닌 경우

4-3. 법원의 문서제출명령을 거부할 수 있는 경우

다음의 경우에는 법원의 문서제출명령을 거부할 수 있습니다(민사소송법 제344조제1항제3호 단서).

1. 공무원 또는 공무원이었던 사람이 그 직무와 관련해 보관하거나 가지고 있는 문서

2. 대통령·국회의장·대법원장 및 헌법재판소장 또는 그 직책에 있었던 사람을 증인으로 하여 직무상 비밀에 관한 사항을 신문한 내용을 기재한 문서로 증인의 동의를 받지 않은 문서

3. 국회의원 또는 그 직책에 있었던 사람을 증인으로 하여 직무상 비밀에 관한 사항을 신문한 내용을 기재한 문서로 국회의 동의를 받지 않은 문서

4. 국무총리·국무위원 또는 그 직책에 있었던 사람을 증인으로 하여 직무상 비밀에 관한 사항을 신문한 내용을 기재한 문서로 국무회의의 동의를 받지 않은 문서

5. 공무원 또는 공무원이었던 사람을 증인으로 하여 직무상 비밀에 관한 사항을 신문한 내용을 기재한 문서로 그 소속관청 또는 감독 관청의 동의를 받지 않은 문서

6. 문서를 가진 사람이나 다음에 해당하는 사람이 공소 제기되거나 유죄판결을 받을 염려가 있는 사항 또는 자기나 그들에게 치욕이 될 사항이 기재된 문서

    가. 문서를 가진 사람의 친족 또는 이런 관계에 있었던 사람

    나. 문서를 가진 사람의 후견인 또는 문서를 가진 사람의 후견을 받는 사람

7. 변호사·변리사·공증인·공인회계사·세무사·의료인·약사, 그 밖에 법령에 따라 비밀을 지킬 의무가 있는 직책 또는 종교의 직책에 있거나 이러한 직책에 있었던 사람의 직무상 비밀에 속하는 사항이 적혀 있고 비밀을 지킬 의무가 면제되지 않은 문서

8. 기술 또는 직업의 비밀에 속하는 사항이 적혀 있고 비밀을 지킬 의무가 면제되지 않은 문서

4-4. 문서목록의 제출

법원은 필요하다고 인정하는 경우 상대방 당사자에게 신청내용과 관련해 가지고 있는 문서 또는 신청내용과 관련해 서증으로 제출할 문서의 표시와 취지 등을 적어 내도록 명할 수 있습니다(민사소송법 제346조).

4-5. 문서송부촉탁신청

① 문서송부촉탁신청은 당사자가 법령에 의해 문서의 정본 또는 등본을 청구할 수 없는 경우 법원이 직접 문서를 가지고 있는 사람에게 그 문서를 보내라는 촉탁을 하도록 요청하는 신청을 말합니다(민사소송법 제352조).

② 제3자가 가지고 있는 문서를 서증으로 신청할 수 없거나 신청하기 어려운 사정이 있는 경우 법원은 촉탁신청을 받아 조사할 수 있습니다(민사소송규칙 제112조제1항).

③ 법원·검찰청, 그 밖의 공공기관이 보관하고 있는 기록의 불특정한 일부에 대해서도 촉탁을 신청할 수 있습니다(민사소송규칙 제113조제1항).

☐ **문서송부촉탁신청서 양식**

문 서 송 부 촉 탁 신 청

사 건   2015가소○○○ 손해배상
원 고   이○○
피 고   정○○

위 사건에 관하여 원고는 다음과 같이 문서송부촉탁을 신청합니다.

---

1. 입증 취지

원고에게 손해배상 채무를 지고 있는 피고가 사망하였으므로 그 상속인을 파악하여 피고의 표시를 정정하기 위함입니다.

2. 문서의 보관처

부천시청

주소 : (우편번호) 부천시 원미구 길주로 210(중동 1156)

연락처 : 032-320-3000

3. 송부촉탁할 문서의 표시

별지와 같음

2015.　.　.

위 원고　이○○

인천지방법원 부천지원 민사과 민사○단독(소액)　귀 중

[별지]

송부촉탁할 문서의 표시
(부천시청)

1. 귀 관내에 주소지를 두고 있는 아래 사람은 인천지방법원 부천지원 2015가소○○○ 손해배상 사건의 피고이나 현재 사망하였습니다.

　성　　　명 : 정○○

　주민등록번호 : 470707-******

　주　　　소 : 부천시 오정구 ○○○

2. 위 정○○의 상속인을 확인하고자 하오니 다음의 자료를 송부하여 주시기 바랍니다.

가. 위 사람의 폐쇄가족관계증명서

나. 위 사람의 배우자, 자녀의 각 주민등록표 초본

끝.

5. 검증신청

① 검증이란 법관이 다툼이 있는 사실을 판단하기 위해 사람의 신체 또는 현장 등 그 사실에 관계되는 물체를 자기의 감각으로 스스로 실험하는 증거조사를 말합니다.

② 당사자가 검증을 신청할 경우에는 검증의 목적을 표시하여 신청해 야 합니다(민사소송법 제364조).

※ 검증신청서 양식

검 증 신 청 서

사　건 20○○가단○○○○(본소), 20○○가단○○○○(반소)

원　고(반소피고) ○○○

피　고(반소원고) (주)◇◇◇

　위 사건에 관하여 원고(반소피고)는 주장사실을 입증하기 위하여 아래와 같이　검증신청을 합니다.

- 아　　래 -

1. 검증장소

　○○시 ○○구 ○○길 ○○(피고회사 본사 사무실)

2. 검증의 목적물

　　· 피고가 원고에게 20○○. ○. ○. 우편으로 송부한 이 사건 웹 사이트 및 관리프로그램의 검수용 컴팩트디스크(CD)

　　· 원고 보관중이며 검증기일에 현장에서 제출할 예정임

3. 검증에 의하여 명확하게 하려는 사항

   원고가 이 사건 용역계약의 해제통보 후 피고가 우편으로 송부한 위 검증 목적물도 이 사건 용역계약에 따른 완성품이 아니라는 사실

4. 첨부 : 검증장소약도

2000.　　○.　　○.

위 원고(반소피고)　　○○○ (서명 또는 날인)

○○지방법원 제○○민사단독　귀중

6. 그 밖의 증거신청

① 그 밖의 증거는 도면·사진·녹음테이프·비디오테이프·컴퓨터용 자기디스크, 그 밖에 정보를 담기 위해 만들어진 물건 등을 말합니다(민사소송법 제374조).

② 자기디스크 등의 증거신청

- 컴퓨터용 자기디스크·광디스크, 그 밖에 이와 비슷한 정보저장매체(이하 "자기디스크등"이라 한다)에 기억된 문자정보, 도면, 사진을 증거자료로 하는 경우에는 읽을 수 있도록 출력한 문서, 도면, 사진을 제출할 수 있습니다(민사소송규칙 제120조 제1항 및 제3항).

- 자기디스크등에 기억된 문자정보, 도면, 사진에 대한 증거조사를 신청한 당사자는 법원이 명하거나 상대방이 요구하면 자기디스크등에 입력한 사람과 입력한 일시, 출력한 사람과 출력한 일시를 밝혀야 합니다(민사소송규칙 제120조 제2항 및 제3항).

③ 녹음테이프 등의 증거신청

- 녹음·녹화테이프, 컴퓨터용 자기디스크·광디스크, 그 밖에 이와 비슷한 방법으로 음성이나 영상을 녹음 또는 녹화(이하 "녹음등"

이라 한다)해 재생할 수 있는 매체(이하 '녹음테이프등'이라 한다)에 대한 증거조사를 신청하는 경우 음성이나 영상이 녹음등이 된 사람, 녹음등을 한 사람 및 녹음등을 한 일시·장소를 밝혀야 합니다(민사소송규칙 제121조 제1항).

- 녹음테이프등에 대한 증거조사는 녹음테이프등을 재생해 검증하는 방법으로 합니다(민사소송규칙 제121조 제2항).

- 녹음테이프등에 대한 증거조사를 신청한 당사자는 법원이 명하거나 상대방이 요구하면 녹음테이프등의 녹취서, 그 밖에 그 내용을 설명하는 서면을 제출해야 합니다(민사소송규칙 제121조 제3항).

7. 전자소송의 경우

7-1. 전자문서에 대한 증거조사의 신청

① 전자문서에 대한 증거조사의 신청은 다음의 방법으로 합니다(민사소송 등에서의 전자문서 이용 등에 관한 규칙 제31조제1항).

1. 전자문서가 전자소송시스템에 등재되어 있는 경우에는 그 취지를 진술합니다.

2. 전자문서가 자기디스크 등에 담긴 경우에는 이를 제출합니다.

3. 다른 사람이 전자문서를 가지고 있을 경우에는 그것을 제출하도록 명할 것을 신청합니다.

② 다음의 경우에는 증거신청을 하는 전자문서를 자기디스크 등에 담아 제출할 수 있습니다(민사소송 등에서의 전자문서 이용 등에 관한 규칙 제31조제2항).

1. 전자문서에 대한 증거조사를 신청하는 자가 전자소송시스템을 이용한 소송의 진행에 동의하지 아니한 경우

2. 전자소송시스템 등을 이용할 수 없는 경우(민사소송 등에서의 전자문서 이용 등에 관한 규칙 제14조제1항)

- 전자소송시스템의 장애가 언제 제거될 수 있는지 알 수 없는 경우
- 전자소송시스템의 장애가 제거될 시점에 서류를 제출하면 소송이 지연되거나 권리 행사에 불이익을 입을 염려가 있는 경우
- 등록사용자가 사용하는 정보통신망의 장애가 제거될 시점에 서류를 제출하면 소송이 지연되거나 권리 행사에 불이익을 입을 염려가 있는 경우
3. 다음에 해당하는 서류가 전자문서로 작성되어 있을 경우(민사소송 등에서의 전자문서 이용 등에 관한 규칙 제15조제1항제3호 및 제4호)
    - 서류에 당사자가 가지는 영업비밀(부정경쟁방지 및 영업비밀보호에 관한 법률 제2조제2호)에 관한 정보가 담겨 있는 경우
    - 사생활 보호 또는 그 밖의 사유로 필요하다고 인정하여 재판장 등(재판장, 수명법관, 수탁판사, 조정담당판사, 조정장 또는 사법보좌관을 말함)이 허가한 경우

③ 전자문서에 대한 증거조사를 신청하는 때에는 전자문서의 내용에 따라 다음의 내용을 밝혀야 합니다(민사소송 등에서의 전자문서 이용 등에 관한 규칙 제31조제3항).

1. 전자문서가 문자, 그 밖의 기호, 도면, 사진 등에 관한 정보인 경우 : 전자문서의 명칭과 작성자 및 작성일(전자문서로 변환하여 제출된 경우에는 원본의 작성자와 작성일을 말함)

2. 전자문서가 음성·음향이나 영상정보인 경우 : 음성이나 영상에 녹음 또는 녹화된 사람, 녹음 또는 녹화를 한 사람 및 그 일시·장소, 음성이나 영상의 주요내용, 용량, 입증할 사항과 음성·음향이나 영상정보와의 적합한 관련성

7-2. 전자문서에 대한 증거조사

전자문서에 대한 증거조사는 다음의 방법으로 할 수 있습니다(민사소송 등에서의 전자문서 이용 등에 관한 법률 제13조제1항).

1. 문자, 그 밖의 기호, 도면·사진 등에 관한 정보에 대한 증거조사 : 전자 문서를 모니터, 스크린 등을 이용하여 열람하는 방법

2. 음성이나 영상정보에 대한 증거조사 : 전자문서를 청취하거나 시청하는 방법

3. 전자문서에 대한 증거조사는 그 성질에 반하지 않는 범위에서 「민사소송법」의 규정을 준용합니다(민사소송 등에서의 전자문서 이용 등에 관한 법률 제13조제2항).

[4] 변론기일 및 집중증거조사기일

※ 변론기일의 증인출석

[질문] 얼마 전 위, 아래 집에 사는 이웃의 다툼을 말린 적이 있습니다. 이로 인해 소송을 했는지 증인으로 나오라는 서류를 받았습니다. 그 전부터 증인부탁을 받긴 했지만 귀찮기도 하고 괜한 일에 말리는 것이 싫어 거절했었습니다. 그런데 법원으로부터 기일에 나오라는 통지를 받고 나니 겁이 나기도 합니다. 어떻게 해야 하나요?

[답변] 법원은 특별한 규정이 없으면 누구든지 증인으로 신문할 수 있습니다. 그러므로 가능한 출석을 하는 것이 좋습니다(「민사소송법」 제303조).

만약 출석하라는 일자에 중요한 일로 인해 가지 못할 사정이 있거나 법원에 출석하지 못할 피치못할 사정이 있다면 바로 그 사유를 밝혀 법원에 신고해야 합니다(「민사소송규칙」 제83조). 또한 법정에 출석하기 힘든 경우 서면에 의해 증언을 할 수 있도록 법원에 신청을 할 수 있으니 법정에 출석하기 힘든 이유와 증언 내용을 기재한 서면을 함께 제출해 보시기 바랍니다(「민사소송법」 제310조제1항 참조). 그러나 법원이 서면에 의한 증언으로 부족하다고 판단하면 법원에 출석해야 합니다(「민사소송법」 제310조제2항).

정당한 사유 없이 출석하지 않는 경우 법원으로부터 출석하지 않아서 발생한 소송비용과 500만원 이하의 과태료를 부과받을 수 있으며, 7일 이내의 감치(監置)에 처하게 될 수도 있으니 유의하시기 바랍니다(「민사소송법」 제311조제1항 및 제2항).

1. 변론기일

1-1. 개념

① '변론기일'이란 소송행위를 하기 위해 법원, 당사자, 그 밖의 소송관계인이 모이는 일자를 말합니다.

② 재판장은 다음의 경우 바로 변론기일을 정해야 합니다(민사소송법 제258조).

1. 피고가 답변서를 제출한 경우(다만, 사건을 변론준비절차에 부칠 필요가 없는 경우에 한함)
2. 변론준비절차가 끝난 경우

1-2. 진행

① 당사자는 변론준비기일을 마친 뒤의 변론기일에 변론준비기일의 결과를 진술해야 합니다(민사소송법 제287조 제2항).

② 법원은 변론기일에 변론준비절차에서 정리된 결과에 따라서 바로 증거조사를 해야 합니다(민사소송법 제287조 제3항).

1-3. 전자문서에 의한 변론 방법

① 전자문서에 따른 변론은 다음과 같은 방식으로 합니다(민사소송 등에서의 전자문서 이용 등에 관한 규칙 제30조제1항).
   1. 소장, 답변서, 준비서면 그 밖에 이에 준하는 서류가 전자문서로 등재되어 있는 경우 : 당사자가 말로 중요한 사실상 또는 법률상 사항에 대해 진술하거나 법원이 당사자에게 말로 해당 사항을 확인하는 방식
   2. 전자문서에 따른 변론은 컴퓨터 등 정보처리능력을 갖춘 장치에 전자문서를 현출한 화면에서 필요한 사항을 지적하면서 할 수 있습니다(민사소송 등에서의 전자문서 이용 등에 관한 규칙 제30조제2항).

② 멀티미디어 방식의 자료에 따른 변론은 컴퓨터 등 정보처리능력을 갖춘 장치에 따라 재생되는 음성이나 영상 중 필요한 부분을 청취 또는 시청하는 방법으로 합니다(민사소송 등에서의 전자문서 이용 등에 관한 규칙 제30조제3항).

③ 다음의 경우에도 위의 변론절차 진행방법과 같이 진행합니다(민사소송 등에서의 전자문서 이용 등에 관한 규칙 제30조제4항).

1. 변론준비기일에서 당사자가 변론의 준비에 필요한 주장과 증거를 정리하는 경우
2. 변론기일에서 변론준비기일의 결과를 진술하는 경우
3. 항소심에서 제1심 변론결과를 진술하는 경우

1-4. 증거조사

① 기일통지
증거조사의 기일은 신청인과 상대방에게 통지해야 합니다. 다만, 긴급한 경우에는 그렇지 않습니다(민사소송법 제381조).

② 증거 조사를 하는 경우
법원은 당사자가 신청한 증거에 의해 심증을 얻을 수 없거나, 그 밖에 필요하다고 인정한 경우에는 직권으로 증거조사를 할 수 있습니다(민사소송법 제292조).

③ 증거 조사를 하지 않는 경우
㉮ 법원은 당사자가 신청한 증거가 소송상 필요하지 않다고 인정한 경우에는 조사하지 않을 수 있습니다(민사소송법 제290조 본문). 다만, 그것이 당사자가 주장하는 사실에 대한 유일한 증거인 경우에는 그렇지 않습니다(민사소송법 제290조 단서).
㉯ 법원은 증거조사를 할 수 있을지, 언제 할 수 있을지 알 수 없는 경우에는 그 증거를 조사하지 않을 수 있습니다(민사소송법 제291조).

1-5. 종결

법원은 변론준비절차를 마친 경우 첫 변론기일을 거친 뒤 바로 변론을 종결할 수 있도록 해야 하며, 당사자는 이에 협력해야 합니다(민사소송법 제287조 제1항).

1-6. 변론기일 불출석의 처리

① 한 쪽 당사자가 출석하지 않은 경우

㉮ 법원은 다음에 해당하는 경우라도 원고 또는 피고가 제출한 소장·답변서, 그 밖의 준비서면에 적혀 있는 사항을 진술한 것으로 보고 출석한 상대방에게 변론을 명할 수 있습니다(민사소송법 제148조 제1항).

    1. 원고 또는 피고가 변론기일에 출석하지 않은 경우

    2. 출석하고서도 본안에 관해 변론하지 않은 경우

㉯ 당사자가 변론기일에 출석하지 않은 경우 상대방이 주장하는 사실을 명백히 다투지 않는 것으로 보아 자백한 것으로 간주됩니다(민사소송법 제150조 제1항 및 제3항 본문). 다만, 공시송달의 방법으로 기일통지서를 송달받은 당사자가 출석하지 않은 경우에는 그렇지 않습니다(민사소송법 제150조 제3항 단서).

② 양 쪽 당사자가 출석하지 않은 경우

㉮ 다음의 경우 재판장은 다시 변론기일을 정해 양 쪽 당사자에게 통지해야 합니다(민사소송법 제268조 제1항).

    1. 양 쪽 당사자가 변론기일에 출석하지 않은 경우

    2. 출석하고서도 변론하지 않은 경우

㉯ 새 변론기일 또는 그 뒤에 열린 변론기일에도 양 쪽 당사자가 변론기일에 출석하지 않거나 출석하고서도 변론하지 않은 경우 당사자가 1개월 이내에 기일지정신청을 하지 않으면 소는 취하한 것으로 봅니다(민사소송법 제268조 제2항).

㉰ 기일지정신청에 따라 정한 변론기일에도 양 쪽 당사자가 변론기일에 출석하지 않거나 출석하고서도 변론하지 않은 경우 소는 취하한 것으로 봅니다(민사소송법 제268조 제3항).

2. 집중증거조사기일

2-1. 개념

'집중증거조사기일'이란 당사자의 주장과 증거를 정리한 뒤 증인신문과 당사자신문을 집중적으로 조사하기 위한 기일을 말합니다(민사소송법 제293조).

2-2. 증인신문

① 증인확인

재판장은 증인이 출석한 경우 증인으로부터 주민등록증 등 신분증을 제시받거나 그 밖의 적당한 방법으로 증인임이 틀림없음을 확인해야 합니다(민사소송규칙 제88조).

② 선서

재판장은 증인에게 신문에 앞서 선서를 하게 해야 합니다. 다만, 특별한 사유가 있는 때에는 신문한 뒤에 선서를 하게 할 수 있습니다(민사소송법 제319조).

③ 신문의 순서

- 증인의 신문은 다음의 순서를 따릅니다. 다만, 재판장은 주신문에 앞서 증인에게 그 사건과의 관계와 쟁점에 관해 알고 있는 사실을 개략적으로 진술하게 할 수 있습니다(민사소송규칙 제89조제1항).
  1. 증인신문신청을 한 당사자의 신문(주신문)
  2. 상대방의 신문(반대신문)
  3. 증인신문신청을 한 당사자의 재신문(재주신문)
- 순서에 따른 신문이 끝난 후에는 재판장의 허가를 받은 때에만 당사자가 다시 신문할 수 있습니다(민사소송규칙 제89조제2항).
- 재판장은 언제든지 신문할 수 있고, 알맞다고 인정하는 때에는

당사자의 의견을 들어 신문의 순서를 바꿀 수도 있습니다(민사소송법 제327조제3항 및 제4항).

- 다음의 경우 재판장은 당사자의 신문을 제한할 수 있습니다(민사소송법 제327조제5항).

  1. 당사자의 신문이 중복되는 경우
  2. 쟁점과 관계가 없는 경우
  3. 그 밖에 필요한 사정이 있는 경우

④ 비디오 등 중계장치에 의한 증인신문

- 법원은 다음의 어느 하나에 해당하는 사람을 증인으로 신문하는 경우 상당하다고 인정하는 때에는 당사자의 의견을 들어 비디오 등 중계장치에 의한 중계시설을 통해 신문할 수 있습니다(민사소송법 제327조의2 제1항).

  1. 증인이 멀리 떨어진 곳 또는 교통이 불편한 곳에 살고 있거나 그 밖의 사정으로 말미암아 법정에 직접 출석하기 어려운 경우
  2. 증인이 나이, 심신상태, 당사자나 법정대리인과의 관계, 신문사항의 내용, 그 밖의 사정으로 말미암아 법정에서 당사자 등과 대면하여 진술하면 심리적인 부담으로 정신의 평온을 현저하게 잃을 우려가 있는 경우

- 비디오 등에 따른 증인신문은 증인이 법정에 출석하여 이루어진 증인신문으로 봅니다(민사소송법 제327조의2 제2항).

- 위에 따른 증인신문의 절차와 방법, 그 밖에 필요한 사항은 「민사소송규칙」으로 정합니다(민사소송법 제327조의2 제3항).

⑤ 불출석의 경우

- 주신문을 할 당사자가 출석하지 않은 경우

  증인신문을 신청한 당사자가 신문기일에 출석하지 않은 경우 재판장이 그 당사자에 갈음해 신문을 할 수 있습니다(민사소송규칙 제90조).

- 증인의 불출석

  증인이 출석요구를 받고 기일에 출석할 수 없을 경우에는 바로 그 사유를 밝혀 신고해야 합니다(민사소송규칙 제83조).

- 서면에 의한 증언

  법원은 증인과 증명할 사항의 내용 등을 고려해 상당하다고 인정하는 경우 출석·증언에 갈음하여 증언할 사항을 적은 서면을 제출하게 할 수 있습니다(민사소송법 제310조 제1항).

- 위반 시 제재

  1. 증인이 정당한 사유 없이 출석하지 않은 경우 법원은 결정으로 증인에게 이로 말미암은 소송비용을 부담하도록 명하고 500만 원 이하의 과태료를 부과합니다(민사소송법 제311조1항).

  2. 법원은 증인이 과태료의 재판을 받고도 정당한 사유 없이 다시 출석하지 않은 경우 결정으로 증인을 7일 이내의 감치(監置)에 처합니다(민사소송법 제311조 제2항).

  3. 법원은 정당한 사유 없이 출석하지 않은 증인을 구인하도록 명할 수 있습니다(민사소송법 제312조제1항).

2-3. 당사자신문

① 법원은 직권으로 또는 당사자의 신청에 따라 당사자 본인을 신문할 수 있고, 이 경우 당사자에게 선서를 하게 해야 합니다(민사소송법 제367조).

② 법원은 다음의 경우 신문사항에 관한 상대방의 주장을 진실한 것으로 인정할 수 있습니다(민사소송법 제369조).

  1. 당사자가 정당한 사유 없이 출석하지 않은 경우

  2. 선서 또는 진술을 거부한 경우

③ 위반 시 제재

  선서한 당사자가 거짓 진술을 한 경우 법원은 결정으로 500만원 이하의 과태료를 부과합니다(민사소송법 제370조제1항).

Chapter 5. 소송은 어떻게 종결되는가요?

Section 1. 판결선고

[1] 소송의 종결사유

1. 종국판결

① '종국판결'이란 소송 또는 상소의 제기에 의해 소송이 진행된 사건의 전부 또는 일부를 현재 계속하고 있는 심급에서 완결시키는 판결을 말합니다.

② 판결은 소송이 제기된 날부터 5개월 이내에 선고해야 합니다(민사소송법 제199조).

2. 청구의 포기, 인낙

① 개념
- '청구의 포기'란 원고가 변론 또는 변론준비기일에 소송물인 권리관계의 존부에 대한 자기 주장을 부정하고 그것이 이유없다는 것을 자인하는 법원에 대한 소송상의 진술을 말합니다.
- '청구의 인낙'이란 피고가 권리관계의 유무에 관한 원고의 주장을 이유있다고 인정하는 법원에 대한 진술을 말합니다.

② 효력
청구의 포기·인낙을 변론조서·변론준비기일조서에 적은 경우 그 조서는 확정판결과 같은 효력을 가집니다(민사소송법 제220조).

3. 화해권고결정

① '화해권고결정'이란 법원·수명법관 또는 수탁판사가 소송이 진행 중인 사건에 대해 직권으로 당사자의 이익, 그 밖의 모든 사정을 참작하여 청구의 취지에 어긋나지 않는 범위 안에서 사건의 공평한 해결을 위해 화해를 권고하는 결정을 말합니다(민사소송법 제225조).

② 효력

화해권고결정은 다음 중 어느 하나에 해당하면 확정판결과 같은 효력을 가집니다(민사소송법 제231조).

1. 결정서의 정본을 송달받은 날부터 2주 이내에 이의신청이 없는 경우

2. 이의신청에 대한 각하결정이 확정된 경우

3. 당사자가 이의신청을 취하하거나 이의신청권을 포기한 경우

4. 소장각하명령

① 소장에 흠이 있어 보정명령을 내렸음에도 기간 이내에 흠을 보정하지 않은 경우 재판장은 명령으로 소장을 각하해야 합니다(민사소송법 제254조 제1항 및 제2항).

② 소장각하명령에 대해서는 즉시항고 할 수 있습니다(민사소송법 제254조 제3항).

5. 소송의 취하

① 소송이 제기된 후 원고가 법원에 소송의 전부 또는 일부를 철회하는 소송행위를 말합니다.

② 소송을 취하하면 소송은 당초 제기하지 않은 것과 동일한 상태로 돌아가게 됩니다.

[2] 판결의 종류

1. 종국판결

① 전부판결

'전부판결'이란 소송계속이 되고 있는 사건의 전부를 동시에 재판하는 종국판결을 말합니다.

② 일부판결

'일부판결'이란 소송사건의 일부를 다른 부분과 분리해 독립적으로 재판할 수 있는 상태에 이르렀을 때 그 부분만을 재판하는 종국판결을 말합니다(민사소송법 제200조). 예를 들어 본소와 반소가 진행되던 중 본소만을 먼저 판결하는 경우를 말합니다.

③ 추가판결

'추가판결'이란 법원이 청구의 일부에 대해 재판을 누락한 경우 그 청구부분에 대해서만 재판하는 종국판결을 말합니다(민사소송법 제212조).

- 판결은 법원의 판단을 분명하게 하기 위해 결론을 주문에 기재하도록 되어 있으므로 재판의 누락이 있는지 여부는 우선 주문의 기재에 의해 판단해야 합니다.

2. 중간판결

① '중간판결'이란 소송의 진행 중 문제가 되었던 실체상 또는 소송상의 각 쟁점을 미리 판단하고 해결하여 종국판결을 준비하기 위해 행하는 판결을 말합니다.

② 법원은 다음의 해당 부분에 대해 중간판결을 할 수 있습니다(민사소송법 제201조).

1. 독립된 공격 또는 방어의 방법

※ 예를 들어 소유권확인소송에서 소유권취득원인에 대해 주장하는
  것은 독립된 공격방법으로 먼저 소유권취득원인에 대한 판결을
  할 수 있습니다.

2. 그 밖의 중간의 다툼에 대해 필요한 경우

※ 예를 들어 원고는 소송의 당사자가 아니라거나, 관할이 잘못되
  었다는 등과 같이 소송요건에 대한 다툼이 있을 경우 이를 먼저
  판단하는 것을 말합니다.

3. 청구의 원인과 액수에 대해 다툼이 있는 경우 그 원인에 대한
   부분

※ 예를 들어 매매대금청구소송에서 피고가 매매대금 뿐만 아니라
  매매계약 자체의 무효를 주장하는 경우 매매계약이 유효한지의
  여부를 먼저 판단하는 것을 말합니다.

③ 중간판결의 효력

- 중간판결을 선고하면 그 법원은 이에 구속되고, 종국판결에서는
  이 중간판결의 판단을 기초로 재판합니다.

- 중간판결은 독립적으로 상소할 수 없고, 종국판결에 대한 상소
  에 의해 함께 상급심의 판단을 받습니다.

[3] 판결의 선고 및 효력

1. 판결의 선고

판결은 재판장이 판결원본에 따라 주문을 읽어 선고하며, 필요한 경우에는 이유를 간략히 설명할 수 있습니다(민사소송법 제206조).

2. 선고기일

① 판결은 변론이 종결된 날부터 2주 이내에 선고해야 합니다(민사소송법 제207조제1항).

② 복잡한 사건이나 그 밖의 특별한 사정이 있는 경우에도 변론이 종결된 날부터 4주를 넘겨서는 안 됩니다(민사소송법 제207조제1항).

③ 판결은 당사자가 출석하지 않아도 선고할 수 있습니다(민사소송법 제207조제2항).

3. 판결의 효력

판결은 선고로 효력이 생깁니다(민사소송법 제205조).

4. 판결문의 송달

법원서기관·법원사무관·법원주사 또는 법원주사보(이하 "법원사무관 등"이라 함)는 판결서를 받은 날부터 2주 이내에 당사자에게 판결서 정본을 송달해야 합니다(민사소송법 제210조).

5. 판결의 경정

① 판결에 잘못된 계산이나 기재, 그 밖에 이와 비슷한 잘못이 있음이 분명한 경우 법원은 직권으로 또는 당사자의 신청에 따라 경정결정(更正決定)을 할 수 있습니다(민사소송법 제211조제1항).

② 경정결정은 판결의 원본과 정본에 덧붙여 적습니다(민사소송법 제211조 제2항 본문). 다만, 정본에 덧붙여 적을 수 없을 경우에는

결정의 정본을 작성해 당사자에게 송달합니다(민사소송법 제211조 제2항 단서).

③ 법원사무관 등은 전자문서로 작성한 조서(화해·조정 조서, 청구의 포기·인낙 조서 제외)에 잘못이 있는 경우 전자소송시스템을 이용해 다음의 예에 따라 바로잡을 수 있습니다(민사소송 등에서의 전자문서 이용 등에 관한 규칙 제21조제1항).

1. 전산등재 과정에서의 잘못 등으로 효력이 없음이 분명한 경우 : 폐기

2. 잘못된 계산이나 기재 등이 있음이 분명한 경우 : 정정

④ 법원은 폐기 또는 정정에 대해 당사자의 이의가 있는 경우 폐기 또는 정정 전의 조서 또는 재판서를 확인할 수 있도록 해야 합니다 (민사소송 등에서의 전자문서 이용 등에 관한 규칙 제21조제4항).

※ 판결경정신청의 가능여부

[질문] 근저당권말소를 청구하는 소송을 제기해 승소를 했습니다. 그런데 판결문을 받고 보니 등기부등본 상의 상대방의 주소와 판결문 상의 상대방의 주소가 다르게 기재되어 있습니다. 이럴 경우 판결경정신청을 해야 하나요?

[답변] 아닙니다. 판례는 이와 같은 경우는 판결경정사유에 해당하지 않는다고 판시하고 있습니다(대법원 1994.8.16. 자 94그17 결정).

이는 등기소에 판결서를 가지고 근저당권말소를 청구하면 판결서 및 등기부등본에 기재되어 있는 당사자의 주민등록번호를 보고 동일인임이 증명되어 주소가 다르더라도 등기를 해주기 때문으로 보입니다.

그렇지 않다 하더라도 등기 당사자가 동일인임을 증명할 수 있는 자료를 제출하면 등기가 가능합니다. 그러므로 판결경정신청을 할 필요는 없습니다.

6. 판결의 확정

① 종국판결은 판결서가 송달된 날부터 2주 이내에 항소를 하지 않으면 확정됩니다(민사소송법 제396조 제1항).

② 그 외에 다음과 같은 경우 확정됩니다.

1. 패소한 당사자가 항소에 이어 상고까지 한 경우 대법원에서 판결을 선고한 때

2. 항소나 상고 후 취하한 때

3. 항소권이나 상고권을 포기한 때

③ 확정 판결서의 열람·복사

- 해당 소송관계인이 동의하지 않는 경우 당사자나 이해관계를 소명한 제3자를 제외한 자에게 소송기록을 열람할 수 없도록 한 「민사소송법」 제162조에도 불구하고, 누구든지 판결이 확정된 사건의 판결서(소액사건심판법이 적용되는 사건의 판결서와 상고심절차에 관한 특례법 제4조 및 이 법 제429조 본문에 따른 판결서는 제외)를 인터넷, 그 밖의 전산정보처리시스템을 통한 전자적 방법 등으로 열람 및 복사할 수 있습니다(민사소송법 제163조의2 제1항 본문).

- 다만, 변론의 공개를 금지한 사건의 판결서로서 「민사판결서 열람 및 복사에 관한 규칙」 제5조에서 정하는 경우에는 열람 및 복사를 전부 또는 일부 제한할 수 있습니다(민사소송법 제163조의2 제1항 단서).

- 법원사무관등이나 그 밖의 법원공무원은 열람 및 복사에 앞서 판결서에 기재된 성명 등 개인정보가 공개되지 아니하도록 비실명 처리를 해야 합니다(민사소송법 제163조의2 제2항 및 민사판결서 열람 및 복사에 관한 규칙 제4조).

[관련판례 1]

판결에는 법원의 판단을 분명하게 하기 위하여 결론을 주문에 기재하도록 되어 있으므로 재판의 탈루가 있는지 여부는 우선 주문의 기재에 의하여 판정하여야 하고, 주문에 청구의 전부에 대한 판단이 기재되어 있으나 이유 중에 청구의 일부에 대한 판단이 빠져 있는 경우에는 어쨌든 주문에는 청구의 전부에 대한 판시가 있다고 할 수 있으므로 이유를 붙이지 아니한 위법이 있다고 볼 수 있을 지언정 재판의 탈루가 있다고 볼 수는 없다(대법원 2002. 5. 14. 선고 2001다73572 판결).

[관련판례 2]

근저당권설정등기의 말소를 명하는 판결을 함에 있어 그 의무자인 당사자의 주소를 표시하면서 이와 다른 등기부상의 주소를 명시하지 아니하였다 하여 그 판결에 명백한 오류가 있다고 할 수 없으므로 판결경정사유에 해당하지 않는다(대법원 1994.8.16. 자 94그17 결정 판결경정).

Chapter 6. 상소 및 재심은 어떻게 진행되는가요?

Section 1. 상소의 개념 및 요건

※ 상소의 제기 가능 여부

[질문] A는 B와의 사소한 싸움이 몸싸움으로까지 번져 재산상 손해를 보았고, 이에 손해배상청구를 해서 일부 승소를 했습니다. A는 법원이 인정한 손해배상액에는 이의가 없으나 판결이유에 A 또한 B에게 잘못한 부분이 인정되어 손해배상액의 일부만을 인정한다는 문구가 마음에 들지 않았습니다. 자신은 잘못한 것이 전혀 없는데 이렇게 판결문에 기재된다면 자신도 잘못한 것처럼 보인다는 이유였습니다. 이럴 경우 항소가 가능한가요?

[답변] 안 됩니다. 판례는 '상소는 자기에게 불이익한 재판에 대해 유리하게 취소, 변경을 구하는 것이므로 재판의 주문상 청구의 인용부분에 대해 불만이 없다면 비록 그 판결이유에 불만이 있더라도 이는 상소의 이익이 없다'고 판시하고 있습니다. 따라서 이러한 이유만으로는 상소를 제기할 수 없습니다.

---

[1] 상소의 개념

'상소'란 재판이 확정되기 전에 상급법원에 취소·변경을 구하는 불복신청을 말합니다.

[2] 상소의 종류

1. 항소

① '항소'란 미확정상태인 제1심 종국판결에 대해 상급법원에 제기하는 불복신청을 말합니다.

② 추완항소

'추완항소'란 당사자가 책임질 수 없는 사유로 항소 제기기간을 넘긴 경우 그 사유가 없어진 날부터 2주 이내에 항소를 제기하는 것을 말합니다(민사소송법 제173조제1항).

③ 부대항소

'부대항소'란 항소인의 불복에 부수해 피항소인이 자기의 패소부분에 대해 제기하는 항소를 말합니다. 즉 원판결에 불복이 있는 자가 상대방의 항소로 개시된 절차에 편승하여 자기에게 유리하도록 항소범위를 확장하기 위해 제기하는 것을 말합니다.

※ 부대항소

[질문] A는 B가 자신의 여동생과 교제를 하다가 헤어진 것에 앙심을 품고 A가 근무하는 회사의 홈페이지에 올린 악의적인 글 때문에 회사를 그만 둬야 하는 상황이 되었을 뿐만 아니라 정신적 충격으로 정신과 치료까지 받는 상황이 되었습니다. 이에 B를 상대로 명예훼손에 의한 손해배상 청구소송을 제기했고, 위자료의 일부만을 인정받은 일부승소를 했습니다. 그런데 B가 위자료를 줄 수 없다며 항소를 한 상황입니다. A는 내심 위자료 전부를 받지 못한 것에 불만이 있어 이에 대해 다시 재판을 받고 싶습니다. A는 어떻게 해야 하나요?

[답변] A는 부대항소장을 법원에 제출하면 됩니다.

"부대항소"란 원판결에 불복하는 사람이 상대방의 항소로 개시된 절차에 편승하여 자기에게 유리하도록 항소범위를 확장하기 위해 제기하는 것을 말합니다. 따라서, 항소의 변론종결 전까지 부대항소를 제기하면 A가 원하는 위자료 전부에 대해서 다시 재판을 받을 수 있으며, 부대항소는 항소절차에 따라 진행됩니다.

---

2. 상고

① '상고'란 항소의 일종으로서 원칙으로 제2심판결에 대하여 제3심, 즉 종심법원에 불복을 신청하는 것을 말합니다.

② 상소심의 종국판결에 법령의 위반이 있음을 주장하여 그 판결의 당부에 관하여 심판을 구하는 상소로서, 원판결의 당부를 전적으로 헌법·법률·명령 등의 해석·적용면에서 심사할 것을 청구하는 대법원에 대한 불복신청을 말하며, 일반적으로 상고심을 법률심이라고 합니다.

3. 항고

'항고'란 판결 이외의 재판인 결정 또는 명령에 대한 불복신청을 말합니다.

4. 재항고

'재항고'란 항고법원의 결정과 고등법원 또는 항소법원의 결정 및 명령에 대한 법률심인 대법원에의 항고를 말합니다.

[3] 상소의 요건

1. 불복신청이 허용되는 경우일 것

① 판결의 경정(민사소송법 제211조제1항), 재판의 누락(민사소송법 제212조), 중간판결(민사소송법 제201조) 등은 다른 불복방법이 있으므로 항소가 허용되지 않습니다.

② 소송비용 및 가집행에 관한 재판은 독립하여 항소를 하지 못하고(민사소송법 제391조), 본안 재판에 대한 불복신청을 할 경우에만 함께 항소가 가능합니다.

2. 상소권을 포기하지 않았을 것

① 항소권 포기

- 항소권은 포기할 수 있습니다(민사소송법 제394조).
- 항소권의 포기는 항소를 하기 이전에는 제1심 법원에, 항소를 한 뒤에는 소송기록이 있는 법원에 서면으로 해야 합니다(민사소송법 제395조제1항).
- 항소를 한 뒤의 항소권의 포기는 항소 취하의 효력도 가집니다(민사소송법 제395조제3항).

② 불상소 합의

- 종국판결 뒤에 양 쪽 당사자가 상고할 권리를 유보하고 항소를 하지 않기로 합의한 경우에는 항소를 할 수 없습니다(민사소송법 제390조제1항).
- 그러나, 불상소 합의를 했다 하더라도 제1심 종국판결에 대해 대법원에 상고할 수 있습니다(민사소송법 제422조제2항). 다만, 상고는 원심판결의 법령위반만을 심사대상으로 하므로 불상소 합의로 인한 제1심 상고의 경우에도 법령위반만을 판단받을 수 있습니다.

3. 기간을 준수할 것

① 항소는 판결서가 송달된 날부터 2주 이내에 해야 하고, 즉시항고는 재판이 고지된 날부터 1주 이내에 해야 합니다(민사소송법 제396조 제1항 본문 및 제444조 제1항).

② 항소는 판결서 송달 전에도 할 수 있습니다(민사소송법 제396조 제1항 단서).

4. 상소의 이익이 있을 것

① 상소는 자기에게 불이익한 재판에 대해 유리하게 취소, 변경을 구하는 것이므로 전부승소 판결에 대한 상고는 상고를 제기할 대상이나 이익이 전혀 없어 허용될 수 없습니다.

② 재판이 상소인에게 불이익한 것인지 여부는 원칙적으로 재판의 주문을 표준으로 판단해야 하는 것이어서, 재판의 주문상 청구의 인용부분에 대해 불만이 없다면 비록 그 판결이유에 불만이 있더라도 이는 상소의 이익이 없습니다.

[관련판례 1]
상소는 자기에게 불이익한 재판에 대하여 자기에게 유리하게 취소, 변경을 구하는 것이므로 전부승소 판결에 대한 상고는 상고를 제기할 대상이나 이익이 전혀 없으므로 허용될 수 없다(대법원 2002. 6. 14. 선고 99다61378 판결).

[관련판례 2]
상고는 자기에게 불이익한 재판에 대하여 자기에게 유리하게 취소·변경을 구하기 위하여 하는 것이고, 재판이 상소인에게 불이익한 것인지 여부는 원칙적으로 재판의 주문을 표준으로 하여 판단하여야 하는 것이어서, 재판의 주문상 청구의 인용부분에 대하여 불만이 없다면 비록 그 판결이유에 불만이 있더라도 그에 대하여는 상소의 이익이 없다(대법원 1994.12.27. 선고 94므895 판결).

Section 2. 항소(제1심 판결 불복절차)

[1] 항소 절차

1. 항소 제기

① 항소는 판결서가 송달된 날부터 2주 이내에 해야 하고, 판결서 송달전에도 가능합니다(민사소송법 제396조제1항).

② 항소는 항소장에 다음의 사항을 적어 제1심 법원에 제출하면 됩니다(민사소송법 제397조).

  1. 당사자와 법정대리인

  2. 제1심 판결의 표시와 그 판결에 대한 항소의 취지

2. 관할

① 제2심을 심판하는 법원은 다음과 같습니다(법원조직법 제28조 본문, 제32조제2항 및 민사 및 가사소송의 사물관할에 관한 규칙 제4조).

구 분	내　　　　　　　　　　용
고등법원	1. 지방법원 합의부, 가정법원 합의부, 회생법원 합의부 또는 행정법원의 제1심 판결·심판에 대한 항소사건 2. 지방법원단독판사, 가정법원단독판사의 제1심 판결·심판에 대한 항소사건으로서 형사사건을 제외한 사건 중 다음에 해당하는 사건(다만, 민사 및 가사소송의 사물관할에 관한 규칙 제2조에 해당하는 사건은 제외) 　① 소송목적의 값이 소제기 당시 또는 청구취지 확장(변론의 병합 포함) 당시 2억원을 초과한 민사소송사건 　② 위①의 사건을 본안으로 하는 민사신청사건 및 이에 부수하는 신청사건(가압류, 다툼의 대상에 관한 가처분 신청사건 및 이에 부수하는 신청사건은 제외) 3. 다음의 어느 하나에 해당하는 사건에 대한 가정법원 단독판사의 제1심 판결·결정·명령에 대한 항소 또는 항고사건을 심판합니다.

	① 소송목적의 값이 소제기 당시 또는 청구취지 확장 당시 2억원을 초과한 다류 가사소송사건
	② 「가사소송법」 제2조제1항제2호나목4) 사건 중 청구목적의 값이 소제기 당시 또는 청구취지 확장 당시 2억원을 초과한 사건
	③ 다류 가사소송사건과 「가사소송법」 제2조제1항제2호나목4) 사건을 병합한 사건으로서 그 소송목적의 값과 청구목적의 값을 더한 금액이 소제기 당시 또는 청구취지 확장 당시 2억원을 초과한 사건
	④ 위 ①부터 ③까지의 사건을 본안으로 하는 가사신청사건 및 이에 부수하는 신청사건(가압류, 다툼의 대상에 관한 가처분 신청사건 및 이에 부수하는 신청사건은 제외)
	4. 다른 법률에 따라 고등법원의 권한에 속하는 사건
지방법원 본원 합의부 및 춘천지방 법원 강릉지원 합의부	지방법원단독판사의 판결에 대한 항소사건 중 위 2.에 해당하지 않는 사건

※ 다만, 특허법원의 권한에 속하는 사건은 제외합니다(「법원조직법」 제28조단서).

3. 원심재판장의 항소장 심사

① 다음의 경우 원심재판장은 항소인에게 상당한 기간을 정해 그 기간 이내에 흠을 보정하도록 명해야 합니다(민사소송법 제399조제1항 전단 및 제397조제2항).

   1. 항소장에 ㉮ 당사자와 법정대리인, ㉯ 제1심 판결의 표시와 그 판결에 대한 항소의 취지가 제대로 기재되어 있지 않은 경우

   2. 항소장에 법률의 규정에 따른 인지를 붙이지 않은 경우

② 원심재판장의 각하명령

다음의 경우 원심재판장은 명령으로 항소장을 각하합니다(민사소송법 제399조제2항).

1. 보정기간 내에 보정을 하지 않은 경우

2. 항소기간을 넘겨 항소를 제기한 경우

③ 원심재판장의 항소각하명령에 대해서는 즉시항고를 할 수 있습니다(민사소송법 제399조제3항).

4. 항소기록의 송부

① 항소장이 각하되지 않은 경우 원심법원의 법원서기관·법원사무관·법원주사 또는 법원주사보(이하 '법원사무관등'이라 한다)는 항소장이 제출된 날부터 2주 이내에 항소기록에 항소장을 붙여 항소법원으로 보내야 합니다(민사소송법 제400조제1항).

② 원심재판장 등의 보정명령이 있는 경우에는 당사자가 보정을 한 날부터 1주 이내에 항소기록을 보내야 합니다(민사소송법 제400조제2항).

③ 항소기록을 송부받은 항소법원의 법원사무관등은 바로 그 사유를 당사자에게 통지해야 합니다(「민사소송법」 제400조제3항).

④ 항소기록의 접수통지는 그 사유를 적은 서면을 당사자에게 송달하는 방법으로 합니다(민사소송규칙 제127조제3항).

⑤ 전자소송에서 심급사이 또는 이송결정에 따른 전자기록 송부는 전자적 방법으로 합니다. 다만, 전자문서가 아닌 형태로 제출되어 별도로 보관하는 기록 또는 문서는 그 자체를 송부합니다(민사소송 등에서의 전자문서 이용 등에 관한 규칙 제40조제1항 및 제20조제1항).

5. 항소장 부본의 송달

법원은 항소장의 부본을 피항소인에게 송달해야 합니다(민사소송법 제401조).

6. 항소심재판장의 항소장 심사

① 다음의 경우 항소심재판장은 항소인에게 상당한 기간을 정해 그 기간 이내에 흠을 보정하도록 명해야 합니다(민사소송법 제402조제1항전단, 제397조제2항 및 제399조제1항).

　1. 항소장에 ㉮ 당사자와 법정대리인, ㉯ 제1심 판결의 표시와 그 판결에 대한 항소의 취지가 제대로 기재되어 있지 않았거나 항소장에 법률의 규정에 따른 인지를 붙이지 않았음에도 원심재판장이 보정명령을 하지 않은 경우

　2. 피항소인에게 항소장의 부본을 송달할 수 없는 경우

② 항소심재판장의 각하명령

　- 다음의 경우 항소심재판장은 항소장을 각하합니다(민사소송법 제402조제2항 및 제399조제2항).

　　1. 보정기간 내에 보정을 하지 않은 경우

　　2. 항소기간을 넘겨 항소를 제기한 것이 확실함에도 원심재판장이 항소장을 각하하지 않은 경우

　- 항소심재판장의 항소각하명령에 대해서는 즉시항고를 할 수 있습니다(민사소송법 제402조제3항).

7. 항소이유서 제출

① 항소장에 항소이유를 적지 않은 항소인은 「민사소송법」 제400조제3항의 통지를 받은 날부터 40일 이내에 항소이유서를 항소법원에 제출해야 합니다(민사소송법 제402조의2제1항).

② 항소인은 다음 중 어느 사유를 항소이유로 삼는지 항소이유서에 적

어 제출해야 합니다(「민사소송규칙」 제126조의2제1항).

1. 제1심 판결이 전속관할에 관한 규정에 어긋나거나 제1심 판결의 절차가 법률에 어긋난 때

2. 제1심 판결 중 사실을 잘못 인정하거나 법리를 잘못 적용한 부분이 있는 때

3. 제1심 판결의 이유를 밝히지 않거나 이유에 모순이 있는 때

4. 그 밖에 제1심 판결을 정당하지 않다고 인정하여 취소하거나 변경해야 할 사유가 있는 때

③ 항소이유를 적을 때에는 제1심 판결 중 다투는 부분을 구체적으로 특정해야 합니다(소액사건심판법 제11조의2제3항 본문에 따라 제1심 판결에 이유를 적지 않은 때 제외)(민사소송규칙 제126조의2제2항).

④ 항소법원은 항소인의 신청에 따른 결정으로 항소이유서 제출기간을 1회에 한해 1개월 연장할 수 있습니다(민사소송법 제402조의2제2항).

⑤ 항소인이 위 항소이유서 제출기간(연장된 경우 그 연장된 기간) 내에 항소이유서를 제출하지 않은 때에는 항소법원은 결정으로 항소를 각하해야 합니다(직권으로 조사해야 할 사유가 있거나 항소장에 항소이유가 기재되어 있는 경우 제외)(민사소송법 제402조의3제1항).

⑥ 항소법원의 항소각하결정에 대해서는 즉시항고를 할 수 있습니다(민사소송법 제402조의3제2항).

⑦ 항소이유서를 제출받은 항소법원은 피항소인에게 그 부본을 송달해야 합니다(민사소송규칙 제126조의2제3항).

⑧ 재판장등은 피항소인에게 상당한 기간을 정하여 항소이유서에 기재된 항소인의 주장에 대한 반박내용을 적은 답변서를 제출하게 할 수 있습니다(민사소송규칙 제126조의3).

8. 증거 신청

① 항소인은 부득이한 사정이 없으면 항소이유서를 제출하면서 일괄하여 증거를 신청해야 합니다(민사소송규칙 제127조의4제1항).

② 항소심에서 증거를 신청할 때에는 해당 증거가 다음 중 어느 항목에 해당하는지와 그에 관한 구체적인 사유를 명시해야 합니다(민사소송규칙 제127조의4제2항).

1. 제1심에서 조사되지 않은 데에 대하여 고의나 중대한 과실이 없고 그 신청으로 인해 소송을 현저하게 지연시키지 않는 증거

2. 제1심에서 증거조사가 이루어졌으나 특별한 사정이 있어 항소심에서 다시 증거조사를 하는 것이 부득이하다고 인정되는 증거

3. 그 밖에 항소의 당부에 관한 판단을 위해 반드시 필요하다고 인정되는 증거

9. 본안 심리

① 항소심의 소송절차는 특별한 규정이 없으면 제1심 소송절차에 준해 진행됩니다(민사소송법 제408조).

② 변론의 범위

- 변론은 당사자가 제1심 판결의 변경을 청구하는 한도 내에서 해야 하며, 판결 또한 그 불복의 한도 내에서 바꿀 수 있습니다(민사소송법 제407조 제1항 및 제415조).

- 당사자는 제1심 변론의 결과를 진술해야 하는데 그 방식은 다음과 같습니다(민사소송법 제407조 제2항 및 민사소송규칙 제127조의2).

1. 당사자가 사실상 또는 법률상의 주장, 정리된 쟁점 및 증거조사 결과의 요지 등을 진술하는 방식

2. 법원이 당사자에게 해당사항을 확인하는 방식

③ 항소법원은 항소이유서에 기재된 쟁점을 중심으로 변론이 집중되도

록 함으로써 변론이 가능하면 속행되지 않도록 해야 하고, 당사자
는 이에 협력해야 합니다(민사소송규칙 제127조의3).

10. 항소심 종결

① 항소각하

부적법한 항소로서 흠을 보정할 수 없으면 변론 없이 판결로 항소
는 각하됩니다(민사소송법 제413조).

② 항소기각

항소법원이 다음과 같이 판단하면 항소는 기각됩니다(민사소송법 제
414조).

1. 제1심 판결을 정당하다고 인정한 경우

2. 제1심 판결의 이유가 정당하지 않더라도 다른 이유에 따라 그
   판결이 정당하다고 인정되는 경우

③ 항소인용

- 다음과 같은 경우 제1심 판결은 취소됩니다(민사소송법 제416
  조 및 제417조).

  1. 항소법원이 제1심 판결을 정당하지 않다고 인정한 경우
  2. 제1심 판결의 절차가 법률에 어긋난 경우

- 소송이 부적법하다고 각하한 제1심 판결을 취소하는 경우 항소
  법원은 사건을 제1심 법원에 환송(還送)합니다(민사소송법 제
  418조 본문). 다만, 제1심에서 충분히 심리가 되어 항소법원이
  이를 토대로 본안판결을 할 수 있을 정도로 심리가 된 경우나
  당사자의 동의가 있는 경우, 항소법원은 스스로 본안판결을 할
  수 있습니다(민사소송법 제418조 단서).

- 불이익변경금지의 원칙

  불이익변경금지의 원칙은 원고만이 항소를 한 경우(즉, 상대방의
  항소나 부대항소가 없는 경우) 항소심의 판결이 제1심 판결보다
  원고에게 불리하게 판결되어서는 안 된다는 원칙입니다.

[2] 항소장 작성

1. 항소장 양식

항 소 장

항소인(원,피고)　　(이름)

　　　　　　(주소)

　　　　　　(연락처)

피항소인(원,피고)　　(이름)

　　　　　　(주소)

　위 당사자 사이의 ○○지방법원 20　　가　　　호 ○○금 청구사건에 관하여 원(피)고는 귀원이　20　.　　.　　. 선고한 판결에 대하여 20　.　　.　　. 송달받고 이에 불복하므로 항소를 제기합니다.

원판결의 표시

항소취지

항소이유

첨부서류

1. 납부서
2. 항소장 부본

20　.　　.　　.

항소인(원,피고)　　　　　　(서명 또는 날인)

2. 항소장 작성례

□ 항소장(대여금, 전부불복, 항소이유서 추후제출의 경우)

```
┌─────────────────────────────────────────────────────────────┐
│                                                               │
│                    항     소     장                            │
│                                                               │
```

항소인(원고) ○○○

　　　　　○○시 ○○구 ○○길 ○○(우편번호)

　　　　　전화·휴대폰번호:

　　　　　팩스번호, 전자우편(e-mail)주소:

피항소인(피고) ◇◇◇

　　　　　○○시 ○○구 ○○길 ○○(우편번호)

　　　　　전화·휴대폰번호:

　　　　　팩스번호, 전자우편(e-mail)주소:

대여금청구의 항소

위 당사자간 ○○지방법원 20○○가단○○○ 대여금청구사건에 관하여 항소인(원고)은 같은 법원의 20○○. ○○. ○. 선고한 판결에 대하여 전부 불복이므로 이에 항소를 제기합니다(항소인은 위 판결정본을 20○○. ○○. ○○.에 송달 받았습니다).

원판결의 주문표시

1. 원고의 청구를 기각한다.
2. 소송비용은 원고의 부담으로 한다.

항 소 취 지

1. 원판결을 취소한다.
2. 피고(피항소인)는 원고(항소인)에게 금 15,000,000원 및 이에 대한 20○○. ○. ○.부터 다 갚는 날까지 연 15%의 비율에 의한 돈을 지급하라.
3. 소송비용은 1, 2심 모두 피고(피항소인)의 부담으로 한다.
라는 판결을 구합니다.

항 소 이 유

추후 제출하겠습니다.

첨 부 서 류

  1. 항소장부본   1통

  1. 송달료납부서   1통

20〇〇.　〇〇.　〇〇.

위 항소인(원고) 〇〇〇 (서명 또는 날인)

〇〇지방법원　귀중

□ **항소장(채무부존재확인 등, 전부불복, 항소이유서 추후제출의 경우)**

항 소 장

항소인(피고, 반소원고) ◇◇◇

            〇〇시 〇〇구 〇〇길 〇〇(우편번호)

            전화·휴대폰번호:

            팩스번호, 전자우편(e-mail)주소:

피항소인(원고, 반소피고) 〇〇〇

            〇〇시 〇〇구 〇〇길 〇〇(우편번호)

            전화·휴대폰번호:

            팩스번호, 전자우편(e-mail)주소:

  위 당사자간 〇〇지방법원 20〇〇가단〇〇〇(본소), 20〇〇가단〇〇〇〇(반소) 채무부존재확인청구 등 사건에 관하여 같은 법원에서 20〇〇. 〇〇. 〇. 판결선고 하였는바, 항소인(피고, 반소원고)은 위 판결에 불복하고 다음과 같이 항소를 제기합니다(판결정본 수령일:20〇〇. 〇. 〇〇.)

원판결의 주문표시

1. 20○○. ○. ○. 11: 30경 ○○시 ○○구 ○○길 4거리 교차로 상에서 원고(반소피고) 소유의 광주○무○○○○호 승용차와 피고(반소원고) 운전의 광주○마○○○○호 오토바이가 충돌한 교통사고에 관하여 원고(반소피고)의 피고(반소원고)에 대한 손해배상금지급채무가 존재하지 아니함을 확인한다.
2. 피고(반소원고)의 반소청구를 기각한다.
3. 소송비용은 피고(반소원고)의 부담으로 한다.

불복의 정도 및 항소를 하는 취지의 진술

항소인(피고, 반소원고)은 위 판결의 피고(반소원고) 패소부분에 대하여 불복이므로 항소를 제기합니다.

항 소 취 지

1. 원심판결 중 피고(반소원고) 패소부분을 취소하고, 원고(반소피고)는 피고(반소원고)에게 금 33,116,065원 및 이에 대한 20○○. ○. ○. 부터 이 사건 소장부본 송달일까지는 연 5%의, 그 다음날부터 다 갚는 날까지는 연 15%의 각 비율에 의한 돈을 지급하라.
2. 소송비용은 제1, 2심 모두 원고(반소피고)의 부담으로 한다.
라는 판결을 구합니다.

항 소 이 유

추후 제출하겠습니다.

첨 부 서 류

1. 항소장부본   1통
1. 송달료납부서   1통

20○○. ○○. ○○.
위 항소인(피고, 반소원고) ◇◇◇ (서명 또는 날인)

○○지방법원 귀중

□ 항소장{손해배상(산), 모두 불복, 항소이유 기재}

항 소 장

항소인(원고) 1. ○○○

           2. ◉●●

           3. ○①○

           원고들 1 내지 3 주소 ○○시 ○○구 ○○길 ○○
(우편번호)

           원고3 ○①○은 미성년자이므로 법정대리인

           친권자 부 ○○○, 모 ◉●●

           전화·휴대폰번호:

           팩스번호, 전자우편(e-mail)주소:

           4. ○②○

           5. ○③○

           원고들 4, 5 주소 ○○시 ○○구 ○○길 ○○○(우
편번호)

           전화·휴대폰번호:

           팩스번호, 전자우편(e-mail)주소:

 피항소인(피고) ◇◇◇

           ○○시 ○○구 ○○길 ○○(우편번호)

           전화·휴대폰번호:

           팩스번호, 전자우편(e-mail)주소:

     위 당사자간 ○○지방법원 20○○가단○○○ 손해배상(산)청구사건
에 관하여 같은 법원에서 20○○. ○○. ○. 판결선고 하였는바, 원고
는 위 판결에 모두 불복하고 다음과 같이 항소를 제기합니다(원고는
위 판결정본을 20○○. ○○. ○○. 송달 받았습니다).

제1심판결의 표시

주문 : 원고들의 청구를 모두 기각한다.
　　　　소송비용은 원고들의 연대 부담으로 한다.

불복의 정도 및 항소를 하는 취지의 진술

항소인(원고)들은 위 판결에 모두 불복하고 항소를 제기합니다.

항 소 취 지

1. 원심판결을 취소한다.
2. 피고(피항소인)는 원고(항소인) ○○○에게 금 78,800,411원, 원고(항소인) ◉◉◉에게 금 5,000,000원, 원고(항소인) ○①○, 원고(항소인) ○②○, 원고(항소인) ○③○에게 각 금 2,500,000원 및 위 각 금액에 대하여 20○○. ○. ○.부터 이 사건 제1심 판결선고일까지는 연 5%의, 그 다음날부터 다 갚는 날까지는 연 15%의 각 비율에 의한 돈을 지급하라.
3. 소송비용은 1, 2심 모두 피고(피항소인)의 부담으로 한다.
4. 위 제2항은 가집행할 수 있다.
라는 판결을 구합니다.

항 소 이 유

1. 이 사건 사고의 원인에 관하여
　제1심 판결은 이유 1의 다항에서 원고(항소인, 다음부터 원고라고만 함) ○○○가 로울러에 감긴 틀줄이 서로 엉키게 되자 이를 풀기 위해 로울러의 작동을 멈추었다가 로울러가 거꾸로 회전하도록 클러치를 작동하는 순간 틀줄이 끊어지면서 오른손이 틀줄과 함께 로울러에 빨려 들어가 우측 제2, 3, 4, 5 수지 절단창을 입게 되었다고 판시하였습니다. 그렇다면 제1심 판결도 이 사건 사고가 틀줄이 서로 엉키게 되었음에 기인함을 인정하였다고 할 것입니다.

로울러의 한가운데가 마모되어 홈이 패어 있음은 을 제1호증(사진), 갑 제5호증의 9(소외 선장 김■■의 진술), 갑 제5호증의 17(소외 이■■의 진술)에 의하여 인정할 수 있습니다. 그리고 이처럼 패여진 로울러의 홈이 틀줄을 엉키게 하는 하나의 원인이 되었다고 보아야 할 것입니다.

그런데 제1심 판결은 틀줄이 엉키게 된 원인에 대하여는 아무런 설시도 없이 이 사건 사고에 대하여 피의자로서 조사를 받았던 소외 선장 김■■와 피고(피항소인, 다음부터 피고라고만 함)의 남편인 소외 이■■의 증언을 기초로 하여 원고(항소인) ○○○의 과실로 이 사건 사고가 발생한 것처럼 설시하고 있습니다.

그러나 제1심 판결이 설시하고 있는 원고 ○○○의 과실은 사실과 다를 뿐 아니라 부득이 사실로 인정된다고 하더라도 그 내용이 틀줄을 여러 번 감아 말뚝에 감아놓고 앉아서 작업하던 중 로울러를 역회전시키다가 틀줄이 끊어져 사고를 당하였다는 것으로서 과실상계로서 참작됨은 별론으로 하고 피고를 면책하도록 할 정도에 이른다고는 할 수 없는 것입니다.

2. 안전교육에 관하여

증인 박■■는 선원들에게 조심하여 일하라고 할 뿐 정기적으로 안전교육을 실시하지는 아니한다고 증언하였습니다.

산업안전보건법 제3조 제1항, 같은 법 시행령 제2조의2 제1항의 별표1에 따르면 어업에도 같은 법을 일부 적용하도록 되어 있습니다.

같은 법 제14조에 의하면 사업주는 당해 사업장의 관리감독자에게 당해 직무와 관련된 안전·보건상의 업무를 수행하도록 하여야 한다고 하며, 같은 법 제31조 제1항에 의하면 사업주는 당해 사업장의 근로자에 대하여 노동부령이 정하는 바에 의하여 정기적으로 안전·보건에 관한 교육을 실시하여야 한다고 합니다.

같은 법 시행규칙 제33조 제1항의 별표8에 의하면 매월 2시간이상의 정기교육을 하여야 한다고 하며 별표8의2에 의하면 산업안전보건법령에 관한 사항, 작업공정의 유해·위험에 관한 사항, 표준안전

작업방법에 관한 사항 등을 교육내용으로 하여야 한다고 합니다. 사업주인 피고는 물론 관리감독자라 할 수 있는 소외 선장 김■■도 근로자인 원고 ○○○에게 위와 같은 정기적인 안전교육을 실시하지 아니하여 안전배려의무를 다하지 아니하였으므로 이 사건 사고에 대하여 책임을 져야 할 것입니다.

첨 부 서 류

  1. 항소장부본   1통

  1. 송달료납부서   1통

20○○.　○○.　○○.

위 항소인(원고) 1. ○○○ (서명 또는 날인)

2. ◉○◉ (서명 또는 날인)

3. ○①○

원고3 ○①○은 미성년자이므로

법정대리인 친권자

부 ○○○ (서명 또는 날인)

모 ◉◉◉ (서명 또는 날인)

4. ○②○ (서명 또는 날인)

5. ○③○ (서명 또는 날인)

○○지방법원　귀중

□ **부대항소장(원고, 부대항소이유 기재)**

부 대 항 소 장

부대항소인(원고, 피항소인) ○○○

　　　　　　　○○시 ○○구 ○○길 ○○(우편번호)

전화·휴대폰번호:

팩스번호, 전자우편(e-mail)주소:

부대피항소인(피고, 항소인) 1. ◇①◇

○○시 ○○구 ○○길 ○○(우편번호)

전화·휴대폰번호:

팩스번호, 전자우편(e-mail)주소:

2. ◇②◇

○○시 ○○구 ○○길 ○○(우편번호)

전화·휴대폰번호:

팩스번호, 전자우편(e-mail)주소:

손해배상(기)청구의 부대항소

　위 당사자간 귀원 20○○나○○○ 손해배상(기)청구항소사건에 대하여 부대항소인(원고, 피항소인)은 위 항소에 부대하여 위 항소사건의 제1심 판결(○○지방법원 ○○지원 20○○. ○. ○. 선고 20○○가단○○○) 가운데 원고패소부분에 대하여 불복이므로 아래와 같이 부대항소를 제기합니다.

부 대 항 소 취 지

1. 원심 판결 중 원고의 패소부분을 취소한다.
2. 피고들은 각자 원고에게 금 ○○○원 및 이에 대하여 20○○. ○. ○.부터 이 사건 제2심 판결선고일까지는 연 5%의, 그 다음날부터 다 갚는 날까지는 연 15%의 각 비율에 의한 돈을 지급하라.
3. 소송비용은 제1, 2심 모두 피고들의 부담으로 한다.
4. 위 제2항은 가집행 할 수 있다.

라는 판결을 구합니다.

부 대 항 소 이 유

1. 원심은 비록 원고가 만 66세의 고령으로 부동산의 권리관계에 대하

여 잘 알지 못하였다고 하더라도 원고는 이 사건 계약체결 이전에 2-3회에 걸쳐 이 사건 부동산을 답사한 바 있어 이 사건 부동산에 다수의 임차인들이 거주하고 있음을 알 수 있었으므로, 그렇다면 원고로서도 모르는 사람과 고액의 보증금을 지급하고 전세계약을 체결함에 있어 단지 중개업자의 말만 믿고 계약을 체결할 것이 아니라 스스로 임차인의 수 및 보증금의 합산 액에 대하여 문의하는 등 전세금의 반환이 충분히 담보될 수 있는지 여부를 확인하고 계약을 체결함으로써 이 사건과 같은 손해를 방지하였어야 함에도 불구하고 만연이 피고들의 말만을 믿고 섣불리 계약을 체결한 과실이 있고, 이러한 과실이 이 사건 손해발생 및 확대의 한 원인이 되었음을 전제로 피고들의 책임비율을 50%만 인정하였습니다.

2. 그러나 이 사건은 단순히 피고들이 부동산중개업자로서 중개의뢰인에게 중개 목적물에 대한 권리관계를 성실·정확하게 설명하여야 할 업무상 주의의무를 위반한 것에 그치지 않고, 임대인인 소외 최■■에 대한 자신들의 채권을 변제 받을 목적으로, 원고의 전세보증금반환이 보장될 수 없음을 충분히 인식하면서도 고의적으로 고령에 아무것도 모르는 원고를 이용했다는 특별한 사정이 있으므로 원심이 인정한 피고들의 책임비율 50%는 너무 적고, 70%가 합당하다 할 것입니다.

3. 이에 원고는 부대항소취지와 같은 판결을 구하기 위하여 이 사건 부대항소에 이르렀습니다.

첨 부 서 류

1. 부대항소장부본   1통
1. 송달료납부서   1통

2000. ○○. ○○.

위 부대항소인(원고, 피항소인) ○○○ (서명 또는 날인)

○○지방법원 제○민사부 귀중

□ 항소이유서

항 소 이 유 서

사　　　건　20○○나○○○○ 임대차보증금
원고(항소인)　○○○
피고(피항소인) ◇◇◇외 1인

　위 사건에 관하여 원고(항소인)는 다음과 같이 항소이유를 제출합니다.

다 　 음

1. 원고(항소인, 다음부터는 원고라고만 함)는 20○○. ○. ○. ○○시 ○○구 ○○길 ○○-○ 소재 소외 ◆◆◆와 피고 ◇◇◇의 공동소유(이 당시 소외 ◆◆◆와 피고 ◇◇◇은 법률상 부부였음)로 되어 있던 주택 중 방 1칸을 피고 ◇◇◇의 동의를 받은 소외 ◆◆◆와 임차보증금 8,000,000원에 같은 해 5. 10.부터 20○○. ○. ○○.까지 2년간 임차하기로 계약하고 계약 당일 계약금 600,000원을 지급하고, 같은 해 5. 10. 잔금 7,400,000원을 지급하였으며 20○○. ○. ○. 전입신고를 하고 사용 중 소외 ◆◆◆는 피고 ◇◇◇와 이혼하고 자신의 위 주택의 소유지분을 20○○. ○. ○. 피고 ◇◇◇ 누나의 딸인 피고 ◆◆◆에게 소유권이전등기를 하였습니다.

2. 결국 소외 ◆◆◆는 피고 ◇◇◇의 위임을 받아 이 사건 임대차계약을 체결한 것이고, 피고 ◆◆◆는 위 임대차계약의 임대인의 지위를 승계 하였기 때문에 피고 ◇◇◇와 피고 ◆◆◆는 모두 위 임차보증금 8,000,000원을 반환할 의무가 있습니다.

3. 결국 원심 판결은 이러한 사실관계에 오인이 있어 판결을 그르친 위법이 있다고 하겠습니다.

```
          첨  부  서  류

  1. 항소이유서 부본                    1통

                 20○○.   ○○.   ○○.
                 위 원고(항소인)   ○○○ (서명 또는 날인)

○○지방법원 제○민사부   귀중
```

3. 소송목적의 값 산정

① 항소장에 첨부할 인지액은 항소로써 불복하는 범위의 소송목적의
값(이하 "소가"라 함)을 기준으로 산정하므로, 전부 불복인 경우는
제1심 소가와 같고, 일부 불복인 경우에는 불복하는 부분에 대해
소가를 산정하면 됩니다(민사소송 등 인지규칙 제25조, 제26조 및
제2조제3항).

② 확인소송의 소가는 확인할 물건 및 권리의 종류에 따라 산정된 금
액입니다(민사소송 등 인지규칙 제12조제1호).

③ 일부승소 또는 일부패소로 항소를 제기하는 경우의 소가 산정방법
  - 예를 들어, 원심에서 원고가 3,000만원을 청구했는데 1,000만
    원만을 인정받아 항소를 하는 경우 항소심의 소가는 불복하는
    금액인 2,000만원 입니다.
  - 예를 들어, 원심에서 피고가 일부 패소해 2,000만원을 원고에게
    주어야 하는 경우, 이에 불복해 항소를 제기하면 2,000만원이
    소가가 됩니다. 전부 패소한 경우에는 원고가 청구한 총 금액이
    소가가 됩니다.

4. 인지액 산정방법

① 항소 시 인지액은 다음의 1심 소가에 따른 인지액에 1.5배에 해당
하는 금액으로 합니다(민사소송 등 인지법 제2조제1항 및 제3조).

소 가	인 지 대
소가 1천만원 미만	소가 × 50 / 10,000
소가 1천만원 이상 1억원 미만	소가 × 45 / 10,000 + 5,000
소가 1억원 이상 10억원 미만	소가×40 / 10,000 + 55,000
소가 10억원 이상	소가×35 / 10,000 + 555,000

② 항소 시 인지액이 1,000원 미만이면 그 인지액은 1,000원으로 하고, 1,000원 이상이면 100원 미만은 계산하지 않습니다(민사소송 등 인지법 제2조제2항).

③ 위 사안의 경우 소가가 3,000만원 이므로, {(30,000,000× 45 / 10,000) + 5,000}× 1.5 = 210,000원이 인지액이 됩니다.

5. 인지액의 납부방법

① 현금납부

- 소장에 첨부하거나 보정해야 할 인지액(이미 납부한 인지액이 있는 경우에는 그 합산액)이 1만원 이상인 경우에는 그 인지의 첨부 또는 보정에 갈음해 인지액 상당의 금액 전액을 현금으로 납부해야 합니다(민사소송 등 인지규칙 제27조제1항).

- 인지액 상당 금액을 현금으로 납부할 경우에는 송달료 수납은행에 내야 합니다(민사소송 등 인지규칙 제28조).

② 신용카드납부

- 신청인은 인지액 상당의 금액을 현금으로 납부할 수 있는 경우 이를 수납은행 또는 인지납부대행기관의 인터넷 홈페이지에서 인지납부대행기관을 통해 신용카드·직불카드 등(이하 "신용카드 등"이라 한다)으로도 납부할 수 있습니다(민사소송 등 인지규칙 제28조의2 제1항).

- "인지납부대행기관"이란 정보통신망을 이용해 신용카드등에 의한 결제를 수행하는 기관으로서 인지납부대행기관으로 지정받은 자를 말합니다(민사소송 등 인지규칙 제28조의2 제2항).

- 인지납부대행기관은 신청인으로부터 인지납부 대행용역의 대가로 납부대행수수료를 받을 수 있고, 납부대행수수료는 전액 소송비용으로 봅니다(민사소송 등 인지규칙 제28조의2 제4항 및 제5항).

③ 인지납부일
- 인지액 상당의 금액을 신용카드등으로 납부하는 경우에는 인지납부대행기관의 승인일을 인지납부일로 봅니다(민사소송 등 인지규칙 제28조의2 제3항).

④ 신청인은 수납은행이나 인지납부대행기관으로부터 교부받거나 출력한 영수필확인서를 소장에 첨부하여 법원에 제출해야 합니다(민사소송 등 인지규칙 제29조제2항).

6. 송달료 납부

민사항소사건의 송달료는 1회 송달료 × 당사자수 × 12회분입니다 (송달료규칙의 시행에 따른 업무처리요령 별표 1).

7. 항소장부본

항소장 제출 시 송달에 필요한 수의 부본을 함께 제출해야 합니다 (민사소송규칙 제48조제1항 및 제128조).

Section 3. 상고(제2심 판결 불복절차)는 어떻게 진행되나요?

※ 상고 제기 가능 여부

[질문] A는 B가 자신의 상표를 도용했다는 사실을 알고 1억원의 손해배상청구소송을 제기했으나 1심에서 3천만원 만을 손해배상금으로 인정받았습니다. A는 손해배상금이 너무 적다는 이유로 항소를 했으나 B는 A의 항소에 항소나 부대항소를 제기하지 않았습니다. A의 청구가 2심에서 다시 일부가 받아들여져 5천만원을 손해배상금으로 인정받게 되자 B는 A가 손해배상금을 전혀 받을 수 없도록 손해배상금 지급을 취소하라는 취지로 상고를 제기하려고 합니다. 가능할까요?

[답변] 안 됩니다. 판례는 A의 청구를 일부 인용하는 제1심판결에 대해 A는 항소했으나 B는 항소나 부대항소를 하지 않은 경우, 제1심 판결의 A 승소 부분은 A의 항소로항소심에 이심은 되었으나, 항소심의 심판범위에서는 제외되었다고 보았습니다.

따라서 항소심이 A의 항소를 일부 인용해 제1심판결의 A 패소 부분 중 일부를 취소하고 그 부분에 대한 원고의 청구를 인용했다면, 이는 제1심에서의 A 패소 부분에 한정된 것이며 제1심판결 중 원고 승소 부분에 대해서는 항소심이 판결을 하지 않아 이 부분은 피고들의 상고 대상이 될 수 없다고 판시했습니다.

즉, A 일부 승소의 제1심판결에 대해 아무런 불복을 제기하지 않은 B는 제1심판결에서 A가 승소한 부분에 관해서는 상고를 제기할 수 없고 다만 제2심에서 인정받은 부분에 대해서만 상고를 제기할 수 있습니다.

〈대법원 2009. 10. 29. 선고 2007다22514,22521 판결〉

[1] 상고의 대상 및 이유

1. 상고의 대상

① 상고는 고등법원이 선고한 종국판결과 지방법원 합의부가 제2심으로서 선고한 종국판결에 대해 할 수 있습니다(민사소송법 제422조제1항).

② 제1심 종국판결 뒤에 양 쪽 당사자가 상고할 권리를 유보하고 항소를 하지 않기로 합의한 경우 제1심 종국판결에 대해 상고(비약적 상고)를 할 수 있습니다(민사소송법 제422조제2항).

③ 다만 비약적 상고의 경우 대법원은 법령위반만을 심사대상으로 하므로 원심판결의 사실 확정이 법률에 어긋난다는 것을 이유로 그 판결을 파기하지 못합니다(민사소송법 제433조).

2. 상고의 이유

2-1. 일반적 상고이유

① 상고는 판결에 영향을 미친 헌법·법률·명령 또는 규칙의 위반을 이유로 드는 경우에만 할 수 있습니다(민사소송법 제423조).

② 원심판결이 적법하게 확정한 사실은 상고법원을 기속하므로(민사소송법 제432조), 상고심에서 새로운 청구를 하거나 사실심리에 대한 판단을 요청할 수 없습니다.

2-2. 절대적 상고이유

① 판결에 다음 중 어느 하나의 사유가 있는 경우 상고에 정당한 이유가 있다고 봅니다(「민사소송법」 제424조).
  1. 법률에 따라 판결법원을 구성하지 않은 경우
  2. 법률에 따라 판결에 관여할 수 없는 판사가 판결에 관여한 경우
  3. 전속관할에 관한 규정에 어긋난 경우

4. 법정대리권·소송대리권 또는 대리인의 소송행위에 대한 특별한
   권한의 수여에 흠이 있는 경우(보정된 당사자나 법정대리인이
   이를 추인한 경우 제외)
5. 변론을 공개하는 규정에 어긋난 경우
6. 판결의 이유를 밝히지 않거나 이유에 모순이 있는 경우

2-3. 상고이유의 기재례

① 법리오해

법리오해는 법령 해석의 잘못, 법령 적용의 잘못 등이 있는 경우에
기재합니다.

② 채증법칙위반

'채증법칙'이란 증거를 채택·결정함에 있어 법관이 지켜야 할 논리
적이고 경험칙에 합당하게 사실관계를 확정하는 것을 말합니다. 이
는 법관에게 부여된 권한인 자유심증주의와 관련이 있는데 법관이
경험칙에 반해 합리성을 잃어버린 경우 채증법칙위반으로 상소이유
를 기재합니다.

③ 이유불비

이유불비는 이유를 전혀 기재하지 않은 경우, 이유의 일부를 빠뜨
리거나 이유의 어느 부분이 불명확한 경우 등에 기재합니다.

④ 이유모순

이유모순은 판결이유의 문맥에 모순이 있어 일관성이 없는 경우 등
에 기재합니다.

⑤ 심리미진

법령의 해석 등에 필요한 심리를 다하고 선고를 했어야 하는데 이
를 다 하지 않은 경우 등에 기재합니다. 즉 "원심은 그 판시와 같
은 이유만으로 피고인에게 판시 범죄사실에 대한 고의가 있다고 보
았으니, 이는 법리를 오해하여 심리를 다하지 않은 위법이 있다"라
고 판시하는 경우를 말합니다.

[2] 상고 절차

1. 상고 제기

① 상고는 판결서가 송달된 날부터 2주 이내에 해야 합니다(민사소송법 제396조제1항 본문 및 제425조). 다만, 판결서 송달전에도 상고를 제기할 수 있습니다(민사소송법 제396조제1항 단서).

② 상고는 상고장에 다음의 사항을 적어 원심(항소심) 법원에 제출하면 제기 됩니다(민사소송법 제397조 및 제425조).

1. 당사자와 법정대리인
2. 제2심 판결의 표시와 그 판결에 대한 상고의 취지

2. 관할

대법원은 다음의 사건을 최종심으로 심판합니다(법원조직법 제14조제1호 및 제3호).

1. 고등법원 또는 항소법원·특허법원의 판결에 대한 상고사건
2. 다른 법률에 따라 대법원의 권한에 속하는 사건

3. 원심(항소심)재판장의 상고장 심사

① 다음의 경우 항소심 재판장은 상고인에게 상당한 기간을 정해 그 기간 이내에 흠을 보정하도록 명해야 합니다(민사소송법 제399조제1항 및 제425조).

1. 상고장에 당사자와 법정대리인, 제2심 판결의 표시와 그 판결에 대한 상고의 취지가 제대로 기재되어 있지 않은 경우
2. 상고장에 법률의 규정에 따른 인지를 붙이지 않은 경우

③ 항소심 재판장의 상고각하명령에 대해서는 즉시항고를 할 수 있습니다(민사소송법 제399조제3항 및 제425조).

4. 상고기록의 송부

① 상고장이 각하되지 않은 경우 항소심 법원의 법원서기관·법원사무관·법원주사 또는 법원주사보(이하 '법원사무관등'이라 한다)는 상고장이 제출된 날부터 2주 이내에 상고기록에 상고장을 붙여 대법원으로 보내야 합니다(민사소송법 제400조제1항 및 제425조).

② 항소심 재판장의 보정명령이 있는 경우에는 당사자가 보정을 한 날부터 1주 이내에 상고기록을 보내야 합니다(민사소송법 제400조 제2항 및 제425조).

③ 전자소송에서 심급사이 또는 이송결정에 따른 전자기록 송부는 전자적 방법으로 합니다. 다만, 전자문서가 아닌 형태로 제출되어 별도로 보관하는 기록 또는 문서는 그 자체를 송부합니다(민사소송 등에서의 전자문서 이용 등에 관한 규칙 제40조제1항 및 제20조제1항).

5. 소송기록 접수의 통지

상고법원의 법원사무관등은 항소심 법원의 법원사무관등으로부터 소송기록을 받은 때에 바로 그 사유를 당사자에게 통지해야 합니다(민사소송법 제426조).

6. 상고심 재판장의 상고장 심사

① 다음의 경우 상고심 재판장은 상고인에게 상당한 기간을 정해 그 기간 이내에 흠을 보정하도록 명해야 합니다(민사소송법 제402조제1항 및 제425조).

　　1. 상고장에 ㉮ 당사자와 법정대리인, ㉯ 제2심 판결의 표시와 그 판결에 대한 상고의 취지가 제대로 기재되어 있지 않았거나 상고장에 법률의 규정에 따른 인지를 붙이지 않았음에도 항고심 재판장이 보정명령을 하지 않은 경우

　　2. 피상고인에게 상고장의 부본을 송달할 수 없는 경우

② 상고심 재판장의 각하명령

- 다음의 경우 상고심 재판장은 명령으로 상고장을 각하합니다(민사소송법 제402조제2항, 제399조제2항 및 제425조).

    1. 보정기간 내에 보정을 하지 않은 경우
    2. 상고기간을 넘겨 상고를 제기한 것이 확실함에도 항고심 재판장이 상고장을 각하하지 않은 경우

③ 상고심 재판장의 상고각하명령에 대해서는 즉시항고를 할 수 있습니다(민사소송법 제402조제3항 및 제425조).

7. 상고이유서 제출 및 송달

① 상고이유서의 제출

상고장에 상고이유를 적지 않은 경우 상고인은 소송기록 접수의 통지를 받은 날부터 20일 이내에 상고이유서를 제출해야 합니다(민사소송법 제427조).

② 송달

- 상고이유서를 제출받은 상고법원은 바로 그 부본이나 등본을 상대방에게 송달해야 합니다(민사소송법 제428조 제1항).
- 상대방은 상고이유서의 부본이나 등본을 송달받은 날부터 10일 이내에 답변서를 제출할 수 있습니다(민사소송법 제428조 제2항).
- 상고법원은 상대방이 제출한 답변서의 부본이나 등본을 상고인에게 송달해야 합니다(민사소송법 제428조 제3항).

8. 상고심의 심리

① 상고법원은 상고장·상고이유서·답변서, 그 밖의 소송기록에 의해 변론 없이 판결할 수 있습니다(민사소송법 제430조제1항).

② 상고법원은 소송관계를 분명하게 하기 위해 필요한 경우 특정한 사항에 관해 변론을 열어 참고인의 진술을 들을 수 있습니다(민사소송법 제430조 제2항).

③ 상고법원은 상고이유에 따라 불복신청의 한도 안에서 심리합니다(민사소송법 제431조).

④ 상고심의 소송절차는 특별한 규정이 없으면 제1심 소송절차에 준해 진행됩니다(민사소송법 제408조 및 제425조).

9. 상고심 종결

9-1. 상고각하

부적법한 상고로서 흠을 보정할 수 없으면 변론 없이 판결로 상고는 각하됩니다(민사소송법 제413조 및 제425조).

9-2. 상고기각

① 상고심 법원이 다음과 같이 판단하면 상고는 기각됩니다(민사소송법 제414조 및 제425조).

　1. 제2심 판결을 정당하다고 인정한 경우

　2. 제2심 판결의 이유가 정당하지 않더라도 다른 이유에 따라 그 판결이 정당하다고 인정되는 경우

② 상고이유서를 제출하지 않은 경우

　1. 상고인이 가한 내에 상고이유서를 제출하지 않은 경우 상고법원은 변론 없이 판결로 상고를 기각합니다(민사소송법 제429조 본문).

　2. 다만, 직권으로 조사해야 할 사유가 있는 경우에는 그렇지 않습니다(민사소송법 제429조 단서).

9-3. 심리불속행

① 대법원은 상고이유에 관한 주장이 다음 중 어느 하나의 사유를 포함하지 않으면 심리를 하지 않고 판결로 상고를 기각합니다(상고심절차에 관한 특례법 제4조 제1항 및 민사소송법 제424조제1항).).

1. 원심판결이 헌법에 위반되거나, 헌법을 부당하게 해석한 경우
2. 원심판결이 명령·규칙 또는 처분의 법률위반 여부에 대해 부당하게 판단한 경우
3. 원심판결이 법률·명령·규칙 또는 처분에 대해 대법원 판례와 상반되게 해석한 경우
4. 법률·명령·규칙 또는 처분에 대한 해석에 관해 대법원 판례가 없거나 대법원 판례를 변경할 필요가 있는 경우
5. 그 외에 중대한 법령위반에 관한 사항이 있는 경우
6. 법률에 따라 판결법원을 구성하지 않은 경우
7. 법률에 따라 판결에 관여할 수 없는 판사가 판결에 관여한 경우
8. 전속관할에 관한 규정에 어긋난 경우
9. 법정대리권·소송대리권 또는 대리인의 소송행위에 대한 특별한 권한의 수여에 흠이 있는 경우
10. 변론을 공개하는 규정에 어긋난 경우

② 대법원은 상고이유에 관한 주장이 다음의 사유를 포함하는 경우에도 심리를 하지 않고 판결로 상고를 기각합니다(상고심절차에 관한 특례법 제4조 제3항).
1. 그 주장 자체로 보아 이유가 없는 경우
2. 원심판결과 관계가 없거나 원심판결에 영향을 미치지 않는 경우

9-4. 상고인용

① 파기환송 또는 이송
 - 상고법원은 상고에 정당한 이유가 있다고 인정할 경우 원심판결을 파기하고 사건을 원심법원에 환송하거나, 동등한 다른 법원에 이송합니다(민사소송법 제436조제1항).
 - 사건을 환송받거나 이송받은 법원은 다시 변론을 거쳐 재판을 해야 합니다. 이 경우 사건을 환송받거나 이송받은 법원은 상고

법원이 파기의 이유로 삼은 사실상 및 법률상 판단에 기속됩니다(민사소송법 제436조제2항).

- 원심판결에 관여한 판사는 환송받거나 이송되어 이루어지는 재판에 관여하지 못합니다(민사소송법 제436조제3항).

② 파기자판

다음의 경우 상고법원은 사건을 파기환송 또는 이송을 시키지 않고 상고법원 스스로 종국판결을 할 수 있습니다(민사소송법 제437조).

1. 확정된 사실에 대해 법령적용이 어긋난다 하여 판결을 파기할 때 이미 제1, 2심을 통해 충분히 판결이 이루어져 그 사실을 바탕으로 재판하기 충분한 경우

2. 사건이 법원의 권한에 속하지 않아 판결을 파기하는 경우

[관련판례 1]

덤프트럭 운전자인 피고인이 도로법상의 축 하중 제한기준(10t) 및 총 중량 제한기준(40t)을 초과하여 모래를 적재한 상태로 위 차량을 운행하다가 과적으로 단속된 사안에서, 출발 당시의 총 중량 계측결과(39.870t), 축 중량 및 총 중량 초과 정도가 크지 않은 점 등의 사정을 종합할 때, 피고인이 제한기준 초과 상태로 운행한다는 인식을 가지고 있었다고 보기는 어려움에도, 이와 달리 본 원심판단에 법리오해 및 심리미진의 위법이 있다(대법원 2010. 7. 22. 선고 2010도6960 판결).

[관련판례 2]

「민사소송법」 제344조 제1항 제1호, 제374조를 신청 근거 규정으로 기재한 동영상 파일 등과 사진의 제출명령신청에 대하여, 동영상 파일은 검증의 방법으로 증거조사를 하여야 하므로 문서제출명령의 대상이 될 수는 없고, 사진의 경우에는 그 형태, 담겨진 내용 등을 종합하여 감정·서증·검증의 방법 중 가장 적절한 증거조사 방법을 택하여 이를 준용하여야 함에도, 제1심법원이 사진에 관한 구체적인 심리 없이 곧바로 문서제출명령을 하고 검증의 대상인 동영상 파일을 문서제출명령에 포함시킨 것이 정당하다고 판단한 원심의 조치에는 문서제출명령의 대상에 관한 법리를 오해한 잘못이 있다(대법원 2010. 7.14. 자 2009마2105 결정).

[관련판례 3]

원고의 청구를 일부 인용하는 제1심판결에 대하여 원고는 항소하였으나 피고들은 항소나 부대항소를 하지 아니한 경우, 제1심판결의 원고 승소 부분은 원고의 항소로 인하여 항소심에 이심은 되었으나, 항소심의 심판범위에서는 제외되었다 할 것이고, 따라서 항소심이 원고의 항소를 일부 인용하여 제1심판결의 원고 패소 부분 중 일부를 취소하고 그 부분에 대한 원고의 청구를 인용하였다면, 이는 제1심에서의 원고 패소 부분에 한정된 것이며 제1심판결 중 원고 승소 부분에 대하여는 항소심이 판결을 한 바 없어 이 부분은 피고들의 상고대상이 될 수 없으므로, 원고 일부 승소의 제1심판결에 대하여 아무런 불복을 제기하지 않은 피고들은 제1심판결에서 원고가 승소한 부분에 관하여는 상고를 제기할 수 없다(대법원 2009.10.29. 선고 2007다22514,22521 판결).

[관련판례 4]

판결에 이유를 기재하도록 하는 법률의 취지는 법원이 증거에 의하여 인정한 구체적 사실에 법규를 적용하여 결론을 도출하는 방식으로 이루어진 판단과정이 불합리하거나 주관적이 아니라는 것을 보장하기 위하여 그 재판과정에서 이루어진 사실인정과 법규의 선정, 적용 및 추론의 합리성과 객관성을 검증하려고 하는 것이므로, 판결의 이유는 그와 같은 과정이 합리적·객관적이라는 것을 밝힐 수 있도록 그 결론에 이르게 된 과정에 필요한 판단을 빠짐없이 기재하여야 하고, 그와 같은 기재가 누락되거나 불명확한 경우에는 「민사소송법」 제424조 제6호의 절대적 상고이유가 된다(대법원 2005. 1. 28. 선고 2004다38624 판결).

[3] 상고장 작성 예시

1. 상고장 작성방법

□ 상고장 양식

상 고 장

상고인(원,피고)　　(이름)
　　　　　　　　　　(주소)
　　　　　　　　　　(연락처)
피상고인(원,피고)　(이름)
　　　　　　　　　　(주소)

　　위 당사자 사이의 귀원 20　　나　　호 ○○금 청구사건에 관하여 원(피)고는 귀원이 20　．　．　．선고한 판결에 대하여 20　．　．　．송달받고 이에 불복하므로 상고를 제기합니다.

제2심판결의 표시

상고취지

상고이유

첨부서류

1. 납부서
2. 상고장 부본

20　．　．　．

상고인(원,피고)　　　　　(서명 또는 날인)

휴대전화를 통한 정보수신 신청

위 사건에 관한 재판기일의 지정·변경·취소, 종국결과 및 문건접수 사실(민사본안만 해당)을 예납의무자가 납부한 송달료 잔액 범위 내에서 아래 휴대전화를 통하여 알려주실 것을 신청합니다.

■ 휴대전화 번호 :

20 . . .

신청인　상고인　　　　　　　　(서명 또는 날인)

※ <u>종이기록사건</u>에서 위에서 신청한 정보가 법원재판사무시스템에 입력되는 당일 문자메시지로 발송됩니다(전자기록사건은 전자소송홈페이지에서 전자소송 동의 후 알림서비스를 신청할 수 있음).

※ 문자메시지 서비스 이용금액은 메시지 1건당 17원씩 납부된 송달료에서 지급됩니다(송달료가 부족하면 문자메시지가 발송되지 않습니다).

※ 추후 서비스 대상 정보, 이용금액 등이 변동될 수 있습니다.

※ 휴대전화를 통한 문자메시지는 <u>원칙적으로 법적인 효력이 없으니 참고자료로만 활용</u>하시기 바랍니다.

○○법원 귀중

◇유의사항◇

1. 연락처에는 언제든지 연락 가능한 전화번호나 휴대전화번호를 기재하고, 그밖에 팩스번호, 이메일 주소 등이 있으면 함께 기재하기 바랍니다.

2. 신청인 또는 작성자란에 원고의 경우에는 '원'에, 피고의 경우에는 '(피)'에 ○표를 하십시오.

3. 이 신청서를 접수할 때에는 당사자 1인당 8회분의 송달료를 송달료 수납은행에 예납하여야 합니다.

4. 상고장에 상고이유를 적지 아니한 때에 상고인은 대법원으로부터 소송기록접수통지를 받은 날부터 20일 안에 상고이유서 1통과 그 부본(상대방수+6통)을 대법원에 제출하여야 하고, 만약 위 기간 안에 상고이유서를 제출하지 않으면 상고가 기각될 수 있습니다.

2. 상고장 작성례

□ 상고장(상고이유 기재)

상　　고　　장

상고인(원고)　　○○○

　　　　　　　　○○시 ○○구 ○○길 ○○(우편번호 ○○○○○)

　　　　　　　　전화·휴대폰번호:

　　　　　　　　팩스번호, 전자우편(e-mail)주소:

피상고인(피고) ◇◇◇

　　　　　　　　○○시 ○○구 ○○길 ○○(우편번호 ○○○○○)

　　　　　　　　전화·휴대폰번호:

　　　　　　　　팩스번호, 전자우편(e-mail)주소:

소유권이전등기청구의 상고

　위 당사자간 ○○고등법원 20○○나○○○○ 소유권이전등기청구사건에 관하여 같은 법원에서 20○○. ○○. ○. 판결선고 하였는바, 원고는 위 판결에 모두 불복하고 다음과 같이 상고를 제기합니다.

항소심판결의 표시

주문 : 원고의 항소를 기각한다.

　　　　항소비용은 원고의 부담으로 한다.

* 원고는 위 판결정본을 20○○. ○○. ○○. 송달 받았습니다.

불복의 정도 및 상고를 하는 취지의 진술

　원고는 위 판결에 모두 불복하고 상고를 제기합니다.

상　고　취　지

---

1. 원심판결을 취소한다.
2. 주위적으로, 피고는 원고에게 별지목록 기재 각 부동산에 관하여 20○○. ○. ○. 취득시효완성을 원인으로 한 소유권이전등기절차를 이행하라.
  예비적으로, 피고는 원고에게 별지목록 기재 각 부동산에 관하여 이 사건 변론종결일 취득시효완성을 원인으로 한 소유권이전등기절차를 이행하라.
3. 소송비용은 제1, 2, 3심 모두 피고의 부담으로 한다.
라는 재판을 구합니다.

상 고 이 유

1. 법령위반 (이유불비)

  원고는 이 사건 소로써 원고의 시아버지 소외 망 ◉◉◉가 1946. 일자 불상경 소외 망 ◉◉◉로부터 이 사건 토지를 매수하여 소유의 의사로 평온, 공연하게 점유하기 시작하였고, 원고의 남편 소외 망 ◎◎◎가 소외 망 ◉◉◉의 점유를, 원고가 소외 망 ◎◎◎의 점유를 각 승계 하여 이 사건 토지를 20여년간 점유하였으므로 취득시효완성을 원인으로 한 소유권이전등기절차이행을 소외 망 ◉◉◉의 상속인 피고에게 구하고 있습니다.

  원고는 이 사건 제1심 소송절차에서 증거서류일체(갑 제1호증부터 갑 제8호증까지)를 제출하고 증인 ◑◐◐, ◐◐◑의 증인신문을 마쳤고 이 사건 제2심 소송절차에서는 증인 ■■■의 증인신문을 하였습니다.

  그런데 이 사건 제2심 판결은 증인 ■■■의 증언을 인용증거로서 거시하지도 아니하고 배척증거로서 거시하지도 아니하여 아무런 판단을 하지 아니하고 있습니다. 이는 이 사건 제2심 판결이 증인 ■■■의 증언을 간과한 것으로 보여집니다.

  증인 ■■■는 원고의 집 바로 뒷집에서 1946년경부터 현재까지 농사를 지으면서 거주하였으며 소외 망 ◎◎◎과 형님 아우하면서 절친하게 지내오던 사이였습니다. 증인 ■■■는 소외 망 ◎◎◎의 생전에 그로부터 소외 망 ◎◎◎가 이 사건 토지를 매수하였다는 말을 여러 번 들었고 원고의 집안에서 타인에게 이 사건 토지의 사용료를 지급하지 아니하였다는 취지의 증언을 하였습니다.

따라서 증인·■■■의 증언은 원고의 주장을 뒷받침하는 유력한 증거임에도 제2심 판결이 이에 관한 아무런 판단을 하지 아니한 것은 이유불비로서 중대한 법령위반에 해당한다 할 것입니다.

2. 채증법칙위배

제2심 판결은 피고측 증인 ●●●, ●●●의 각 증언 등에 의하여 "이 사건 부동산의 소유자로서 서울에 살고 있던 소외 망 ◉◉◉는 ○○군 일대에 이 사건 부동산이외에도 상당히 많은 토지를 소유하고 있었던 터라 김포에 살고 있던 친척인 소외 망 ◆◆◆, 망 ◆◆◆에게 ○○군 일대 토지의 관리를 맡겼고, 이에 따라 소외 망 ◆◆◆가 1970년대 초반까지 원고의 집에 와서 이 사건 부동산에 관한 임료를 받아 소외 망 ◉◉◉에게 전달하였는데, 소외 망 ◉◉◉이 질병으로 병원에 여러 차례 입원하고(1975년 사망), 소외 망 ◆◆◆의 기력도 쇠하여지자(1979년 사망) 점차 이 사건 부동산에 관한 임료를 받지 못하게 되었다."는 사실인정하에 이 사건 부동산에 관한 점유는 그 시초에 타주점유라고 할 것이므로 자주점유임을 전제로 한 원고의 점유취득시효주장은 이유없다고 판시하고 있습니다.

그러나 원고의 점유는 자주점유로서 추정되는 것인바, 과연 피고측에서 그 추정을 깨뜨릴만한 입증을 하였는지에 관하여는 의문스럽다 할 것입니다.

(1) 증인 ●●●의 증언에 관하여

먼저, 증인 ●●●는 2년 전 피고로부터 들어서야 이 사건 토지에 관하여 알게 되었다고 진술하고 있으므로 그 증언내용은 피고 자신의 진술 이상의 증거가치가 있다고 하기 어렵다고 할 것입니다.

(2) 증인 ●●●의 증언에 관하여

다음으로, 증인 ◐◐◐는 자신의 아버지 소외 망 ◈◈◈가 피고의 아버지 소외 망 ◉◈◈ 소유인 이 사건 토지를 포함한 ○○군 일대의 토지를 관리하는 일을 맡아 하였던 관계로 소외 망 ◈◈◈로부터 들어서 소외 망 ◈◈◈이 1970년대 초반까지 이 사건 토지의 사용료를 받았다는 사실을 알고 있다고 증언하였습니다. 그러나 증인 ◐◐◐의 증언내용을 정사하여 볼 때 그 신빙성은 희박하다 할 것입니다.

증인 ◐◐◐의 증언에 의하면 소외 망 ◈◈◈은 ○○군 일대에 100여만평의 토지를 소유하던 지주였다고 합니다. 그리고 증인 ◐◐◐의 증언에 의하면 소외 망 ◈◈◈는 소외 망 ◈◈◈, 소외 망 ◈◈◈로 하여금 ○○군 일대의 토지를 관리하도록 맡기고 그 사용료를 받아왔다고 합니다. 그렇다면 소외 망 ◈◈◈가 관리한 토지가 아무리 적다 하여도 수십만평에 이를 것으로 보여집니다.

이 사건 토지는 2필지로서 합계 182평에 불과합니다. 그런데 증인 ◐◐◐는 소외 망 ◈◈◈의 아들로서 그로부터 전해 들어서 소외 망 ◈◈◈가 이 사건 토지의 사용료를 받아 왔다고 증언하고 있습니다. 소외 망 ◈◈◈가 증인 ◐◐◐에게 수십만평에 이르는 토지 가운데 얼마 되지 아니하는 이 사건 토지에 관하여 알려주었다는 것도 의문이거니와 증인 ◐◐◐는 소외 망 ◉◈◈의 토지를 관리한 바도 없음에도 얼마 안 되는 이 사건 토지에 관하여 기억하고 있다는 것도 쉽사리 납득하기 어렵다 할 것입니다.

더욱이 피고측은 증인 ◐◐◐에 대한 증인신문에 있어서는 소외 망 ◈◈◈가 이 사건 토지를 관리하여 왔다는 내용의 신문을 전혀 하지 아니하였습니다. 이는 소외 망 ◈◈◈가에 관한 주장이 증인 ◐◐◐의 증언에 이르러 급조된 것이 아닌가 하는 의심도 품게 하고 있습니다.

원고는 증인 ◐◐◐의 증언의 소외 망 ◉◈◈에 관한 위와 같은 주장을 이미 제2심 소송절차에서 하였습니다. 그런데 피고는 이에 대하여 제2심의 마지막 준비서면에서 증인 ❶❶❶가 이 사건 토지를 포함한 여러 필지의 토지를 관리하고 그 사용료를 받아 소외 망 ◉◉◉에게 전달하여 이 사건 토지에 관하여 잘 알고 있다는 취지의 주장을 하고 있는바, 이는 증인 ❶❶❶에 대한 반대신문 3의 가항 "증인이 이 사건 토지를 관리한 것은 아니다."라는 증언과 정면으로 배치되어 증인 ❶❶❶의 증언의 신빙성에 대한 의구심을 더욱 짙게 하고 있습니다.

따라서 신빙성이 희박한 증인 ❶❶❶의 증언에 의한 사실인정 하에 판시된 이 사건 제2심 판결은 채증법칙위배에 해당된다 할 것입니다.

첨 부 서 류

1. 상고장부본   1통
1. 송달료납부서   1통

2000. ○○. ○○.
위 상고인(원고) ○○○ (서명 또는 날인)

대법원 귀중

□ **상고장(상고이유 추후 제출 – 부당이득금반환청구)**

상 고 장

상고인(원고)   ○○○
            ○○시 ○○구 ○○길 ○○(우편번호 ○○○○○)
            전화·휴대폰번호:
            팩스번호, 전자우편(e-mail)주소:
피상고인(피고) ◇◇◇

○○시 ○○구 ○○길 ○○(우편번호 ○○○○○)
전화·휴대폰번호:
팩스번호, 전자우편(e-mail)주소:

부당이득금반환청구의 상고

위 당사자간 ○○지방법원 20○○나○○○ 부당이득금반환청구사건에 관하여 원고는 20○○. ○. ○. 선고한 판결에 대하여 불복이므로 상고를 제기합니다.

제2심판결의 표시

1. 제1심 판결을 취소하고, 원고의 청구를 기각한다.
2. 소송총비용은 원고의 부담으로 한다.
   (위 판결정본을 20○○. ○. ○. 수령하였습니다.)

불복정도 및 상고범위

원고는 원심판결 전부에 관하여 불복입니다.

상 고 취 지

원 판결을 파기하고 사건을 ○○지방법원으로 환송한다.
라는 판결을 구합니다.

상 고 이 유

추후 제출하겠습니다.

첨 부 서 류

1. 상고장부본   1통
1. 송달료납부서   1통

2000.　○○.　○○.
위 상고인(원고) ○○○ (서명 또는 날인)

대법원 귀중

□ 상고이유서(부당이득금반환)

상 고 이 유 서

사 건 20○○다○○○ 부당이득금반환
원 고(상 고 인)　○○○
피 고(피상고인)　◇◇◇

위 사건에 관하여 원고(상고인)는 아래와 같이 상고이유서를 제출합니다.

- 아 래 -

1. 상고이유 제1점

원심판결에는 주택임대차보호법상 우선변제권이 있는 임차인이 배당요구는 하였으나 배당기일에 불참하는 바람에 배당이의를 하지 못한 경우 부당이득반환청구권의 존부에 관하여 대법원 판례에 상반되는 판단을 함으로써 판결에 영향을 미친 잘못이 있습니다.

　가. 원심은 "이 사건 청구원인으로, 원고는 소외 ◈◈◈로부터 그 소유의 이 사건 주택 중 2층 방 1칸을 임대차보증금 19,000,000원을 전액 지급하고 임차한 뒤 이주하여 주민등록 전입신고까지 마친 주택임대차보호법 제8조, 같은 법 시행령 제4조 소정의 우선변제권이 있는 소액임차인이나, 위 현황조사 당시 신혼여행 중이어서 그 조사에 제대로 응하지 못한 바람에 위 임대차보증금에 관하여 배당요구를 하였음에도 경매법원으

로부터 소액임차인으로서의 지위를 인정받지 못하였다고 주장하면서, 피고에 대하여 원고가 배당 받아야 할 같은 법 시행령 제3조 소정의 금 12,000,000원 중 금 6,005,133원을 부당이득으로 원고에게 반환할 것을 구한다. 살피건대 앞서 본 바와 같이 원고는 위 경매절차에서 위 임대차보증금에 관하여 배당요구를 하여 적법한 소환을 받고도 그 배당기일에 불출석함으로써 배당에 관한 이의를 하지 아니하였는바, 배당요구 채권자에게는 배당표의 확정에 관한 처분권한이 인정되고, 배당절차에서 자신의 이해관계를 주장하고 나아가 배당이의 및 배당이의 소송을 통해 권리를 구제할 수 있는 기회가 보장되어 있으며, 적법한 소환을 받고도 배당기일에 출석하지 아니한 배당요구 채권자는 배당표의 실시에 동의한 것으로 간주되므로, 확정된 배당표에 의하여 배당이 실시된 이상 이를 법률상 원인이 없는 부당이득이라고 볼 수 없다 할 것이다"라고 하고 있습니다.

나. 그러나 이와 관련한 대법원 판례를 보면,

대법원 1997. 2. 14. 선고 96다51585 판결은 "확정된 배당표에 의하여 배당을 실시하는 경우 실체법상의 권리를 확정하는 것이 아니므로 배당을 받아야 할 자가 배당을 받지 못하고 배당을 받지 못할 자가 배당을 받은 경우에는 배당을 받지 못한 우선채권자는 배당을 받은 자에 대하여 부당이득반환청구권이 있다고 함이 당원의 확립된 견해이다."라고 하고 있고, 1996. 12 .20. 선고 95다28304 판결도 같은 취지의 판결입니다.

더욱이 대법원 1988. 11. 8. 선고 86다카2949 판결에서는 임금 및 퇴직금채권자로서 배당기일에 이의가 없다고 진술까지 한 경우에도 부당이득반환청구권을 인정하고 있습니다.

다. 따라서 원심 판결은 위와 같이 배당요구는 하였으나 배당이의를 하지 못한 주택임대차보호법상 우선채권자의 부당이득반환청구에 관한 법리를 오해하여 대법원판례와 상반되는 판단을 함으로써 판결에 영향을 미친 잘못이 있으므로 파기됨이 마땅합니다.

2. 상고이유 제2점

원심 판결은 채증법칙 위배로 인한 사실 오인과 심리미진의 잘못으로 판결에 영향을 미친 잘못이 있습니다.

가. 원심은 "원고가 19○○ .6. 19. 이 사건 주택의 소재지인 ○○시 ○○구 ○○길 ○○에 주민등록전입신고를 마친 사실은 앞서 인정한 바와 같으나, 피고가 소외 ◆◆◆로부터 위 임차하였다는 원고의 주장사실에 부합하는 갑 제1호증(전세계약서), 갑 제2호증(임대차보증금 영수증), 갑 제6호증(원고와 소외 ◆◆◆ 사이의 임대차보증금에 관한 조정결정), 갑 제7호증(인근주민들의 거주확인서)의 각 기재는, 위 현황 조사당시 소외 ◆◆◆의 처 소외 ◎◎◎ 등이 원고가 소외 ◆◆◆와 임대차계약을 체결한 것은 아니라고 진술하고 있는 점, 원고가 당심에 이르기까지 위 현황조사 당시 실제로 신혼여행을 가는 바람에 위 임차목적물에 부재중이었음을 인정할 만한 증거를 제출하지 못하고 있는 점, 원고가 위 경매절차에서 이 사건 주택의 임차인이라고 주장하면서 위 임대차보증금에 관하여 배당요구를 하였음에도 적법한 소환을 받은 뒤 정작 그 배당기일에는 출석하지 않음으로써 정당한 임차인이었다면 마땅히 행사하였을 배당이의 등에 관한 권리를 전혀 행사하지 아니한 점 등에 비추어 선뜻 믿기 어렵고, 달리 이를 인정할 증거가 없으므로 원고의 주장은 어느 모로 보나 이유 없다." 라고 하고 있습니다.

나. 그러나 원고는 이 사건 임차목적물의 임대인인 소외 ◆◆◆와 아무런 친인척관계가 없는 사이입니다. 그리고 원고는 이 사건 임대차보증금에 관하여 소외 ◆◆◆를 상대로 소송을 제기하여 조정에 갈음하는 결정을 받은 증거(갑 제6호증), 19○○. 6. 10. 이 사건 임대차계약을 체결하고 같은 달 14일 입주한 뒤 같은 달 19일 주민등록전입신고를 마치고 계속 이 사건 임차목적물에 거주한 사실을 입증하는 증거 (갑 제3호증의 1, 2(주민등록등본 및 등본주소변경)와 같이 원고의 주장사실을 입증하는 객관적으로 명백한 증거가 있습니다

그 뿐만 아니라 원고와 결코 이해관계를 같이 한다고 볼 수 없는 이 사건 임차목적물(다가구 주택임)의 세입자 10가구 중 5가구의 사실확인서(갑 제7호증)도 증거로 제출한 바 있습니다. 위 확인서의 서명날인한 사람 중 ■■■는 갑 제5호증(배당표)에 기재된 바와 같이 이 사건 배당절차에서 배당을 받은 임차인으로서 원고와의 이해관계를 고려해볼 때 허위로 원고를 임차인이라고 사실확인을 해줄 사람이 결코 아닙니다.

다. 원고는 위 증거 외에도 증인 등 추가 입증방법이 있었음에도 불구하고 제1심 소송절차에서 위와 같은 증거만으로도 충분하고 추가 입증의 필요성은 없다고 하여 더 이상 입증을 하지 않았습니다.

그리고 제1심에서 원고가 승소한 뒤 제1심 공동피고 ◆◆◆는 항소를 포기하고 피고(◇◇◇)만 항소를 제기하였는데, 피고는 항소를 제기한 뒤 항소이유서를 제출하지 않아 재판이 계속 공전되었습니다. 그러는 동안 피고는 재판외에서 원고에게 피고 ◆◆◆가 허위채권으로 이 사건 법원 배당금을 받아 갔으니 원고는 물론 피고 자신도 피해자라고 할 수 있다며 위 피고 ◆◆◆로부터 돈을 받아 낼 수 있도록 공동으로 노력하자는 등의 제의를 하였으며, 피고가 뒤늦게 항소심 법원에 제출한 항소이유서에서도 원고가 적법한 임차인이 아니라는 취지로 다투는 내용도 없었고 항소취지도 명확하지 않았을 뿐만 아니라 아무런 추가 입증도 하지 않았으므로 피고가 항소이유서를 진술한 당일 재판이 결심되었던 것입니다.

당시 원고 입장에서는 항소인인 피고가 추가 입증이나 주장은 커녕 항소이유조차 명확히 밝히지 못하였고 법원에서도 원고에게 적법한 임차인인 사실에 대한 추가 입증을 촉구하거나 이에 대해 언급한 사실도 없었기 때문에 결심에 이의가 없었던 것입니다.

라. 원심은 판결이유에서 원고가 경매법원의 조사기간 중 신혼여행

을 가는 바람에 이 사건 임차목적물에 부재중이었음을 인정할 만한 증거를 제출하지 못하고 있는 점이나 배당기일에 출석하지 않은 사실 등을 문제삼고 있으나 원고는 당시 신혼여행을 간 사실을 입증하지 못한 것이 아니라 다른 증거에 의하여 임차인인 사실이 명백하게 입증되므로 굳이 신혼여행 간 사실에 대한 증거까지 제출할 필요성을 느끼지 못해 입증을 하지 않았던 것이고, 배당기일에 불출석한 것은 당시 원고가 직장에 급한 사정이 생겨 부득이 배당기일에 불출석한 것으로서 원고로서는 자신이 배당에서 누락될 것을 예상하지 못했기 때문에 자신이 불참하더라도 법원에서 잘 알아서 배당해줄 것으로 믿고 있었습니다. 또한 적법한 임차인이라 하더라도 부득이한 사유로 배당기일에 불참하는 사례는 종종 있으므로 배당기일에 불참하였다고 적법한 임차인이 아니라고 보는 경험칙은 없다 할 것입니다.

마. 위와 같이 원심 판결은 채증법칙 위반 및 심리미진으로 인한 사실오인의 잘못이 있다 할 것인 바, 원심은 상고이유 제1점과 같은 법리 오해의 관점을 전제로 하였기 때문에 위와 같은 심리미진 등의 잘못을 범한 것으로 보이므로 위 채증법칙위반 및 심리미진의 잘못도 위 법리오해의 잘못과 연계하여 상고이유로 채택됨이 마땅하다 사료됩니다.

3. 이상의 이유로 상고하였으니 상고이유를 면밀히 검토하시어 원심판결을 파기하여 주시기 바랍니다.

첨부 : 대법원 판례 3부

2000. ○○. ○○.
위 원고(상고인) ○○○ (서명 또는 날인)

대법원 제○부(○) 귀중

□ **답변서(어음금)**

답 변 서

사건   20○○다○○○ 어음금
원고(피상고인) ○○○
피고(상 고 인) ◇◇◇

  위 사건에 관하여 원고(피상고인)는 아래와 같이 상고이유에 대한 답변을 제출합니다.

- 아   래 -

상고취지에 대한 답변

1. 피고의 상고를 기각한다.
2. 상고비용은 피고의 부담으로 한다.
라는 판결을 구합니다.

상고이유에 대한 답변

1. 상고이유 제1점(약속어음의 무효)에 대하여
  피고는 이 사건 약속어음이 발행일 기재가 없어 무효의 어음이라고 주장하나, 이 사건 약속어음에는 발행일이 20○○. ○. ○.로 기재되어 있으므로 발행일 누락을 전제로 한 피고의 무효주장은 일고의 가치도 없는 주장입니다.
  이 사건 약속어음은 발행일 기재 위에 지급지 관련 기재가 겹쳐 그 사본으로 볼 때는 발행일이 명확하게 드러나지 않고 희미하게 보이는 정도이나, 원본에는 발행일 기재가 식별이 가능한 정도로 나타나 있습니다.
  따라서 원심판결에서 이 사건 약속어음의 발행일을 20○○. ○. ○.로 인정하였던 것입니다.

2. 상고이유 제2점(원고의 악의)에 대하여

　가. 피고의 상고이유 제2점을 보면 이 사건 약속어음에 피고를 대리하여 배서한 제1심 공동피고 ◆◆◆의 대리행위가 무권대리행위이고, 원고도 그런 사실을 잘 알고 있었으므로 악의의 원고를 보호해줄 이유가 없다는 내용으로서 그 취지가 다소 불분명하나, 제1심 공동피고 ◆◆◆에 의한 피고명의 배서를 적법한 대리권에 기한 것으로 인정한 원심판결이 부당하다는 취지로 일응 해석됩니다.

　나. 그런데 제1심 공동피고 ◆◆◆에게 피고를 대리하여 이 사건 약속어음에 배서할 적법한 권한이 있었는지 여부는 사실인정의 문제이므로 상고이유가 될 수 없을 뿐만 아니라, 원심의 사실인정에는 채증법칙위배의 잘못도 전혀 없습니다.

3. 상고이유 제3점(표현대리 문제) 및 제4점(사용자 책임문제)에 대하여
피고는 이 사건 약속어음의 배서와 관련하여 표현대리 책임이나 사용자책임이 없다는 취지의 주장을 하고 있는바, 원심은 피고에게 표현대리책임이나 사용자책임을 인정한 사실이 없으므로 피고의 위 주장은 상고이유가 될 수 없습니다.

4. 위와 같이 피고의 상고이유는 모두 이유 없으므로 기각됨이 마땅합니다.

첨 부 서 류

　1. 답변서부본　　　　　　6통

2000.　　○○.　　○○.

위 원고(피상고인) ○○○ (서명 또는 날인)

대법원 제○부(○)　귀중

□ 상고취하서

```
                    상   고   취   하   서

   사          건   20○○다○○○○  대여금
   상 고 인(원고)   ○○○
   피상고인(피고)   ◇◇◇


      위 사건에 관하여 상고인(원고)은 상고인(원고)이 제기한 상고를 모
   두 취하합니다.

                          20○○.   ○○.   ○○.
                          위 상고인(원고) ○○○ (서명 또는 날인)


   대법원 제○부(○)  귀중
```

[관련판례 1]

상고인 자신이 상고취하서에 그 인장을 날인하여 소외인에게 교부하였다면 위 상고취하서가 그 제출에 관하여 위 소외인과의 사이에 이루어진 약속이 이행되지 않은 채 제출되었다 하더라도 이를 상고인의 의사에 반하여 제출된 것이라고는 할 수 없다(대법원 1970. 10. 23. 선고 69다2046 판결).

[관련판례 2]

민법상의 법률행위에 관한 규정은 특별한 사정이 없는 한 민사소송법상의 소송행위에는 그 적용이 없으므로, 소송행위에 조건을 붙일 수 없고, 상고를 취하하는 소송행위가 정당한 당사자에 의하여 이루어진 이상 기망을 이유로 이를 취소할 수 없으며, 적법하게 제출된 상고취하의 서면을 임의로 철회할 수도 없다(대법원 2007. 6. 15. 선고 2007다2848 판결).

3. 소송목적의 값 산정

① 상고장에 첨부할 인지액은 상고로써 불복하는 범위의 소송목적의 값 (이하 "소가"라 함)을 기준으로 산정하므로, 전부 불복인 경우는 제1 심 소가와 같고, 일부 불복인 경우에는 불복하는 부분에 대해 소가 를 산정하면 됩니다(민사소송 등 인지규칙 제25조 및 제2조제3항).

② 확인소송의 소가는 확인할 물건 및 권리의 종류에 따라 산정된 금액 입니다(민사소송 등 인지규칙 제12조제1호). 예를 들어 유가증권의 채무부존재 확인소송의 경우 소가는 유가증권의 액면금액이 됩니다.

③ 일부승소 또는 일부패소로 상고를 제기하는 경우의 소가 산정방법
  - 제2심에서 원고가 3,000만원을 청구했는데 1,000만원만을 인정받 은 경우 상고심에서 불복하는 금액인 2,000만원이 소가가 됩니다.
  - 제2심에서 피고가 일부 패소해 2,000만원을 원고에게 주어야 하는 경우, 피고가 2,000만원에 대해 상고를 제기한 경우 이 금 액이 소가가 됩니다. 전부 패소한 경우에는 원고가 청구한 총 금액이 소가가 됩니다.

4. 인지액 산정방법

① 상고 시 인지액은 다음의 1심 소가에 따른 인지액에 2배에 해당하 는 금액으로 합니다(민사소송 등 인지법 제2조제1항 및 제3조).

소 가	인 지 대
소가 1천만원 미만	소가 × 50 / 10,000
소가 1천만원 이상 1억원 미만	소가 × 45 / 10,000 + 5,000
소가 1억원 이상 10억원 미만	소가×40 / 10,000 + 55,000
소가 10억원 이상	소가×35 / 10,000 + 555,000

② 상고 시 인지액이 1천원 미만이면 그 인지액은 1천원으로 하고, 1 천원 이상이면 100원 미만은 계산하지 않습니다(민사소송 등 인지 법 제2조제2항).

- 위 사안의 경우 소가가 3,000만원 이므로,

  {(30,000,000× 45 / 10,000) + 5,000}× 2 = 280,000원이

  인지액이 됩니다.

5. 인지액의 납부방법

5-1. 현금납부

① 소장에 첨부하거나 보정해야 할 인지액(이미 납부한 인지액이 있는
경우에는 그 합산액)이 1만원 이상인 경우에는 그 인지의 첨부 또
는 보정에 갈음해 인지액 상당의 금액 전액을 현금으로 납부해야
합니다(민사소송 등 인지규칙 제27조제1항).

② 인지액 상당 금액을 현금으로 납부할 경우에는 송달료 수납은행에
내야 합니다(민사소송 등 인지규칙 제28조).

5-2. 신용카드납부

① 신청인은 인지액 상당의 금액을 현금으로 납부할 수 있는 경우 이
를 수납은행 또는 인지납부대행기관의 인터넷 홈페이지에서 인지납
부대행기관을 통해 신용카드·직불카드 등(이하 "신용카드등"이라 한
다)으로도 납부할 수 있습니다(민사소송 등 인지규칙 제28조의2 제
1항).

② '인지납부대행기관'이란 정보통신망을 이용해 신용카드등에 의한 결
제를 수행하는 기관으로서 인지납부대행기관으로 지정받은 자를 말
합니다(민사소송 등 인지규칙 제28조의2 제2항).

③ 인지납부대행기관은 신청인으로부터 인지납부 대행용역의 대가로 납
부대행수수료를 받을 수 있고, 납부대행수수료는 전액 소송비용으로
봅니다(민사소송 등 인지규칙 제28조의2 제4항 및 제5항).

5-3. 인지납부일

① 인지액 상당의 금액을 신용카드등으로 납부하는 경우에는 인지납부 대행기관의 승인일을 인지납부일로 봅니다(민사소송 등 인지규칙 제 28조의2 제3항).

② 신청인은 수납은행이나 인지납부대행기관으로부터 교부받거나 출력 한 영수필확인서를 소장에 첨부하여 법원에 제출해야 합니다(민사소 송 등 인지규칙 제29조제2항).

6. 송달료 납부

민사상고사건의 송달료는 1회 송달료 × 당사자수 × 8회분입니다 (송달료규칙의 시행에 따른 업무처리요령 별표 1).

7. 상고장부본

상고장 제출 시 송달에 필요한 수의 부본을 함께 제출해야 합니다 (민사소송규칙 제48조 제1항 및 제135조).

Section 4. 항고 및 재항고(결정 · 명령 불복절차)는 어떻게 진행하나요?

[1] 항고의 종류

1. 최초의 항고 및 재항고

① '최초의 항고'란 소송절차에 관한 신청을 기각한 결정이나 명령에 대해 처음으로 하는 항고를 말합니다(민사소송법 제439조).

② '재항고'란 최초의 항고에 대한 항고법원·고등법원 또는 항소법원의 결정 및 명령에 대해 재판에 영향을 미친 헌법·법률·명령 또는 규칙의 위반을 이유로 드는 항고를 말합니다(민사소송법 제442조).

2. 즉시항고

'즉시항고'란 고지된 날부터 1주일 이내에 제기해야 하는 항고를 말합니다(민사소송법 제444조).

3. 준항고 및 특별항고

① '준항고'란 수명법관 또는 수탁판사의 재판에 대해 불복이 있는 당사자가 수소법원에 신청하는 이의를 말합니다(민사소송법 제441조 제1항).

② '특별항고'란 불복신청을 할 수 없는 결정·명령이 다음에 해당하는 경우 대법원에 하는 항고를 말합니다(민사소송법 제449조제1항).
   1. 재판에 영향을 미친 헌법위반이 있는 경우
   2. 재판의 전제가 된 명령·규칙·처분의 헌법 또는 법률의 위반 여부에 대한 판단이 부당한 경우

[2] 항고 절차

1. 항고 제기

① 항고는 항고장에 다음의 사항을 적어 원심법원에 제출하면 제기 됩니다(민사소송법 제397조, 제443조 및 제445조).

1. 항고인과 법정대리인

2. 항고 대상이 되는 결정 또는 명령의 취지

② 즉시항고가 제기되면 항고의 대상이 된 결정이나 명령의 집행이 정지됩니다(민사소송법 제447조).

2. 관할

① 항고사건을 심판하는 법원은 다음과 같습니다(법원조직법 제28조 본문, 제32조제2항 및 민사 및 가사소송의 사물관할에 관한 규칙 제4조).

구 분	내 용
고등법원	1. 지방법원 합의부, 가정법원 합의부, 회생법원 합의부 또는 행정법원의 제1심 결정·명령에 대한 항고사건 2. 지방법원단독판사, 가정법원단독판사의 제1심 결정·명령에 대한 항고사건으로서 형사사건을 제외한 사건 중 다음에 해당하는 사건(다만, 민사 및 가사소송의 사물관할에 관한 규칙 제2조에 해당하는 사건은 제외) ① 소송목적의 값이 소제기 당시 또는 청구취지 확장(변론의 병합 포함) 당시 2억원을 초과한 민사소송사건 ② 위①의 사건을 본안으로 하는 민사신청사건 및 이에 부수하는 신청사건(가압류, 다툼의 대상에 관한 가처분 신청사건 및 이에 부수하는 신청사건은 제외) 3. 다른 법률에 따라 고등법원의 권한에 속하는 사건
지방법원 본원 합의부 및 춘천지방법원 강릉지원 합의부	지방법원단독판사의 결정·명령에 대한 항소 또는 항고사건 중 위 2.에 해당하지 않는 사건

② 재항고사건 및 특별항고사건

항고법원·고등법원 또는 항소법원·특허법원의 결정·명령에 대한 재항고사건 및 특별항고사건은 대법원에서 심사합니다(민사소송법 제449조제1항 및 법원조직법 제14조제2호).).

3. 원심재판장의 항고장 심사

① 다음의 경우 원심재판장은 항고인에게 상당한 기간을 정해 그 기간 이내에 흠을 보정하도록 명해야 합니다(민사소송법 제399조제1항 및 제443조 제1항).

- 항고장에 ㉮ 당사자와 법정대리인, ㉯ 항고 대상이 된 결정 또는 명령의 표시와 그에 대한 항고의 취지가 제대로 기재되어 있지 않은 경우

- 항고장에 법률의 규정에 따른 인지를 붙이지 않은 경우

② 원심재판장의 각하명령

- 다음의 경우 원심재판장은 항고장을 각하합니다(민사소송법 제399조 제2항 및 제443조 제1항).

1. 보정기간 내에 보정을 하지 않은 경우

2. 항고기간을 넘겨 항고를 제기한 경우

- 원심재판장의 항고각하명령에 대해서는 즉시항고를 할 수 있습니다(「민사소송법」 제399조제3항 및 제443조제1항).

4. 항고기록의 송부

① 원심재판장 등의 보정명령이 있는 경우에는 당사자가 보정을 한 날부터 1주 이내에 항고기록을 보내야 합니다(민사소송법 제400조 제2항).

② 특별항고가 제기된 경우 원심법원은 항고기록을 대법원으로 보내야 합니다(민사소송법 제400조 제1항, 제445조 및 제449조 제1항).

③ 항고기록을 송부받은 항고법원의 법원사무관 등은 바로 그 사유를 당사자에게 통지해야 합니다(민사소송법 제400조제3항 및 제443조 제1항).

④ 항고기록의 접수통지는 그 사유를 적은 서면을 당사자에게 송달하는 방법으로 합니다(민사소송법 제443조제1항 및 민사소송규칙 제127조제3항).

③ 전자소송에서 심급사이 또는 이송결정에 따른 전자기록 송부는 전자적 방법으로 합니다. 다만, 전자문서가 아닌 형태로 제출되어 별도로 보관하는 기록 또는 문서는 그 자체를 송부합니다(민사소송 등에서의 전자문서 이용 등에 관한 규칙 제40조제1항 및 제20조제1항).

5. 항고이유서 제출

① 항고장에 항고이유를 적지 않은 항소인은 「민사소송법」 제400조제3항의 통지를 받은 날부터 40일 이내에 항고이유서를 항고법원에 제출해야 합니다(민사소송법 제402조의2제1항 및 제443조제1항).

② 항고법원은 항고인의 신청에 따른 결정으로 항고이유서 제출기간을 1회에 한해 1개월 연장할 수 있습니다(민사소송법 제402조의2제2항 및 제443조제1항).

③ 항고인이 항고이유서 제출기간(연장된 경우 그 연장된 기간) 내에 항고이유서를 제출하지 않은 때에는 항고법원은 결정으로 항고를 각하해야 합니다(직권으로 조사해야 할 사유가 있거나 항고장에 항고이유가 기재되어 있는 경우 제외)(민사소송법 제402조의3제1항 및 제443조제1항).

④ 항고법원의 항고각하결정에 대해서는 즉시항고를 할 수 있습니다(민사소송법 제402조의3제2항 및 제443조제1항).

6. 심리

① 항고심의 소송절차는 특별한 규정이 없으면 항소심 소송절차에 준해 진행됩니다(민사소송법 제443조 제1항).

② 범위

심리는 불복의 한도 안에서 이루어 집니다(민사소송법 제407조 제1항 및 제443조 제1항).

③ 변론을 열 것인지 여부 결정

- 결정으로 완결할 사건에 대해서는 법원이 변론을 열 것인지 아닌지를 정합니다(민사소송법 제134조 제1항 단서).
- 법원은 변론을 열지 않더라도 당사자와 이해관계인, 그 밖의 참고인을 심문할 수 있습니다(민사소송법 제134조 제2항).

7. 항고심 종결

① 항고각하

부적법한 항고로서 흠을 보정할 수 없으면 변론 없이 결정으로 항고는 각하됩니다(민사소송법 제413조 및 제443조제1항).

② 항고기각

항고법원이 다음과 같이 판단하면 항고는 기각됩니다(민사소송법 제414조 및 제443조 제1항).

1. 항고 대상이 된 결정 또는 명령이 정당하다고 인정한 경우
2. 항고 대상이 된 결정 또는 명령의 이유가 정당하지 않더라도 다른 이유에 따라 그 결정이 정당하다고 인정되는 경우

③ 항고인용

원심법원이 항고에 정당한 이유가 있다고 인정하는 경우에는 그 결정·명령을 경정해야 합니다(민사소송법 제446조).

[3] 재항고 절차

재항고는 최초의 항고에 대한 항고법원·고등법원 또는 항소법원의 결정 및 명령에 대한 항고로서 상고심 소송절차에 준해 진행됩니다(민사소송법 제442조 및 제443조제2항).

[관련판례]

소장 또는 상소장에 관한 재판장 또는 원심 재판장의 인지보정명령은 「민사소송법」에서 일반적으로 항고의 대상으로 삼고 있는 같은 법 제409조 소정의 '소송절차에 관한 신청을 기각하는 결정이나 명령'에 해당하지 아니하고 또 이에 대하여 불복할 수 있는 특별규정도 없으므로 인지보정명령에 대하여는 독립하여 이의신청이나 항고를 할 수 없고 다만 보정명령에 따른 인지를 보정하지 아니하여 소장이나 상소장이 각하되면 이 각하명령에 대하여 즉시항고로써 다툴 수밖에 없다(대법원 1987.2.4. 자 86그157 결정).

[4] 항고장 작성예시

1. 항고장 작성방법

□ 항고장 양식

항 고 장

항고인 (성 명)

　　　　(주 소)

　　　　(연락 가능한 전화번호)

　　　　법원　　　　　사건에 관하여 동 법원이 20 ． ． ． 기
각(각하)결정을 하였으나 이에 불복하므로 항고를 제기합니다.

원결정의 표시

항 고 취 지

항 고 이 유

1.

1.

20 ．　．　．

　　항고인　　　　　　　(서명 또는 날인)

법원 귀중

◇ 유의 사항 ◇

연락 가능한 전화번호에 언제든지 연락 가능한 전화번호나 휴대전화
번호를 기재하고, 그 밖에 팩스번호, 이메일 주소 등이 있으면 함께 기
재하기 바랍니다.

---

2. 인지첩부

항고 시 인지액은 다음과 같습니다(민사소송 등 인지법 제11조, 제9조 및 제10조).

- 채권자가 하는 파산신청, 회생절차개시신청, 간이회생절차개시신청, 개인회생절차개시신청에 대한 항고 : 60,000원
- 가압류·가처분신청이나 가압류·가처분 결정에 대한 이의 또는 취소신청에 대한 항고 : 20,000원
- 부동산의 강제경매신청, 담보권 실행을 위한 경매신청, 그 밖에 법원에 의한 경매신청에 대한 항고 : 10,000원
- 강제관리신청이나 강제관리 방법으로 하는 가압류집행신청에 대한 항고 : 10,000원
- 채권압류명령신청, 그 밖에 법원에 의한 강제집행신청에 대한 항고 : 4,000원
- 집행정지신청, 가처분명령신청, 그 밖에 등기 또는 등록에 관한 가등기 또는 가등록의 가처분명령신청에 대한 항고 : 4,000원
- 즉시항고로 불복을 신청할 수 있는 결정 또는 명령이 확정된 경우에 하는 준재심 신청에 대한 항고 : 4,000원
- 공시최고(公示催告)신청, 비송사건신청, 재산명시신청이나 채무불이행자명부 등재신청 또는 그 말소신청에 대한 항고 : 2,000원
- 이외의 각종 신청에 대한 항고 : 1,000원
- 그 외의 항고 : 2,000원

3. 인지액의 납부방법

① 현금납부
- 소장에 첩부하거나 보정해야 할 인지액(이미 납부한 인지액이 있는 경우에는 그 합산액)이 1만원 이상인 경우에는 그 인지의 첩부 또는 보정에 갈음해 인지액 상당의 금액 전액을 현금으로 납부해야 합니다(민사소송 등 인지규칙 제27조제1항).

- 인지액 상당 금액을 현금으로 납부할 경우에는 송달료 수납은행에 내야 합니다(민사소송 등 인지규칙 제28조).

② 신용카드납부

- 신청인은 인지액 상당의 금액을 현금으로 납부할 수 있는 경우 이를 수납은행 또는 인지납부대행기관의 인터넷 홈페이지에서 인지납부대행기관을 통해 신용카드·직불카드 등(이하 "신용카드 등"이라 함)으로도 납부할 수 있습니다(민사소송 등 인지규칙 제28조의2제1항).

  ※ "인지납부대행기관"이란 정보통신망을 이용해 신용카드등에 따른 결제를 수행하는 기관으로서 인지납부대행기관으로 지정받은 자를 말합니다(민사 소송 등 인지규칙 제28조의2제2항).

  ※ 인지납부대행기관은 신청인으로부터 인지납부 대행용역의 대가로 납부대행수수료를 받을 수 있고, 납부대행수수료는 전액 소송비용으로 봅니다(민사소송 등 인지규칙 제28조의2제4항 및 제5항).

③ 인지납부일

인지액 상당의 금액을 신용카드등으로 납부하는 경우에는 인지납부대행기관의 승인일을 인지납부일로 봅니다(민사소송 등 인지규칙 제28조의2제3항).

④ 신청인은 수납은행이나 인지납부대행기관으로부터 교부받거나 출력한 영수필확인서를 소장에 첨부해 법원에 제출해야 합니다(민사소송 등 인지규칙 제29조제2항).

4. 송달료 납부

민사항고사건의 송달료는 1회 송달료 × 당사자수 × 5회분입니다(송달료규칙의 시행에 따른 업무처리요령 별표 1).

5. 즉시항고장 작성례

□ 즉시항고장(부동산인도명령에 대한)

즉 시 항 고 장

항고인(피신청인) ○○○(주민등록번호)

　　　　　　　　○○시 ○○구 ○○길 ○○(우편번호)

　　　　　　　　전화·휴대폰번호:

　　　　　　　　팩스번호, 전자우편(e-mail)주소:

피항고인(신청인) ◇◇◇(주민등록번호)

　　　　　　　　○○시 ○○구 ○○길 ○○(우편번호)

　　　　　　　　전화·휴대폰번호:

　　　　　　　　팩스번호, 전자우편(e-mail)주소:

　　위 당사자 사이의 ○○지방법원 20○○타기○○○호 부동산인도명령에 대하여 항고인은 불복하므로 즉시 항고합니다.

원재판의 표시

1. 피신청인은 신청인에게 별지목록 기재 부동산을 인도하라.

항 고 취 지

원 결정을 취소하고 다시 상당한 재판을 구합니다.

항 고 이 유

1. 신청인은 ○○지방법원 20○○타경○○○호 부동산담보권실행을 위한 경매사건에서 별지목록 기재 부동산을 매수하여 그 정당한 소유자임에 틀림없으나, 항고인이 점유하고 있는 건물은 지번은 동일하지만 경매에서 제외된 부동산으로 현재 미등기인 상태이기 때문에

신청인이 매수한 물건이 아닙니다.

2. 따라서 항고인은 신청인으로부터 인도명령을 받을 아무런 이유가 없으므로 이에 불복하여 항고합니다.

입 증 방 법

1. 갑제 1호증의 1   경매된 벽돌조 슬라브지붕 단층주택 사진
1. 갑제 1호증의 2   경매된 목조기와지붕단층주택 사진
1. 갑제 1호증의 3   항고인이 현재 거주하고 있는 주택 사진

첨 부 서 류

1. 위 입증방법   각 1통
1. 항고장부본   1통
1. 송달료납부서   1통

20○○.   ○.   ○.

위 항고인 ○○○ (서명 또는 날인)

○○지방법원 귀중

□ **매각허가결정에 대한 즉시항고장**

항 고 장

항고인(채무자 겸 소유자) ○○○(주민등록번호)

○○시 ○○구 ○○길 ○○(우편번호)

전화·휴대폰번호:

팩스번호, 전자우편(e-mail)주소:

귀원 20○○타경○○○호 부동산강제경매사건에 관하여, 항고인(채무자 겸 소유자)은 귀원이 20○○. ○. ○.에 선고·고지한 별지목록 기재 부동산에 대한 매각허가결정에 대하여 불복하고 즉시항고를 제기합니다.

원결정의 표시

최고가매수신고인 ■■■
매각가격 : 금 ○○○○원
별지목록 기재의 부동산에 대하여 최고가로 매수신고한 위 사람에게 매각을 허가한다.

항 고 취 지

원심법원이 별지목록 기재 부동산에 대하여 20○○. ○. ○.에 한 매각허가결정은
이를 취소한다.
라는 재판을 구합니다.

항 고 이 유

원심에서 항고인은 이 사건 채권자의 경매신청의 원인이 된 집행권원인 ○○지방법원 20○○가합○○○호 집행력 있는 판결정본에 기초한 강제집행은 ○○지방법원 20○○가합○○○○호 청구이의 소의 사건의 판결선고시까지 이를 정지한다는 내용의 ○○지방법원 20○○카기○○○호 집행정지결정을 이 사건 매각허가결정고지 전에 제출하였음에도 이 집행정지결정을 간과한 채 매각허가결정을 한 것은 위법이므로 이 사건 항고에 이르렀습니다.

첨 부 서 류

1. 부동산목록   5통

1. 항고보증공탁서사본   1통
1. 강제집행정지결정문사본   1통
1. 송달료납부서   1통

2000. O. O.
위 항고인(채무자 겸 소유자) OOO (서명 또는 날인)

○○지방법원 귀중

[별 지]

부동산의 표시

1. ○○ 시 ○○구 ○○동 ○○ 대 ○○○○㎡
2. 위 지상 벽돌조 평슬래브 지붕 2층 근린생활시설
   1층 ○○○㎡
   2층 ○○○㎡
   3층 ○○○㎡
   지층 ○○○㎡. 끝.

Section 5. 재심은 어떻게 진행되나요?

※ 재심 청구 사유

[질문] 채권자 A는 채무자 B로부터 빌려준 돈을 받지 못해 대여금 청구소송을 제기했습니다. 그런데 채무자인 B가 이미 변제를 했다면서 채권자 A의 인감도장이 찍힌 영수증을 증거자료로 제출해 A는 패소를 했습니다. A는 이 영수증이 변조된 것임을 알고 고소하였으나 공소시효가 완성되었다는 이유로 불기소결정을 고지 받았습니다. 이에 A는 재심청구를 하려고 하는데 가능할까요?

[답변] 네, 판결이 확정된 뒤 아직 5년이 지나지 않은 경우라면 재심청구를 할 수 있습니다.

판례는 "판결의 증거가 된 문서가 위조된 것이 분명하고 공소시효의 완성으로 범인이 유죄판결을 받을 수 없게 되었다면, 그 변조 행위의 범인이 구체적으로 특정되지 않았다 하더라도 재심사유인 '증거부족 외의 이유로 유죄의 확정판결을 할 수 없을 때'에 해당한다"고 보아 재심을 인정하고 있습니다.

〈대법원 2006. 10. 12. 선고 2005다72508 판결〉

[1] 개념

① '재심'이란 통상의 방법으로는 상소를 할 수 없게 된 확정판결에 중대한 오류가 있을 경우 당사자의 청구에 의해 그 판결의 당부를 다시 재심하는 절차를 말합니다.

② '준재심'이란 변론조서·변론준비기일조서(「민사소송법」 제220조) 또는 즉시항고로 불복할 수 있는 결정이나 명령이 확정된 경우 재심사유가 있을 때 재심소송에 준해 재심을 제기하는 것을 말합니다(「민사소송법」 제461조).

[2] 재심 절차

1. 재심 제기

① 재심은 재심소장에 다음의 사항을 적어 재심을 제기할 판결을 한 법원에 제출하면 제기됩니다(민사소송법 제453조 제1항 및 제458조).

    1. 당사자와 법정대리인

    2. 재심할 판결의 표시와 그 판결에 대해 재심을 청구하는 취지

    3. 재심의 이유

② 첨부서류

    재심소장에는 재심의 대상이 되는 판결 사본을 붙여야 합니다(민사소송규칙 제139조).

2. 관할

① 심급을 달리하는 법원이 같은 사건에 대해 내린 판결에 대한 재심은 상급법원이 관할합니다(민사소송법 제453조제2항 본문).

② 다만, 항소심판결과 상고심판결에 각각 독립된 재심사유가 있는 경우에는 그렇지 않습니다(민사소송법 제453조제2항 단서).

3. 재심제기기간

① 재심 소송은 당사자가 판결이 확정된 뒤 재심사유를 안 날부터 30일 이내에 제기해야 합니다(민사소송법 제456조제1항).

② 판결이 확정된 뒤 5년이 지난 때에는 재심 소송을 제기하지 못합니다(민사소송법 제456조제3항).

③ 판결이 확정된 뒤에 재심 사유가 생긴 경우 5년의 기간 산정은 그 사유가 발생한 날부터 계산합니다(민사소송법 제456조제4항).

④ 다음의 경우에는 재심을 제기하는 기간의 제한을 받지 않습니다(민사소송법 제457조).

1. 대리권에 흠이 있는 것을 이유로 재심을 신청하는 경우

2. 재심을 제기할 판결이 전에 선고한 확정판결에 어긋나는 경우

4. 재심사유

① 다음 중 어느 하나에 해당하면 확정된 종국판결에 대해 재심소송을 제기할 수 있습니다. 다만, 당사자가 상소로 그 사유를 주장했거나, 이를 알고도 주장하지 않은 경우에는 그렇지 않습니다(민사소송법 제451조제1항 및 제2항).

1. 법률에 따라 판결법원을 구성하지 않은 경우

2. 법률상 그 재판에 관여할 수 없는 법관이 관여한 경우

3. 법정대리권·소송대리권 또는 대리인이 소송행위를 하는 데에 필요한 권한의 수여에 흠이 있는 경우(보정된 당사자나 법정대리인이 이를 추인한 경우 제외)

4. 재판에 관여한 법관이 그 사건에 관해 직무에 관한 죄를 범한 경우 : 법관이 이로 인해 유죄 판결이나 과태료부과가 확정된 경우 또는 증거부족 외의 이유로 유죄의 확정판결이나 과태료부과의 확정재판을 할 수 없을 경우에 한합니다.

5. 형사상 처벌을 받을 다른 사람의 행위로 자백을 했거나 판결에 영향을 미칠 공격 또는 방어방법의 제출에 방해를 받은 경우 : 자백을 한 다른 사람이 이로 인해 유죄 판결이나 과태료부과가 확정된 경우 또는 증거부족 외의 이유로 유죄의 확정판결이나 과태료부과의 확정재판을 할 수 없을 경우에 한합니다.

6. 판결의 증거가 된 문서, 그 밖의 물건이 위조되거나 변조된 것인 경우 : 위조 또는 변조한 사람이 이로 인해 유죄 판결이나 과태료부과가 확정된 경우 또는 증거부족 외의 이유로 유죄의 확정판결이나 과태료부과의 확정 재판을 할 수 없을 경우에 한합니다.

7. 증인·감정인·통역인의 거짓 진술 또는 당사자신문에 따른 당사자나 법정대리인의 거짓 진술이 판결의 증거가 된 경우: 거짓진술을 한 사람이 이로 인해 유죄 판결이나 과태료부과가 확정된 경우 또는 증거부족 외의 이유로 유죄의 확정판결이나 과태료부과의 확정재판을 할 수 없을 경우에 한합니다.

8. 판결의 기초가 된 민사나 형사 판결, 그 밖의 재판 또는 행정처분이 다른 재판이나 행정처분에 따라 바뀐 경우

9. 판결에 영향을 미칠 중요한 사항에 관해 판단을 누락한 경우

10. 재심을 제기할 판결이 전에 선고한 확정판결에 어긋나는 경우

11. 당사자가 상대방의 주소 또는 거소를 알고 있었음에도 있는 곳을 잘 모른다고 하거나 주소나 거소를 거짓으로 해 소송을 제기한 경우

② 항소심에서 본안판결을 한 경우는 제1심 판결에 대해 재심소송을 제기하지 못합니다(민사소송법 제451조 제3항).

5. 심리

① 재심 변론과 재판은 재심청구이유의 범위 안에서 해야 합니다(민사소송법 제459조 제1항).

② 재심의 이유는 바꿀 수 있습니다(민사소송법 제459조 제2항).

③ 재심 소송은 제1, 2, 3심 절차 모두에서 제기할 수 있으므로 절차는 각 심급의 소송절차에 관한 규정을 준용합니다(민사소송법 제455조).

6. 재심 종결

① 중간판결
- 법원은 재심 소송이 적법한지 여부와 재심사유가 있는지 여부에 관한 심리 및 재판을 본안에 관한 심리 및 재판과 분리해 먼저

시행할 수 있습니다(민사소송법 제454조제1항).

- 법원이 재심사유가 있다고 인정한 경우 그 취지의 중간판결을 한 뒤 본안에 관해 심리·재판을 합니다(민사소송법 제454조 제2항).

② 재심인용

재심신청이 받아들여진 경우 소송은 변론종결 전의 상태로 돌아가 계속 심리하게 됩니다(민사소송규칙 제140조 참조).

③ 재심기각

재심사유가 있더라도 판결이 정당하다고 인정한 경우 법원은 재심 청구를 기각합니다(민사소송법 제460조).

[관련판례]

① 「민사소송법」 제451조 제1항 단서에 따라 당사자가 상소에 의하여 재심사 유를 주장하였다고 하기 위하여서는 단지 증거인 문서가 위조되었다는 등 제451조 제1항 각 호의 사실만 주장하는 것으로는 부족하고 재심의 대상 이 되는 상태, 즉 유죄판결이 확정되었다거나 증거부족 외의 이유로 유죄판 결을 할 수 없다는 등 같은 조 제2항의 사실도 아울러 주장하였어야 한다.

② 재심대상판결의 증거로 된 문서가 위조되었다 하여 재심원고가 위조한 사 람을 고소하여 검사가 수사한 결과 위조사실이 인정되는지 여부에 관하여 는 판단하지 아니한 채 공소시효 완성으로 인하여 공소권이 없다는 이유로 불기소처분을 한 경우 「민사소송법」 제456조 제1항의 재심의 제소기간은 문서위조 등 고소사실에 관하여 증거흠결 이외의 이유로 유죄의 확정판결 을 할 수 없다는 사실을 안 날, 즉 공소시효의 완성으로 인한 검사의 불기 소처분이 내려진 것을 안 날부터 진행한다(대법원 2006.10.12. 선고 2005다72508 판결).

[3] 재심소장 작성

1. 재심소장 양식

재 심 소 장

원고(재심피고) :
주　　소 :
우편번호 :
전화번호 :

피고(재심원고) :
주　　소 :
우편번호 :
전화번호 :

사건의 판결에 대한 재심

　재심피고를 원고, 재심원고를 피고로 하는 귀원　　　가소(단, 합)
호　　　사건에 관하여 동원이 200 ．　．　． 선고한 다음 판결에
재심사유가 있으므로 재심의 소를 제기합니다.

재심을 구하는 판결의 표시

재 심 청 구 취 지

재 심 청 구 원 인

200 　．　．　．
위 재심원고　　　　　　(인)

○○○법원　귀중

---

2. 재심소장 작성 예시

□ 재심소장(소유권이전등기)

<h2 align="center">재 심 소 장</h2>

재심원고(피고) ◇◇◇(주민등록번호)

　　　　　　　　　○○시 ○○구 ○○길 ○○(우편번호 ○○○○○)

　　　　　　　　　전화·휴대폰번호:

　　　　　　　　　팩스번호, 전자우편(e-mail)주소:

재심피고(원고) ○○○(주민등록번호)

　　　　　　　　　○○시 ○○구 ○○길 ○○(우편번호 ○○○○○)

　　　　　　　　　전화·휴대폰번호:

　　　　　　　　　팩스번호, 전자우편(e-mail)주소:

　　위 당사자간의 귀원 20○○가합○○○ 소유권이전등기청구사건에 관하여, 20○○. ○. ○. 선고하고 20○○. ○. ○○. 확정된 아래의 판결에 대하여 재심원고(피고)는 다음과 같이 재심의 소를 제기합니다.

<h3 align="center">재심을 할 판결의 표시</h3>

주문 : 피고는 원고에게 ○○시 ○○구 ○○동 ○○ 대 200㎡에 관하여 20○○. ○. ○.자 매매를 원인으로 한 소유권이전등기절차를 이행하라.

　　　소송비용은 피고의 부담으로 한다.

<h3 align="center">재 심 청 구 취 지</h3>

1. 원판결을 취소한다.

2. 원고청구를 기각한다.

3. 소송비용은 피고의 부담으로 한다.

　라는 판결을 구합니다.

재 심 청 구 원 인

1. 민사소송법 제451조 제1호에서 제11호 사유를 기재.(제11호 사유를 예로 듦)

   재심피고(원고)는 원래 소를 제기하기 이전에 재심원고(피고)와 이 사건 토지매매관계로 재심원고(피고)의 집에 여러 차례 왕래하고, 내용증명우편까지 교환하였던 관계로 재심원고(피고)의 주소를 잘 알고 있으면서도 고의로 재심원고(피고)의 주소를 허위주소로 하고, 소장을 허위주소에 송달되게 하고 소장을 위 주소지에 사는 소외 ■■■라는 사람으로 하여금 마치 재심원고(피고)인 것처럼 행세하여 재심원고(피고)의 도장을 미리 조각하여 소지하게 하고 있다가 소송서류를 소외 ■■■가 재심원고(피고)명의로 수령하게 하여 원판결을 확정되게 하였던 것입니다.

2. 재심원고(피고)는 위와 같은 사유를 20○○. ○○. ○. 우연히 법원에서 등기부등본을 열람하여본 결과 알게 되었습니다.

3. 따라서 재심원고(피고)는 민사소송법 제451조 제11호에 의하여 재심을 청구합니다.

입 증 방 법

1. 을 제1호증	판결등본
1. 을 제2호증	통고서(내용증명우편)
1. 을 제3호증	주민등록표등본
1. 을 제4호증	형사고소장

첨 부 서 류

1. 위 입증방법	각 1통
1. 재심소장부본	1통
1. 송달료납부서	1통

<pre>
                    20○○.   ○○.   ○○.
                위 재심원고(피고) ◇◇◇ (서명 또는 날인)

  ○○지방법원   귀중
</pre>

[관련판례 1]

민사소송법 제422조(현행 민사소송법 제451조) 제1항 제8호에 정하여진 재심사유인 「판결의 기초로 된 민사나 형사의 판결 기타의 재판 또는 행정처분이 다른 재판이나 행정처분에 의하여 변경된 때」라고 함은 그 확정판결에 법률적으로 구속력을 미치거나 또는 그 확정판결에서 사실인정의 자료가 된 재판이나 행정처분이 그 후 다른 재판이나 행정처분에 의하여 확정적이고 또한 소급적으로 변경된 경우를 말하는 것이고, 여기서 사실인정의 자료가 되었다고 하는 것은 그 재판이나 행정처분이 확정판결의 사실인정에 있어서 증거자료로 채택되었고 그 재판이나 행정처분의 변경이 확정판결의 사실인정에 영향을 미칠 가능성이 있는 경우를 말한다(대법원 2001. 12. 14. 선고 2000다12679 판결).

[관련판례 2]

민사소송법 제422조(현행 민사소송법 제451조) 제1항 제7호의 「증인의 허위진술 등이 판결의 증거로 된 때」라 함은 그 허위진술이 판결주문의 근거가 된 사실을 인정하는 증거로 채택되어 판결서에 구체적으로 기재되어 있는 경우를 말하므로, 증인의 진술이 증거로 채택되어 사실인정의 자료가 되지 않았다면, 그 진술이 허위이고 법관의 심증에 영향을 주었을 것으로 추측된다 하더라도 재심사유가 되지 않는다(대법원 2001. 5. 8. 선고 2001다11581 판결).

[관련판례 3]

민사소송법 제422조(현행 민사소송법 제451조) 제1항 제10호 소정의 재심사유는 재심의 대상이 되는 판결의 기판력과 전에 선고된 확정판결의 기판력과의 충돌을 피하기 위하여 마련된 것으로, 그 규정의 「재심을 제기할 판결이 전에 선고한 확정판결과 저촉되는 때」라고 함은 전에 선고한 확정판결의 효력이 재심대상판결의 당사자에게 미치는 경우로서 양 판결이 저촉되는 때를 말하고, 한편 확정판결의 기판력은 판결주문에서 결론적으로 판단된 부분에 한하여 생기는 것이므로 재심원고의 청구가 기각된 이유와 설명이 다를 수 있다고 하더라도 전후의 두 판결이 모두 재심원고의 청구를 기각한 것이라면 서로 저촉된다고 할 수 없다(대법원 2001. 3. 9. 선고 2000재다353 판결).

[관련판례 4]

민사소송법 제422조(현행 민사소송법 제451조) 제1항 제9호가 정하는 재심사유인 「판결에 영향을 미칠 중요한 사항에 관하여 판단을 유탈한 때」라고 함은 당사자가 소송상 제출한 공격방어방법으로서 판결에 영향이 있는 것에 대하여 판결이유 중에 판단을 명시하지 아니한 경우를 말하고, 판단이 있는 이상 그 판단에 이르는 이유가 소상하게 설시되어 있지 아니하거나 당사자의 주장을 배척하는 근거를 일일이 개별적으로 설명하지 아니하더라도 이를 위 법조에서 말하는 판단유탈이라고 할 수 없다(대법원 2000. 11. 24. 선고 2000다47200 판결).

[관련판례 5]

재심사건에 있어서 그 재심의 대상으로 삼고 있는 원재판은 민사소송법 제37조(현행 민사소송법 제41조) 제5호의 「전심재판」에 해당한다고 할 수 없고, 따라서 재심대상 재판에 관여한 법관이 당해 재심사건의 재판에 관여하였다 하더라도 이는 민사소송법 제422조(현행 민사소송법 제451조) 제1항 제2호 소정의 「법률상 그 재판에 관여하지 못할 법관이 관여한 때」에 해당한다고 할 수 없다(대법원 2000. 8. 18. 선고 2000재다87 판결).

[관련판례 6]

민사소송법에서 법정대리권 등의 흠결을 재심사유로 규정한 취지는 원래 그러한 대표권의 흠결이 있는 당사자측을 보호하려는 데에 있으므로, 그 상대방이 이를 재심사유로 삼기 위해서는 그러한 사유를 주장함으로써 이익을 받을 수 있는 경우에 한하고, 여기서 이익을 받을 수 있는 경우란 위와 같은 대표권 흠결 이외의 사유로도 종전의 판결이 종국적으로 상대방의 이익으로 변경될 수 있는 경우를 가리킨다(대법원 2000. 12. 22. 선고 2000재다513 판결).

□ 재심소장(대여금 청구)

재 심 소 장

재심원고(본소피고) ◇◇◇(주민등록번호)
　　　　　　　　　　○○시 ○○구 ○○길 ○○(우편번호)
　　　　　　　　　　전화·휴대폰번호:
　　　　　　　　　　팩스번호, 전자우편(e-mail)주소:

재심피고(본소원고) ○○농업협동조합

○○시 ○○구 ○○길 ○○ (우편번호)

대표자 조합장 ◉●◉

법률상대리인 상무 ◎◎◎

위 당사자간 ○○지방법원 20○○나○○○ 대여금청구 항소사건에 관하여, 같은 법원에서 20○○. ○. ○. 선고하고 20○○. ○. ○○. 확정된 아래의 판결에 대하여, 재심원고(피고)는 다음과 같은 재심사유가 있어 재심의 소를 제기합니다.

재 심 을 할 판 결 의 표 시

주문 : 1. 피고 ◇◇◇의 항소를 기각한다

2. 피고 ◇①◇, ◇②◇에 대한 제1심 판결을 다음과 같이 변경한다. 피고 ◇①◇, 피고◇②◇는 피고 ◇◇◇와 연대하여 금 13,598,588원 및 이에 대한 20○○. ○. ○.부터 20○○. ○. ○○.까지는 연 18%의, 그 다음날부터 다 갚는 날까지는 연 15%의 각 비율에 의한 돈을 지급하라

3. 소송비용은 제1, 2심 모두 피고들의 부담으로 한다.

4. 제2항의 금원 지급부분은 가집행 할 수 있다.

재 심 청 구 취 지

1. ○○지방법원 20○○나○○○○ 대여금청구 항소사건에 관하여, 20○○. ○. ○. 선고한 판결을 취소한다.

2. 재심피고(본소원고, 다음부터 재심피고라고만 함)의 원판결 청구를 기각한다.

3. 본안 및 재심 소송비용은 모두 재심피고의 부담으로 한다.

라는 판결을 구합니다.

재 심 청 구 원 인

1. 재심원고(본소피고, 다음부터 재심원고라고만 함)는 본안(○○지방법원 20○○나○○○○ 대여금청구 항소사건)소송에서 20○○. ○. ○. 패소의 판결을 받고 상고를 포기함으로서, 위 판결이 확정되었습니다.
2. 그런데 위 본안소송에서 재심피고가 진술한 청구원인은 재심원고가 20○○. ○. ○○. 재심피고와 대출한도 금 1,000만원, 거래기간은 20○○. ○. ○○.로 대출 약정을 하였고, 본안소송 피고 ◇①◇, 피고◇②◇는 연대보증인이므로 위 돈을 차용한 재심피고와 본안소송 피고들은 연대하여 위 돈과 이에 대한 이자를 지급해야 하나 거래기간이 종료되었음에도 변제하지 않으므로 합계 금 13,598,588원을 구한다는 것이었습니다.
3. 그러나 재심원고는 위와 같은 대출약정이 소외 ■■■가 재심원고 ◇◇◇의 명의를 이용하여 대출관계서류를 위조한 것이라고 항변하며 재심피고의 주장을 다투었으나 이것이 배척되고 위와 같이 재심피고에게 승소의 판결을 한 것입니다.
4. 재심원고는 자신과 전혀 상관없는 대출이 이루어진 것에 대하여 이 사건 대출의 주역인 소외 ■■■와 당시 담당직원들을 고소하였고, 소외 ■■■는 20○○. ○. ○. ○○지방법원 ○○지원에서 이 사건과 관련하여 재심원고의 명의를 이용하여 사문서위조, 위조사문서행사 및 사기의 죄명으로 실형을 선고받아 피고인의 항소포기로 위 판결은 확정되었습니다.
5. 위와 같은 실정이므로 재심피고의 위 ○○지방법원 판결에는 민사소송법 제451조 제1항 제6호에 의하여 재심사유가 있다고 생각되므로 이 사건 재심의 소에 이른 것입니다.

첨 부 서 류

1. 소장부본	1통
1. 판결등본	1통
1. 송달료납부서	1통

2000. OO. OO.

위 재심원고(본소피고) ◇◇◇ (서명 또는 날인)

OO지방법원 귀중

□ **준재심소장(제소전화해에 대한 준재심, 피신청인)**

준 재 심 소 장

준재심원고(피신청인) ◇◇◇(주민등록번호)

OO시 OO구 OO길 OO(우편번호 OOOOO)

전화·휴대폰번호:

팩스번호, 전자우편(e-mail)주소:

준재심피고(신 청 인) OOO(주민등록번호)

OO시 OO구 OO길 OO(우편번호 OOOOO)

전화·휴대폰번호:

팩스번호, 전자우편(e-mail)주소:

위 당사자간의 귀원 2000자OOO 소유권이전등기청구 제소전화
해신청사건에 관하여, 준재심원고(피신청인)는 2000. O. O. 작성된
화해조서에 대하여 다음과 같이 준재심의 소를 제기합니다.

준재심 할 화해조서의 표시
(화 해 조 항)

피신청인은 신청인에게 별지기재 부동산에 관하여, 2000. O. O
O. 매매를 원인으로 하여 소유권이전등기절차를 이행한다.
화해비용은 각자 부담으로 한다.

준 재 심 청 구 취 지

1. 이 사건 화해조서를 취소한다.
2. 신청인의 청구를 기각한다.
 라는 판결을 구합니다.

준 재 심 청 구 원 인

1. 민사소송법 제451조 제1항 제1호에서 제11호 사유를 구체적으로
 기재.
2. 준재심원고가 준재심사유를 안 날에 대하여 설명

첨 부 서 류

1. 화해조서등본		1통
1. 형사고소장		1통
1. 준재심소장부본		1통
1. 송달료납부서		1통

2000. ○○. ○○.
위 준재심원고(피신청인) ◇◇◇ (서명 또는 날인)

○○지방법원 귀중

□ **준재심소장(재판상화해에 대한 준재심, 원고)**

준 재 심 소 장

준재심원고(원고) ○○○(주민등록번호)
　　　　　　　　　○○시 ○○구 ○○길 ○○(우편번호)
　　　　　　　　　전화휴대폰번호:
　　　　　　　　　팩스번호, 전자우편(e-mail)주소:

준재심피고(피고) ◇◇◇(주민등록번호)

○○시 ○○구 ○○길 ○○(우편번호)

전화·휴대폰번호:

팩스번호, 전자우편(e-mail)주소:

위 당사자간 귀원 20○○자○○○ 손해배상(산) 청구사건과 관련하여 준재심원고(원고)는 20○○. ○. ○○. 작성된 다음의 화해조서에 대하여 준재심을 청구합니다.

화 해 조 서 의 표 시

1. 피고는 원고에게 20○○. ○. ○○.까지 금 15,000,000원을 지급한다.
2. 만약 피고가 위 지급기일을 어길 때에는 20○○. ○. ○.부터 다 갚는 날까지 위 금액에 대하여 연 15%의 비율에 의한 지연손해금을 지급한다.
3. 원고의 나머지 청구는 포기한다.
4. 소송 및 화해비용은 각자 부담으로 한다.

준 재 심 청 구 취 지

이 사건 화해조서를 취소한다.

라는 재판과 기타 적절한 재판을 구합니다.

준 재 심 청 구 원 인

1. 준재심원고(원고, 다음부터 원고라고만 함)는 이 사건에 관하여 소외 ◉◉◉변호사를 소송대리인으로 선임하여 소송을 진행하였으나 소외 ◉◉◉변호사가 변론기일에 출석을 게을리 하는 등 성실한 변론을 하지 않고 청구금액 금 50,000,000원 중 금 1,5000,000원에 합의할 것을 계속적으로 종용하여 변호사수임계약을 합의해지 하였는데, 그 뒤 소외 ◉◉◉변호사는 원고와 이 사건 소송대리관계가 소멸되었음에도 불구하고 원고의 대리인 자격으로 법정에 출석하여

준재심피고(피고)와 사이에 위 화해조서와 같은 내용의 화해를 하였습니다.

2. 그러므로 이러한 사유는 민사소송법 제451조 제1항 제3호에 규정된 대리권에 흠이 있는 경우로서 원고는 청구취지와 같은 판결을 구하고자 이 사건 재심청구에 이른 것입니다.

3. 준재심원고가 준재심사유를 안 날 : 20○○. ○. ○○.

첨 부 서 류

1. 화해조서등본	1통
1. 준재심소장부본	1통
1. 송달료납부서	1통

20○○.   ○○.   ○○.

위 준재심원고(원고) ○○○ (서명 또는 날인)

○○지방법원   귀중

3. 소송목적의 값 산정

① 재심의 소송목적의 값(이하 "소가"라 함)은 각 심급에 따라 기재했던 소가와 같습니다(민사소송 등 인지법 제8조제1항 및 제2조제3항 참조).

② 금전지급 청구소송(제1심)의 경우 소가는 청구금액(이자, 손해배상, 위약금 또는 비용의 청구가 소송의 부대 목적이 되는 때에는 가액에 산입하지 않음)입니다(민사소송 등 인지규칙 제12조제3호 참조).

※ 일부승소 또는 일부패소로 항소 또는 상고를 제기해 받은 확정 판결에 대해 재심을 청구하는 경우의 소가 산정방법

- 예를 들어, 원심에서 원고가 3,000만원을 청구했는데 1,000만원만을 인정받아 상소를 제기하는 경우의 소가는 2,000만원이고, 이 상소심의 확정판결에 대한 재심의 소가도 상소심의 소가와 같은 2,000만원 입니다.

- 예를 들어, 원심에서 피고가 일부 패소해 2,000만원을 원고에게 주어야 하는 경우, 피고가 이에 불복해 상소를 제기한 금액인 2,000만원이 상소심의 소가이고, 이 상소심의 확정판결에 대한 재심의 소가도 2,000만원 입니다.

4. 인지액 산정방법

① 소장(반소장 및 대법원 제출 소장 제외)에는 소가에 따라 다음 금액의 인지를 붙여야 합니다(민사소송 등 인지법 제2조제1항, 제3조 및 제11조).

※ 1심 소가에 따른 인지액

소　가	인　지　대
소가 1천만원 미만	소가 × 50 / 10,000
소가 1천만원 이상 1억원 미만	소가 × 45 / 10,000 + 5,000
소가 1억원 이상 10억원 미만	소가×40 / 10,000 + 55,000
소가 10억원 이상	소가×35 / 10,000 + 555,000

② 인지액이 1천원 미만이면 그 인지액은 1천원으로 하고, 1천원 이상이면 100원 미만은 계산하지 않습니다(민사소송 등 인지법 제2조제2항).

※ 항소 시 인지액 : 1심 소가에 따른 인지액 × 1.5

※ 상고 시 인지액 : 1심 소가에 따른 인지액 × 2

5. 인지액의 납부방법

①재심소장에는 심급에 따라 산정한 소가에 해당하는 인지를 붙여야 합니다(민사소송 등 인지법 제8조 제1항).

② 현금납부

- 소장에 첨부하거나 보정해야 할 인지액(이미 납부한 인지액이 있는 경우에는 그 합산액)이 1만원 이상인 경우에는 그 인지의 첨부 또는 보정에 갈음해 인지액 상당의 금액 전액을 현금으로 납부해야 합니다(민사소송 등 인지규칙 제27조 제1항).

- 인지액 상당 금액을 현금으로 납부할 경우에는 송달료 수납은행에 내야 합니다(민사소송 등 인지규칙 제28조).

③ 신용카드납부

- 신청인은 인지액 상당의 금액을 현금으로 납부할 수 있는 경우 이를 수납은행 또는 인지납부대행기관의 인터넷 홈페이지에서 인지납부대행기관을 통해 신용카드·직불카드 등(이하 "신용카드 등"이라 한다)으로도 납부할 수 있습니다(민사소송 등 인지규칙 제28조의2 제1항).

  ※ '인지납부대행기관'이란 정보통신망을 이용해 신용카드등에 의한 결제를 수행하는 기관으로서 인지납부대행기관으로 지정받은 자를 말합니다(민사소송 등 인지규칙 제28조의2 제2항).

  ※ 인지납부대행기관은 신청인으로부터 인지납부 대행용역의 대가로 납부대행수수료를 받을 수 있고, 납부대행수수료는 전액 소송비용으로 봅니다(민사소송 등 인지규칙 제28조의2 제4항 및 제5항).

④ 인지납부일

- 인지액 상당의 금액을 신용카드등으로 납부하는 경우에는 인지납부대행기관의 승인일을 인지납부일로 봅니다(민사소송 등 인지규칙 제28조의2 제3항).

- 신청인은 수납은행이나 인지납부대행기관으로부터 교부받거나 출력한 영수필확인서를 소장에 첨부하여 법원에 제출해야 합니다(민사소송 등 인지규칙 제29조 제2항).

6. 송달료 납부

재심대상 사건의 해당 송달료납부기준에 의합니다. 즉 제1심 판결에 대한 재심이면 제1심 송달료를 내면 되고, 상소심 판결에 대한 재심이면 그 심급에 해당하는 송달료를 내면 됩니다(송달료규칙의 시행에 따른 업무처리요령 별표 1).

사 건	송 달 료
민사 제1심 소액사건	1회 송달료 × 당사자수 × 10회분
민사 제1심 단독사건	1회 송달료 × 당사자수 × 15회분
민사 제1심 합의사건	1회 송달료 × 당사자수 × 15회분
민사 항소사건	1회 송달료 × 당사자수 × 12회분
민사 상고사건	1회 송달료 × 당사자수 × 8회분

▣ 편저 이원복 ▣

· 전 각급 법원 민사가사형사 참여사무관
· 전 서울 고등법원 종합민원접수실장
· 선 인천가정법원 본원 집행관
· 전 서울지방법원 민사조정위원

편저서
· 민법지식사전
· 불법행위와 손해배상
· 산업재해 이렇게 해결하라
· 근로자인 당신 이것만이라도 꼭 알아둡시다.
· 계약서 작성방법, 여기 다 있습니다.
· 생활법률백과

복잡한 민사소송 손쉽게 해결하기!

2025년 11월 20일 인쇄
2025년 11월 25일 발행

저 자 이원복
발행인 김현호
발행처 법문북스
공급처 법률미디어

주소 서울 구로구 경인로 54길4(구로동 636-62)
전화 02)2636-2911~2, 팩스 02)2636-3012
홈페이지 www.lawb.co.kr
등록일자 1979년 8월 27일
등록번호 제5-22호

ISBN 979-11-94820-34-5(13360)

정가 28,000원

이 도서의 국립중앙도서관 출판예정도서목록(CIP)은 서지정보유통지원시스템 홈페이지(http://seoji.nl.go.kr)와 국가자료종합목록 구축시스템(http://kolis-net.nl.go.kr)에서 이용하실 수 있습니다.

홈페이지 www.lawb.co.kr
페이스북 www.facebook.com/bummun3011
인스타그램 www.instagram.com/bummun3011
네이버 블로그 blog.naver.com/bubmunk